Research on the Embodied Cultivation of Key Competences
of Excellent Primary School Teachers

卓越小学教师核心素养的
具身培育研究

王会亭　著

华东师范大学出版社
·上海·

图书在版编目(CIP)数据

卓越小学教师核心素养的具身培育研究/王会亭著. —上海:华东师范大学出版社,2021
ISBN 978-7-5760-2348-0

Ⅰ.①卓… Ⅱ.①王… Ⅲ.①小学教师-教师素质-师资培养-研究 Ⅳ.①G625.16

中国版本图书馆 CIP 数据核字(2021)第 254032 号

卓越小学教师核心素养的具身培育研究

著　者	王会亭	
策划编辑	彭呈军	
责任编辑	朱小钗	
责任校对	胡　静	时东明
装帧设计	刘怡霖	

出版发行　华东师范大学出版社
社　　址　上海市中山北路 3663 号　邮编 200062
网　　址　www.ecnupress.com.cn
电　　话　021-60821666　行政传真 021-62572105
客服电话　021-62865537　门市(邮购)电话 021-62869887
地　　址　上海市中山北路 3663 号华东师范大学校内先锋路口
网　　店　http://hdsdcbs.tmall.com

印 刷 者　常熟高专印刷有限公司
开　　本　787×1092　16 开
印　　张　15.5
字　　数　283 千字
版　　次　2021 年 10 月第 1 版
印　　次　2021 年 10 月第 1 次
书　　号　ISBN 978-7-5760-2348-0
定　　价　52.00 元

出 版 人　王　焰

本书出版受到教育部人文社会科学研究规划基金项目"卓越小学教师核心素养的具身培育研究"(编号：19YJA880057)的资助。

序

我国改革开放 40 余年来,教育领域已发生了翻天覆地的变化。教育已由过分关注数量的扩张转向重视内涵的发展。换言之,社会各界对于优质教育的吁求愈来愈强烈。而要真正实现教育的高质量发展,关键在于拥有大批高素质的教师——卓越教师。2014 年 8 月,为回应我国教育发展的内涵式转向,培养拔尖创新人才,同时也借鉴一些发达国家的成功经验,教育部印发了《教育部关于实施卓越教师培养计划的意见》(以下简称《意见》),提出要"培养一大批师德高尚、专业基础扎实、教育教学能力和自我发展能力突出的卓越教师"。在《意见》颁布 4 年之后,为了进一步推进卓越教师培养工作,我国教育部又于 2018 年 9 月颁布了《教育部关于实施卓越教师培养计划2.0 的意见》。该文件从"总体思路""目标要求""改革任务和重要举措""保障机制"四个方面对全面促进卓越教师培养工作向纵深发展提出了更加具体、明确的建议和要求。上述两个文件的出台,意味着我国卓越教师培养已上升至国家政策层面,标志着"卓越"已成为我国教师专业发展的重要价值取向。

众所周知,小学是人生之启蒙阶段,小学教育对于小学生身尖的整全发展具有至为重要的作用。因此,在整个卓越教师培养体系中,卓越小学教师的培养处于奠基性、本源性的位置。而培养卓越小学教师的关键则是切实提升其核心素养,这主要是由以下几个方面的因素决定的:其一,小学生核心素养发展的客观需要。为了将党的十八大和十八届三中全会提出的关于立德树人的要求落到实处,2014 年 4 月,教育部研制印发了《教育部关于全面深化课程改革落实立德树人根本任务的意见》,提出"教育部将组织研究提出各学段学生发展核心素养体系,明确学生应具备的适应终身发展和社会发展需要的必备品格和关键能力"。2016 年 9 月,教育部正式发布了《中国学生发展核心素养》研究报告,该报告从"文化基础""自主发展"和"社会参与"等三个维度,提

1

出了中国学生应具备"人文底蕴""科学精神""学会学习""健康生活""责任担当"和"实践创新"六大素养,并且将其进一步细分为十八个基本点。"中国学生核心素养"理念的提出关涉到"立什么德,树什么人"的根本问题。而为了真正培养小学生的核心素养,卓越小学教师就必须首先具有相应的核心素养,很难想象一个自身核心素养低劣的小学教师,能培养出具有良好核心素养的学生。其二,卓越小学教师专业成长的必然要求。卓越小学教师核心素养包括高尚的职业道德、扎实的知识基础、必备的自主学习能力、必要的实践创新能力、非凡的交往与合作能力、较强的科研能力和出众的教学能力等要素。这些核心素养基本涵括了教师专业发展的关键成分。换言之,卓越小学教师核心素养的发展是其专业成长的重要标志和保证。其三,卓越小学教师生命整全发展的强烈召唤。卓越小学教师除了是从事"教书育人"工作的专业人员之外,也是普遍意义上的"人"。作为普通社会群体中的一员,卓越小学教师也有自己的兴趣、爱好、家庭、闲暇生活等。为了提高这种"属人"的生活质量,他们亟须获得生命的整全发展。而培育卓越小学教师的核心素养则是促进其生命整全发展的一条重要路径。这是因为核心素养描述的是个体生命的整体生成状况。倘若涵盖知识与技能、过程与方法、情感态度价值观在内的各种具体素养成分均能以相对分离、零散的状态存在于个体身上,那么,核心素养则是各种具体素养成分的协同联动与交互整合,就像身上的肌肉那样,是一块一块地存在于个体身上的。虽然我们能从分析的意义上将核心素养人为地拆分为若干部分,但个体身上的核心素养恰恰又是各种关键能力、必备品格和基本价值观念的有机集合。总之,核心素养是包括知识、技能、能力和品格在内的各种具体素养成分深度融合的产物。当卓越小学教师具备了良好的核心素养也就意味着其生命获得了整全的发展。

当前,尽管培育卓越小学教师核心素养显得极为紧迫和必要,但是,由于受到传统离身认知的桎梏,卓越小学教师核心素养培育效果不容乐观。而作为"第二代认知科学"的具身认知理论就认知与学习有全新的认识与理解,对于指导卓越小学教师核心素养培育具有极大的启示意义。王会亭教授的专著《卓越小学教师核心素养的具身培育研究》正是在此背景下面世的。

本书认为,传统的离身认知是造成卓越小学教师核心素养培育效果堪忧的根本原因,离身认知对于卓越小学教师核心素养培育的危害主要体现在本体论、价值论、知识论和方法论等方面,认知、身体与环境是影响卓越小学教师核心素养培育的具身性因素,采用具身培育是提升卓越小学教师核心素养的应然路向,这种具身培育的有效落

实亟须建立多元主体协同联动的支持系统。上述观点无疑是非常有意义和深刻的。通览本书,我认为它具有以下几个突出特点:

第一,研究视角的新颖性。当前有关教师专业发展的研究成果很多,大多关注的是教师专业发展的政策、阶段、内容、评价、管理等因素,却鲜有从认识论角度对教师专业发展进行的相关研究。本书尝试从具身认知理论的视角来审视卓越小学教师核心素养培育问题,就避免了与已有相关研究成果的重复和雷同,凸显了研究视角的独特性。这种努力与突破无疑是开拓性的。第二,研究内容的前沿性。当前,我国已进入了"素养为本"的育人时代,"学生核心素养"已成为一个热词,但是,与其相对的"教师核心素养",尤其是"卓越小学教师核心素养"还未引起学界的应有关注。而如前文所述,卓越小学教师核心素养对于小学生及小学教师均具有至为关键的作用。本书能及时对卓越小学教师核心素养培育问题进行研究,体现了作者的学术敏感性和学术责任感。同时,也说明了本研究内容的前沿性。第三,研究方法的适切性。本研究并非仅是在书斋中的"坐而论道",而是注重理论联系实际。一方面,作者充分吸收了教育学、心理学、认知科学和哲学等多学科的丰富资料和既有成果,使研究建立在扎实的文献资料的基础之上。另一方面,作者又极其关注实践。为了探明卓越小学教师核心素养培育的实然状态,从而提出有针对性的策略建议,作者不辞辛劳,深入卓越小学教师培养、培训现场,做了大量的田野调查,从而使本研究"言之有理,持之有故"。第四,研究结论的科学性。本书作者具有强烈的问题意识,能大胆跳出已有研究的拘囿,选择适切的研究理路,所得出的研究结论无论是对拓展、深化教师教育理论的研究领域,还是对促进教师培养、培训实践的改进都具有极大的价值和意义。

总而言之,《卓越小学教师核心素养的具身培育研究》是一部理论与实践结合、历史与现实贯通、继承与创新同在的力作,它的出版和传播必将对我国卓越小学教师培养领域的学术研究和实践操作产生积极影响。当然,本书也有一些问题尚需做更深入的思考,希望作者在今后的学术研究中能取得更大的进步!

是为序。

周 川
2021年3月于苏州

目　录

导论

本部分拟介绍研究的背景与意义,爬梳学界对相关问题的研究现状,界定核心概念,阐释研究的思路与方法,最后,扼要指出本研究的创新之处。

一、研究的背景与意义

我们对于任何一个问题的研究,其前提性条件就是要明晰该研究是在什么样的背景之下展开的,它究竟有何价值和意义。

(一) 研究的背景

当下在教师教育领域,"教师核心素养"已成一个高频词而备受关注。从具身认知视角探究卓越小学教师核心素养的培育问题,不是笔者的心血来潮和主观臆想,而是多种因素相互交叠、共同作用的必然结果。具体而言,本研究主要是基于以下动因:

1. 新时代严峻挑战的现实驱动

当前我们已进入了一个以知识经济、全球化、信息化为显著特征的新时代。在新时代,政治、经济、文化、科技、教育等领域均发生了翻天覆地的变化。面对复杂玄奥、变动不居的社会,人们感受到了前所未有的压力和挑战。"当前,世界瞬息万变,仅仅依凭入职培训是很难满足每个人一生的职业生涯之需要的。因此,我们亟须在有生之年,持续地更新与完善自我。"[①]

为了使人们更好地适应社会的需要,21世纪以降,一些国际组织和发达国家纷纷关注并提出"核心素养(Key Competencies)"。这些国际组织和发达国家提出的核心素养框架虽然具有一定的差异性,然而,皆聚焦于21世纪信息时代公民生活、职业世

---

① 联合国教科文组织总部.教育——财富蕴藏其中[M].北京:教育科学出版社,1996:143.

界和个人自我实现的新特点和新需要。因此,"核心素养"的别称即"21世纪素养"(21ˢᵗ century competences)或"21世纪技能"(21ˢᵗ century skills)。① 换言之,核心素养从原初的意义上而言,是指21世纪的公民核心素养,而非仅指学生核心素养。习近平总书记明确指出:"教师的工作是塑造灵魂、塑造生命、塑造人的工作。一个人遇到好老师是人生的幸运,一个学校拥有好老师是学校的光荣,一个民族源源不断涌现出一批又一批好老师则是民族的希望。国家繁荣、民族振兴、教育发展,需要我们大力培养造就一支师德高尚、业务精湛、结构合理、充满活力的高素质专业化教师队伍,需要涌现一大批好老师。"②随着时代的飞速发展和剧烈变化,一般素质的教师已经难以满足当下社会的需要。而小学阶段是个体人生的启蒙阶段,小学教师对个体发展的重要性不言而喻。因此,必须建设一支高素质、高水平的小学教师队伍。"这种高素质应当是一种整体素质,不仅指教师的道德素质、文化素质、业务素质,而且必须包括教师驾驭教育教学的能力以及心理素质。"③换言之,当下迫切需要卓越小学教师具备一定的核心素养。正是在此背景下,卓越小学教师核心素养受到了教育理论界和实践界的高度重视。

概言之,新时代经济模式和职业新形态、社会生活的新特点和个人自我实现的新需求,对习惯于传统社会的每个公民,尤其对卓越小学教师提出了巨大的挑战。"……教师这一职业与其他职业迥然相异,它并非一种静态的,而是一种不断学习,不断充实自我,不断更新自我的职业,其从业者必须时刻应对各种全新的挑战。"④因应新时代提出的严峻挑战恰是卓越小学教师核心素养具身培育的重要原因之一。

2. 小学生核心素养培育的应然吁求

"学生核心素养"已成为当下教育领域的一个热词。它主要是指学生应具备的、能够适应终身发展和社会发展需要的必备品格和关键能力,是关于学生知识、技能、情感、态度、价值观等多方面要求的综合表现,是每个学生提升生命质量,促进社会进步所必备的共同素养。⑤ 近年来,在国际组织和西方发达国家的影响与辐射下,学生核心素养也备受我国的重视和青睐。我国对"学生核心素养"的系统研究滥觞于2014年,教育部于2016年发布了《中国学生发展核心素养》的研究报告,该报告从3个维度

① 张华. 论核心素养的内涵[J]. 全球教育展望,2016(4):11.
② 人民网. 习近平同北京师范大学师生代表座谈时的讲话(全文)[EB/OL]. (2014-09-10)[2020-04-20]. http://politics.people.com.cn/n/2014/0910/(7073)-25629093.html.
③ 钟秉林. 教师教育的发展与师范院校的转型[J]. 教育研究,2003(6):22.
④ 易凌云,庞丽娟. 教师个体教育观念:反思与改善教师教育的新机制[J]. 教育理论与实践,2004(5):37.
⑤ 赵蒙成. 研究生核心素养的框架与培养路径[J]. 江苏高教,2018(2):50.

提出中国学生应具备 6 大核心素养,并将其细化为 18 个基本点。

"学生核心素养"关涉教育要"培养什么人、怎样培养人"的问题,它的形成不是一蹴而就的,而是经历了由"双基""三维目标"再到"核心素养"的过程。"核心素养"理念的提出是对以往"双基""三维目标"的扬弃与超越,昭示了教育培养"人"之本质变化及对当下社会急速发展之回应,其颠覆性意义主要表现如下:其一,明确体现了"以人为本"的教育理念;其二,重新省思了教育本体;其三,全面更新了主体的"素质观";其四,切实强化了"全人"教育理念的操作性和实效性。①

既然"学生核心素养"理念的提出具有如此至为重要的价值,我们就必须竭力使其在实践中得以落地。而研究表明,教师素养对学生素养的培育具有至为关键的价值。欧盟委员会教育与文化总署在其报告——《欧洲核心素养》中指出,在素养取向课程变革过程中,实施极成功的学校,一个重要的经验是它们均极其强调培育教师核心素养。②同时,培育卓越小学教师核心素养的重要性也可从当下国际社会努力构建教师核心素养的行动中得到说明。譬如,2010 年 9 月美国教师教育院校协会与 21 世纪技能合作组织在其联合制定的《21 世纪预备教师的知识与技能》中提及:"未来的准教师一定要用 21 世纪的知识和技能充实自身,并能渗透到教育教学实践之中,从而应对各种挑战。只依凭单一的教学变革或只凭借 21 世纪的知识与技能,已难以满足现实的需要,最佳的方式是将二者有机统合起来。唯其如此,方可化育出适应全球经济发展的高素质学生。尤为重要的是,学生应学会与人相处,形成健全的社会参与意识。"③2014 年,在欧盟《教育与培训:2020 计划》拟订过程中,负责教师专业化发展研究的弗朗西斯卡也指出:"在促进学生学习增值和提升学校效能上,教师素质一直备受关注,卓越教师当然要拥有培育优秀的全球化公民的能力。"④

概言之,由于卓越小学教师是小学生核心素养培育的参与者和实施者,因此,要切实培养小学生的核心素养,卓越小学教师就必须具备与之相吻合的核心素养。很难想

---

① 乔丽军. 核心素养提出的重要价值、基本前提与培养的当前使命[J]. 河北师范大学学报(教育科学版),2016(5):114.

② Jean Gordon, Gabor Halasz, Magdalena Krawczyk. Etc. Case Network Reports — Key Competences in Europe: Opening Doors For-Lifelong Learners Across the School Curriculum and Teacher Education [R]. Warsaw: Agnieszka Natalia Bury, 2009:17.

③ AACTE. 21ST Century Knowledge And Skill in Education Preparation [EB/OL]. www. p21. Org/ storage/documents/aacte_p21whitepaper, 2016 - 03 - 04.

④ Francesca Caena. Teacher Competence Frameworks in Europe: Policy-as-discourse and Policy-as-practice [J]. European Journal of Education, 2014(3).

象一个自身核心素养缺失的小学教师能真正培育并提升小学生的核心素养。正如德国知名教育家第斯多惠所言："一个穷困潦倒的人对他人也常常无比吝啬。那些无法自我完善、自我形塑及自我提升的人,亦无法完善、形塑与提升他人。教师倘若要教育学生,必须自身先接受教育。"①由此观之,卓越小学教师核心素养是小学生核心素养形成的前提和基础,小学生核心素养培育内在地要求提升卓越小学教师的核心素养,而这正是卓越小学教师核心素养具身培育的另一重要原因。

3. 卓越小学教师生命整全发展的客观需要

一方面,当前社会各界对优质小学教育的需求愈来愈强烈。而小学教师是小学教育活动的组织者和实施者,是决定小学办学水平和小学教育质量的根本因素,小学教师素质的优劣直接影响小学教育的成效。要切实提升小学教育质量,就必须努力促进小学教师专业发展,使小学教师在专业理念与师德、专业知识、专业能力等方面均得到发展,从而形成胜任优质小学教育的专业素质。另一方面,随着新课程改革不断地向纵深推展,其在教学的理念以及课程的目标、功能、结构、内容、实施、评价及管理等方面均有了较大的创新与发展。同时,它不仅要求小学教师具备与新课程改革相适应的课程能力,如课程研究、设计、开发、实施、评价和管理等能力,而且要求小学教师具备相应的教学能力,如研究性学习活动的教学设计能力、指导学生进行主动探究学习的能力、合作学习的能力等;它不仅要求教师拥有与新课程改革相适应的自我反思与批判能力,而且要求教师具有必备的现代教育技术能力。② 新课程改革上述的新变化对小学教师提出了全新的要求和挑战。它迫切要求小学教师专业得以成长,能从"普通"走向"卓越"。

当然,要求小学教师不断提升素养,满足社会对优质小学教育的冀望及因应新课程改革的新变化,这仅是从其作为专业人员,在其职业层面提出的要求。但事实上,小学教师作为一个完整的生命体,职业只是其生命的一部分,他(或她)理应有作为普通人的生活。换言之,小学教师不应仅仅被框定于职业领域。从普遍意义上的"人"的视域来看,为了能过上一种完满幸福的生活,小学教师理应超越专业的疆域,使其生命得以整全发展。

小学教师生命整全发展意味着必须使小学教师摆脱"理智人""知识人"和"技术员"的拘囿,从有利于提升其生命质量之维度,使其各方面均得以发展。而小学教师核

① 单中惠,朱镜人. 外国教育经典解读[M]. 上海:上海教育出版社,2004:173.
② 刘旵. 贫困地区中小学教师培训问题研究[D]. 重庆:西南大学硕士学位论文,2009:7.

心素养的形成恰恰有助于促进小学教师生命之整全发展。这是因为核心素养是以培养"全面发展的人"为鹄的，它具有综合性、整体性之特征。

概言之，小学教师核心素养的具身培育超越了非此即彼、二元对立的思维方式，它以一种整体性思维、复杂性思维来观照影响小学教师发展的诸因子。小学教师核心素养的统整性特征内在地契合了小学教师生命整全发展之需要，这则是卓越小学教师核心素养具身培育的又一重要诱因。

4. 认知维度在小学教师核心素养培育中的缺位

认知科学（cognitive science）是研究人、动物和机器的智能本质和规律的科学。其研究内容包括知觉、学习、记忆、推理、语言理解、知识获得、注意、情感等统称为意识的高级心理现象。作为一门研究人类心智奥秘和高度交叉的综合性学科，认知科学涵盖了许多学科，当前国际公认的认知科学包括心理学、神经科学、人工智能、语言学、人类学、哲学等学科。[1] 认知科学与社会科学具有天然的联系，其对于社会科学研究日益增大的影响，在未来将媲美于进化论对于生物学的影响。卓越小学教师核心素养研究作为社会科学研究的一个重要组成部分，无疑与认知科学具有紧密的关系。适切的认知科学可为卓越小学教师核心素养的培育提供认识论的指导和方法论的启迪，从而为切实提升卓越小学教师的核心素养提供认知层面的有力支撑。而失当的、错误的认知科学则会导致卓越小学教师核心素养的培育由于缺乏科学认知论的指导而误入歧路，效果不彰。

虽然认知科学对卓越小学教师核心素养提升至为重要，但是，令人遗憾的是，在当前教师教育的理论研究与实践操作中，认知维度均严重缺位。就笔者目力所及，当前教师教育中主要关注师资水平的提高、培养经费的投入、教育教学设施的改善、教育政策的供给等外显的因素，而对制约小学教师核心素养提升的潜在的认知因素则认识不足，特别是未能将认知科学的新兴研究成果——具身认知理论运用于教师教育的理论与实践。[2] 相比传统的认知科学，具身认知被称为"认知科学的革命"，当前其影响范围极广，已被广泛运用于语言学、人类学、临床医学、音乐美术、体育运动等人类认知和行为的众多领域，但小学教师核心素养培育研究却鲜有对具身认知价值的关注。当前有关卓越小学教师核心素养培育的理论研究与实践操作仍是建基于传统的认知科学

① 中国科学院心理研究所战略发展研究小组.认知科学的现状与发展趋势[J].中国科学院院刊,2001(3)：168－171.
② 王会亭.基于具身认知的教师培训研究[M].北京：中国社会科学出版社,2018：2.

之上。离身认知在卓越小学教师核心素养培育中仍居于主宰地位,给卓越小学教师核心素养培育造成了极大的危害。因此,卓越小学教师核心素养培育的理论研究与实践操作要想取得实质性的突破,就必须摆脱传统的离身认知科学的制约,代之以具身认知理论为视域,从理论上重新审视卓越小学教师核心素养培育。

(二) 研究的意义

1. 理论意义

第一,为促进小学教师由"普通"走向"卓越",全面提升其核心素养提供理论基础。当前,我国对于高质量的教育和高素质的教师需求越来越强烈。党的十九大报告明确指出:"百年大计,教育为本,教育大计,教师为本。立德树人的根本任务能不能完成好,跟教师队伍有很大关系。建设教育强国,就要把建设高质量的教师队伍作为重大工程。"习近平明确指出,教师"应做学生锤炼品格的引路人、学习知识的引路人、创新思维的引路人、奉献祖国的引路人。要做学生的引路人,教育者首先要受教育。教师要有理想信念,有道德情操,有扎实学识,有仁爱之心"[①]。尽管目前我国迫切需要高质量的教师队伍,但是,培养、培训教师的理论基础却严重匮乏,尤其是系统的、有深度的关于卓越小学教师核心素养培育的理论研究成果更是鲜见。而马克思主义哲学认为,理论可以指导实践,实践可以深化理论,教育理论与教育实践之间是一种交互作用、双向滋养的关系。要想切实提升教师的核心素养,就必须加强理论研究,使培育教师核心素养的工作建立在扎实的理论基础之上。本研究摆脱了传统认知科学的拘囿,因应了当前小学教育发展的趋势,以具身认知为理论视域,采用理论与实践相结合的方法,构建卓越小学教师核心素养体系,并提出相应的培育策略,为卓越小学教师核心素养的培育提供一定的理论依据,同时也为今后学界的相关研究提供一定的理论基础。

第二,拓展、深化教师发展理论。教师发展问题一直备受教育理论界和实践界的关注,但是,已有的相关研究主要存在两个缺失:一则,已有的相关研究主要是从教师作为专业人员的视角,从其胜任工作的某些方面进行研究,这就常常造成教师的片面发展,同时也阻滞了教师教育的思路创新。本研究对于卓越小学教师的核心素养进行探讨,恰恰是对"教师发展的实质意涵"的重新省思和回答,重视根据实际的教育教学情境,更加客观、理性、全面地认识教师。"教师首先是一个成人,一个社会人,然后才

① 人民网. 人民日报整版阐述"建设教育强国是中华民族伟大复兴的基础工程[EB/OL]. (2018 - 07 - 15)[2020 - 04 - 21]"http://opinion. people. com. cn/n1/2018/0715/c1003-30147464-3. html

是一个教师,教师必须首先适应社会的变化,才能成为学生的引路人。换言之,教师并非只是教育工具,他们也需要在教育中寻求自身发展与自我实现。"①叶澜教授也曾明确指出:"我不赞成简单地提'教师专业发展',而是提'教师发展'。教师作为一个专业人员,现在人们不太怀疑。目前的问题是,教师对专业发展太看重了,自己作为一个'全人'的发展这个问题却有所忽视了。"②简而言之,对于卓越小学教师核心素养的研究,抓住了小学教师发展的本质和关键,可以全面促进小学教师生命的整全发展。再则,已有的相关研究主要是在传统认知科学的框架内进行的。因此,相关研究成果雷同现象极其普遍。事实上,采用不同的认知科学指导个体的行动,行为结果亦有分殊。离身认知与具身认知作为认知领域两种相对的认知范式,对人的行为自然会产生全然不同的影响。本研究通过阐释与批判离身认知对卓越小学教师核心素养培育造成的困厄,以及探讨和分析卓越小学教师核心素养的具身培育路径,为教师发展研究提供全新的研究进路。这些无疑拓展、深化了教师发展理论,使教师发展理论的百花园变得更加五彩缤纷、争妍斗奇。

第三,建构卓越小学教师核心素养培育的理论框架。随着社会对高质量教育的呼求越来越迫切,作为义务教育起始阶段的小学教育的重要性越来越凸显。相应地,社会亟需大量优秀的小学教师,小学教师从"合格"走向"卓越"就显得至为必要。然而,反观现实,不难发现,当下小学师资现状却不容乐观,许多小学教师的素质难以与高质量教育的要求相适应。本研究勾画了卓越小学教师核心素养的应然构成、特征与取向,探查了卓越小学教师核心素养培育的离身桎梏,分析了卓越小学教师核心素养形成中的关键因素及核心素养具身培育的可能路径,构建了具身培育的支持系统。这样基本形成了一个理想的卓越小学教师核心素养培育研究的认知框架,对构建卓越小学教师核心素养具身培育的理论范型具有重要意义。

2. 实践价值

其一,可以为培养、培训卓越小学教师提供实践参照标准。随着我国卓越教师计划的推行,卓越教师的职前培养和职后培训问题越来越受到社会各界的重视,但是,2012 年 2 月教育部颁布的《小学教师专业标准(试行)》只是针对合格小学教师提出的

---

① 尧莉萍.终身教育视域下中小学教师核心素养测评与提升路径研究[D].南昌:江西师范大学硕士学位论文,2020:4.
② 中国教育报好老师.叶澜:不能将教师职业仅停留在传递[EB/OL].(2020 - 01 - 28)[2021 - 04 - 20]. https://new.qq.com/omn/20200128/20200128A02TMC00.html

标准,而非针对卓越小学教师。本研究描述了卓越小学教师核心素养的应然构成、特征与取向,提出了培育的路径选择并建构了相应的支持系统。这对国家教育行政部门制定卓越小学教师专业标准,师范院校在卓越小学教师的职前培养中,以及培养方案的制定、课程的设置、教师教学方式的改变具有一定的实践指导意义和参考价值。同时,也可为教师进修学校和其他教师培训机构开展卓越小学教师职后培训提供一定的实践依据,对于卓越小学教师职后培训目标的确定、培训内容的遴选、培训过程的规划、培训方法的择取、培训评价的施行、培训管理的实施等均具有一定的实践借鉴意义。

其二,可以提高小学教师素质,继而提升小学教育质量。"核心素养是因应大数据、人工智能、互联网与人们的工作和生活深度融合等态势而出现的。卓越小学教师核心素养则是这些新变化和新趋势对未来人才的要求、对教育的挑战在卓越小学教师身上的反映。这不但是社会转型期教师适应社会变化、实现个人全面发展的客观需要,而且是未来人才适应社会需求、实现素质提升的必然要求。"[1]所以,本研究对卓越小学教师核心素养的构成要件进行分析,就其培育路径及支持系统进行构建,对小学教师提升核心素养具有一定的参考价值,为他们在工作中,提升自身的核心素养示明了方向,对他们的未来成长具有一定的标准功能、激励功能和导向功能。当前,我们国家高度重视培养小学生的核心素养。然而,由于小学生特定的年龄阶段、心理特征及认知水平,倘若缺乏小学教师的必要指导,任凭小学生自由发展,是极难形成小学生的核心素养的。小学教师应是小学生学习活动的组织者、引导者和促进者,在小学生的成长中起着举足轻重的作用。因此,小学生核心素养是否能得到真正的发展,关键在小学教师。只有小学教师能真正从"普通"走向"卓越",切实提升核心素养,才可能最大限度地促进小学生核心素养的发展。概言之,对于卓越小学教师核心素养的具身培育有助于切实提升小学教师的素质,进而促进小学教育质量的提升,最终促进小学生核心素养的发展。

其三,可以拓展、丰富具身认知、核心素养理论的应用领域。目前,我国许多学者已从理论层面对具身认知进行了积极的探讨,形成了一些有益的观点。但与较丰硕的理论研究成果相比较,应用研究则明显匮乏。而对于具身认知的研究不能仅止于书斋中的"坐而论道",其主要研究目的应是经由研究,揭示认知活动的内在规律,开发出有

---

[1] 尧莉萍.终身教育视域下中小学教师核心素养测评与提升路径研究[D].南昌:江西师范大学硕士学位论文,2020:4.

效的认知策略,继而广泛地运用于与认知活动相关的各个领域。当前,由于各种主观因素的制约,造成对于具身认知的应用性研究关注明显不足,为数不多的已有研究也只拘囿于以下两个层面:一是微观层面,运用具身认知理论,探讨语文、英语、思想政治、美学等具体学科的教学;二是在宏观层面,从普遍意义上研究具身认知理论对于教育教学活动的意义与价值。[①] 至于对具身认知理论在教师教育中的应用研究,相关成果极度匮乏。因此,本研究从具身认知理论视角探讨卓越小学教师核心素养培育问题,是对于具身认知理论在教师教育领域应用的一次有益尝试,这无疑拓展、丰富了具身认知理论的应用领域。

二、文献综述

本部分拟介绍当前学界对于卓越小学教师培养研究的主要问题领域,并对相关研究成果进行评价。

(一)研究的问题域

纵观学界的相关研究,不难发现,当前关于卓越教师的研究主要聚焦于以下问题域。

1. 关于卓越教师培养背景的研究

当前,我国之所以将培养卓越教师作为一项重要的任务,它不是个别人的主观臆想和心血来潮,而是特定背景下的产物。有论者认为,"卓越教师"计划的提出具有一定的国际背景和国内背景。具体地说,在国际上,从 20 世纪 80 年代以来,美国、澳大利亚、英国等西方国家对教育质量和教师专业化越来越重视,它们纷纷颁布相关政策文本来实施"卓越教师"计划,为一线教师尽力提供更多的发展机会和平台,特别是为乡村及偏远落后地区教师的专业发展提供了政策与经费的双重保障,促进了卓越教师的培养和提升。在国内,2007 年,由教育部和财政部联合决定实施的"高等学校本科教学质量与教学改革工程",促进了高校进行全方位的人才培养改革,提升人才培养质量,为"卓越教师"计划的实施提供了政策依据;2010 年,由教育部领衔施行的"卓越工程师"计划、"卓越医师"计划以及"卓越律师"计划,为"卓越教师"计划提供了参考依据。2012 年,教育部组织高师院校申报了"'卓越教师'培养体制改革试点项目方案",鼓励高校结合本校的客观实际,创造性地实施了"卓越教师"人才培养计划,并迅速地

---

① 王会亭.基于具身认知的教师培训研究[M].北京:中国社会科学出版社,2018:2.

在全国许多高师院校陆续推广。① 也有论者认为,我国之所以实施"卓越教师"计划,是由于"近年来,我国教师教育体系不断完善,教师教育改革持续推进,教师培养质量和水平得到提高,但也存在着教师培养的适应性和针对性不强、课程教学内容和教学方法相对陈旧、教育实践质量不高、教师教育师资队伍薄弱等突出问题。大力提高教师培养质量成为我国教师教育改革发展中最核心、最紧迫的任务。"为了推动教师教育综合改革,全面提升教师培养质量,我国实施了"卓越教师"计划。② 还有论者认为,"卓越教师"计划的实施是"教育竞争国际化的时代诉求、培养学生发展核心素养的价值导向、教师专业持续发展的现实需要"等多种因素相互交织的结果。③ 又有论者认为,"卓越教师"计划的推行和实施,是多种因素相互交叠的产物。具体地说,教育战略地位的日益凸显是其国际背景;我国对拔尖创新人才的需求愈发迫切是其国内背景;教师职前培养阶段困境重重,问题丛生则是其现实需要。④

2. 关于卓越教师内涵的研究

当下学界对卓越教师的内涵的认识还是仁智互见、莫衷一是。学者们站在不同的立场,从不同的角度阐释卓越小学教师的内涵。具体而言,当前学界主要从以下视角界定卓越教师的内涵。一是将卓越教师的内涵与其专业特质和能力联系起来。如毕景刚认为,卓越教师就是在教师素养和能力结构等方面都明显优于合格教师的这一类教师。具体地说,具备以下素养的教师即可谓"卓越教师",即高尚的师德师风、坚定的教育信念、敦厚的文化底蕴、丰富的知识结构、先进的教育思想、娴熟的教学技能、敏锐的实践与反思、自主的专业发展、过强的创新能力。⑤ 唐之斌结合小学教育的多元文化之特征,将卓越教师的内涵界定为:一线教师,以教书育人为主要职责,有较强的多元文化教育能力,娴熟的教学艺术,公正科学的监督、评价和反馈能力,以及教学与科研成效显著等六个方面。⑥ 金业文认为,卓越教师应是既受过良好的教育,又具备丰富的教学经验,在这两方面均具备的情况下,才有能力驾驭教学工作;在教育学生时,应对学生投入充盈的热情,如此方可促进学生保持学习动力;卓越小学教师应能够将

① 毕景刚."卓越教师"计划之背景、内涵及策略[J].教育理论与实践,2014(11):33.
② 刘尧."卓越教师培养计划"旨在教师教育革故鼎新——从我国高校培养小学"全科教师"谈起[J].高校教育管理,2016(1):20.
③ 刘丽强,谢泽源.教师核心素养的模型及培育路径研究[J].教育学术月刊,2019(6):77-78.
④ 权培培.本硕一体化的卓越教师培养模式研究.[D].重庆:西南大学硕士学位论文,2015:25-28.
⑤ 毕景刚."卓越教师"计划之背景、内涵及策略[J].教育理论与实践,2014(11):33-34.
⑥ 唐之斌.多元文化教育视野下卓越小学教师职前识别[J].现代教育科学,2018(7):61-62.

那些重要的知识和理论进行简化和转化,以此来提高学生的学习效率。① 王婷婷、宁先达认为,"卓越教师",是居于"新手教师——合格教师——优秀教师"位列之上,其不管是在理论知识、教学能力还是在班级管理等方面均应是异常出众、成绩显著的。周先进则认为,所谓卓越教师,就是指具有高尚的道德素养、明确的价值取向、熟练的教学能力、科学的组织管理能力和专业发展能力的优秀小学教师。② 二是从影响力角度界定卓越教师。譬如,王志广认为,卓越教师既是被学生真心接纳的教师,又是令家长放心、同行钦佩、领导认可和社会敬重的教师;他们之所以能获得肯定,是由于既具备精湛的教学艺术、独特的教学风格和深厚的文化底蕴,又深受家长、同行及领导赏识的出众的人格魅力;当然,其中最重要的一点是与人相处。③ 肯·贝恩(Ken Bain)认为,卓越教师的内涵应包括教学水平及学生关系两方面,具体表现为:精通所教学科的内容与知识,强调提升学生的思维水平;非常认真负责地对待授课、研讨、解决问题和其他教学要素,同等重视教学与学术;为学生营造宽松和谐的学习氛围,聚焦于学生素质的全面发展;聚焦于创设有利于批判、质疑的学习环境;充分信任学生的学习能力,促进学生在学习与做人两方面同步发展;有能力不断自我反思,及时总结得失成败。④ 三是从职业理想的视角来界定卓越教师。譬如,有论者认为,卓越教师不应只满足于履行教书育人的职责和使命,其在别的领域、在人类历史的演进过程中,亦应承担着崇高的使命和责任;作为社会的一员,卓越教师在教育教学的同时,更应一直关注个体的健康成长、社会的发展进步、国家民族的强盛、人类的和平和福祉。⑤ 还有论者认为,卓越教师是"以重视生命为始基,伴随教师专业成长进程始终的一种专业追求的理想境界,反映出教师生命价值在其专业成长过程中的同步共振。"⑥

3. 关于卓越教师特征的研究

关于卓越教师的特征,学者们的观点也不尽相同。譬如,郑璐璐以 N 校小学教育专业为例,通过个案法、文本分析法、调查法等研究方法,认为卓越教师的特征主要有:师德情怀:德高为师,扎根"教"土;学会教学:教学实践性智慧的生成;学会发展:自

① 金业文."卓越教师"培养:目标、课程与模式[J].国家教育行政学院学报,2014(6):35-39.
② 周先进.卓越教师内涵、素质及培养[J].高等农业教育,2015(8):32.
③ 王志广.谈卓越教师评价指标体系的构建[J].教育理论与实践,2013(32):28-31.
④ 肯·贝恩.如何成为卓越的大学教师.[M].明廷雄,彭汉良,译.北京:北京大学出版社,2007:16-20.
⑤ Berciter, C., & Scardamalia, M. Surpassing ourselves: An inquiry into the nature and implications of expertise [M]. LaSalle, IL: Open Court, 1993.
⑥ 刘剑玲.追求卓越:教师专业发展的生命观照[J].课程·教材·教法,2005(1):67-73.

我督促,反思成长;学会育人:学生为本,心中有"人"。① 范爽通过教师的生活史个案分析,指出卓越教师的专业特征包括:职业动机突出、教育理念端正、具有个人特色的教育魅力、管理能力卓越。② 张洁平认为,卓越教师的特征可分为共性特征和个性特征,具体而言,卓越教师的共性特征主要包括:崇高的教育信仰和质朴的教育关怀、富有魅力的人格品质和矢志不渝的职业责任感、良好的哲学素养和丰富的知识结构、不懈的终身学习和首创精神与行动四个方面。卓越教师的个性特征则主要包括:教师信念——由"倾情奉献"走向"自我关怀";教学境界的艺术性——由"教学个性"走向"教学艺术";教育技术能力——从"锦上添花"到"人器合一";教学追求——由"成熟"走向"智慧"。③ 黄露、刘建银运用内容分析法对 37 位中小学卓越教师的传记材料进行分析,结果发现,卓越教师具有强烈的职业动机、先进的教育理念、独特的个人魅力、灵活的教学行为、高效的学生管理等专业特征。④ 刘慧认为,小学卓越教师的特点主要包括以下五个方面:具有强烈的事业心、责任感和使命感,具有成为教育家的远大理想和情怀;真正认可并赞同自己作为儿童教育者的角色;真正理解小学教育的意义、儿童的地位及教师对儿童积极健康成长的引领价值;真切地热爱儿童;具备多方面能力,综合素质高。⑤ 美国学者欧内斯特·J·扎拉(Ernest J. Zarra)等认为卓越教师的特征主要包括:(1)在教师准备项目中获得良好训练的教师;(2)掌握自己的内容领域;(3)能够在优秀主管教师监控下的环境中实践并磨练自身的技能;(4)安全的就业与工作;(5)与同事进行合作;(6)能开发出一套有效的课堂管理技巧与学科技能;(7)真诚地关心与关注他们的学生;(8)继续进行专业发展;(9)拥有一致的、受人尊敬的个性;(10)能通过专业与个人的反思分析与评价自身的行为;(11)能回报学校与社区、社会。⑥ 纽约州立大学的尼尔提出卓越教师一般具有五个特点:一是接受学生成功的更广泛的观点;二是承认教学是一种表演;三是内化的个人责任;四是了解学生的

① 郑璐璐. 小学卓越教师培养的现状与出路——以 N 校小学教育本科专业为例[D]. 南京:南京师范大学硕士学位论文,2019:31 - 34.
② 范爽. 小学卓越教师成长路径生活史研究[D]. 贵阳:贵州师范大学硕士学位论文,2017:35 - 37.
③ 张洁平. 中小学卓越教师专业成长特质研究[D]. 锦州:渤海大学硕士学位论文,2015:20 - 34.
④ 黄露,刘建银. 中小学卓越教师专业特征及成长途径研究——基于 37 位中小学卓越教师传记的内容分析[J]. 中国教育学刊,2014(3):99.
⑤ 刘慧. 以"儿童教育"为本位的卓越小学教师培养[J]. 课程·教材·教法,2017(2):116 - 117.
⑥ Ernest J. Zarra . Taking It to the Next Level: Components of Excellent Secondary Educators [J]. Annual Meeting ofthe American AssociationofColleges forTeacher Education,2003(1):7.

学习动机;五是持续的致力于教学的改进。①

从上述学者的观点可以发现,当前对于卓越教师特征的相关认识尚未达成共识,略为弥散凌乱。尽管研究者的立场和视角不同,但他们主要是从以下四个方面来提炼卓越教师的特征的:一是丰富的专业知识;二是较强的专业能力,包括教学能力、科研能力、自我发展及创新能力等;三是专业积极健康的专业情意,包括热爱学生和儿童、明确的认知和情感、先进的教学理念;四是良好的文化素质。②

4. 关于卓越教师培养模式的研究

在教师培养过程中,采用不同的培养模式,会产生不同的结果。换言之,培养模式在卓越教师培养过程中具有举足轻重的作用。因此,许多学者对该问题都进行了积极的探讨。当前,学界对于卓越教师培养模式的研究大致可以分为两种类型:

第一类是从实践层面介绍国内外一些高师院校的具体培养模式。譬如,杨登伟介绍了北京师范大学多元化的卓越教师培养模式,即主要有"4+3(4年本科和3年研究生)"、"4+2(1)(本硕连读)"、"4+2(11)(4年本科和2年的教育硕士)"以及"4-0(4年本科)",其中,前两种模式主要培养的是教育学硕士,若想继续提升,可读教育学博士;而第三种模式是培养教育硕士,可继续攻读教育博士,第四种培养模式的特点是学科教育与教师养成教育适当分开,"师范性""学术性"彼此融会贯通,从而更好地提高教师的培养层次。③ 陈群、戴立益则介绍了华东师范大学卓越教师的培养模式,即根据教师成长规律,形塑卓越教师原型,以"完整的人"奠定"卓越教师"成长基础,设置卓越教师课程,采用"4+N+2.5"教师培养模式,其中"4"为本科阶段,"N"为毕业后入职阶段,"2.5"为教育硕士阶段。在整个培养过程中,师范生作为受教育者、教育者,或两者兼而有之的身份进行有针对性的学习、体验和实践。④ 江苏师范大学则实行了由大学、地方政府和中小学(幼儿园)三方协同培养卓越教师的培养模式,采用"1.5+2.5+2+X"的师范生培养体制,即新生入学前1.5年主要接受通识教育,坚定其理想信念,培养高尚的师德;后2.5年主要进行学科专业以及教育科学教育,强化基本功训练;四年本科结束后,可进入2年的教育硕士学习阶段;X则是卓越教师职后培养阶段。该

① Five Habits of Highly Effective Teachers [EB/OL]. (2015 - 05 - 02)[2021 - 04 - 20] http://www. aasa. org/School Article. aspx? id=20462.
② 陈弘. 基于差异发展的中国卓越小学教师培养研究[D]. 杭州:杭州师范大学硕士学位论文,2019:11.
③ 杨登伟. "卓越教师"职前培养阶段课程设置研究——以H师范大学为例[D]. 重庆:西南大学硕士学位论文,2015:11.
④ 陈群,戴立益. 卓越教师的培养模式与实践路径[J]. 中国高等教育,2014(20):27 - 28.

模式实施以来,已经取得了很好的效果。① 美国教师教育认证委员会于 2010 年 1 月成立专门的教师教育工作委员会,即"蓝带小组",专门就教师教育的驻校学习与临床教学培养进行研究,通过参考心理学、医学等学科的思想,提出"临床实践型教师培养模式"。该培养模式可以为师范生提供大量的实践时间,在实践过程中,师范生可以获得教学专家型教师的指导,从而使师范生的理论素养和实践品性都得以提升。② 英国教育部于 2010 年颁布的《教学的重要性》白皮书和 2011 年颁布的《培训下一代卓越教师》教育政策咨询意见稿极为强调大学与中小学之间的伙伴合作关系,以便科学高效地促进英国职前教师的培养,同时,在《教学的重要性》中特别指出应开设一个全国性的"实习学校",并阐述了"实习学校"这一培养模式的内容和其在卓越教师培养过程中的意义和价值。③ 德国则采用"两段式"卓越教师培养模式,即第一阶段是进修学业,主要涵盖教育学科课程、专业课程和教育实习三个板块;第二阶段是教育见习,主要包括观摩、座谈和研讨等方式。④ 第二类是从理论层面对卓越教师培养模式进行阐释。譬如,毕景刚、韩颖根据主体的不同,将当下卓越教师培养模式分为两种类型:一种是 CS(College and School)模式,即大学与中小学校共同培养师资的模式;另一种是 UGS(University, Government and School)模式,即由大学、地方政府以及中小学校共同参与的师资培养模式。⑤ 刘如月则从理论层面分析并构建了以培养目标、实践课程体系及配置和质量保障为一体的卓越教师全程化实践培养模式。⑥ 刘湘溶从阐释卓越教师的实质意涵入手,从师范院校培养卓越教师的实际做法出发,在课程体系变革、师资队伍建设、实践教学实施等方面对卓越教师培养模式展开了积极的讨论。⑦

    5. 关于卓越教师成长影响因素的研究

    卓越教师的成长受多种因素的制约,正确认识这些影响因素,对于促进卓越教师

① 勇拓蹊径成大道——江苏师范大学"三方协同"培养卓越教师的探索与实践[N]. 中国教育报,2014 - 3 - 11(6).
② Marsha Levine Developing Principles for Clinically Based Teacher Education [R]. Washington. DC: National Councilfor the Accreditation of TeacherEducation. 2010. 17 - 20.
③ 曾鸣,许明. 英国职前教师教育新政策探析一聚焦《教学的重要性》和《培训下一代卓越教师》[J]. 外国教育研究,2012(8):114 - 121.
④ 姚文群. 高校卓越小学教师培养模式问题研究——以 H 大学小学教育专业本科为例[D]. 西宁:青海师范大学硕士学位论文,2018:16.
⑤ 毕景刚,韩颖."卓越教师"计划的背景、内涵及实施策略[J]. 教育探索,2013(12):33 - 35.
⑥ 刘如月. 卓越教师全程化实践培养模式研究[D]. 淮北:淮北师范大学硕士学位论文,2014:33 - 42.
⑦ 刘湘溶. 高师院校卓越教师培养模式创新的探索与实践[J]. 湛江师范学院学报,2012(1):8 - 9.

整全的发展具有至为关键的作用。因此,当前该问题受到了广泛的关注与讨论。譬如,范爽认为,卓越教师成长的影响因素主要有基本信息、个人和环境,其中基本信息影响因素包括性别和学历等因素,个人影响因素包括性格、教学理念、终身学习理念,环境影响因素包括学校地域环境、社会要求、教育部门给予的肯定。[①] 任延延认为,影响职前卓越教师成长的因素主要分为内部因素和外部因素,其中内部因素主要包括知识素养、人格特质、教育信念,外部因素主要包括教育政策、培养目标、课程设置、高师院校、一线中小学等因素。[②] 张永铃认为,影响卓越教师成长的因素可分为内部因素和外部因素,其中内部因素主要包括教育经历和生活经历的影响、不断学习更新的意愿和能力、创新、社会影响力的拓展;外部因素主要包括家庭的支持、学校的氛围和管理、关键人物或事件的影响。[③] 张洁平则认为,卓越教师在成长的不同阶段所受影响的因素是不同的。他认为,在职前选择期,卓越教师成长的影响因素主要有"关键人物"和生活经验;在工作适应期,主要受学校管理的规约和教学目标的限定;在巩固调整期,主要受职业角色和专业价值的影响;在成熟创新期主要受教学实践和教学理念的影响;在卓越升华期则受到内在信念和外在实践的影响。[④] 张琪认为,卓越教师成长是内外部因素交互作用的结果。具体而言,内部因素主要包括自觉敬业、坚持实践和勇于创新;外部因素则包括学校氛围、重要他人、关键事件。[⑤] 周明星、荆婷通过对湖南省43所乡村小学的调查,认为影响乡村卓越小学教师成长的影响主要有主体因素,包括个人背景、职业理想和实践反思;环境因素,包括政策环境、文化环境和生态环境;交互因素,包括问题意识、合作行为、工匠精神和关键事件。[⑥]

6. 关于卓越教师培养中存在问题的研究

当前,卓越教师培养过程中存在的种种问题已引起了学界的广泛关注与忧虑。许多学者都对此问题进行了深入的讨论。譬如,杨登伟以 H 大学为个案,运用文献法、

① 范爽.小学卓越教师成长路径生活史研究——以大连市 X 小学 X 老师为例[D].贵阳:贵州师范大学硕士学位论文,2017:37-40.
② 任延延.职前卓越教师培养实践的个案研究——以 F 大学为例[D].福州:福建师范大学硕士学位论文,2016:61-75.
③ 张永铃.卓越教师及其成长研究[D].上海:华东师范大学硕士学位论文,2012:55-60.
④ 张洁平.中小学卓越教师专业成长特质研究[D].锦州:渤海大学硕士学位论文,2015:12-19.
⑤ 张琪.卓越小学教师成长案例研究——以杭师大杰出校友为例[D].杭州:杭州师范大学硕士学位论文,2017:43-46.
⑥ 周明星,荆婷.乡村小学卓越教师特质及其影响因素——基于湖南省43所乡村小学的调查[J].教育研究与实验,2018(4):66-69.

问卷调查法、访谈法等研究方法,通过研究后,认为当前卓越教师在培养过程中还存在课程目标定位不准确、课程内容缺少衔接、课程结构不合理、课程实施脱离实际、课程评价体系不健全等问题。① 张俊俊通过对 H 大学本硕一体化卓越教师职前培养的调查后指出,当前,卓越教师培养尚存在本硕阶段培养目标的衔接度差,学科专业课程和教师教育课程的衔接性不强,部分课程的针对性、实用性不够,实践教学缺乏常态化管理等问题。② 申晨以管理学中成熟的 PDCA 循环理论为指导,审视地方高师院校的卓越教师培养过程后发现,当前卓越教师培养在不同的阶段存在不同的问题。具体地说,在计划阶段,存在培养定位模糊、资源不充分问题;在执行阶段,存在课程实施不合理、实践教学缺乏、教师资源分散、科研训练不充分等问题;在检查阶段,存在单一、线性的终结性评价、流于形式的学生评教问题;在处理阶段,则存在反馈不及时现象。③ 陈弘从差异发展理论的视角提出,当前卓越小学教师培养过程中存在培养目标定位的冲突、课程设置与实施的缺陷、教育实践的质量不高、质量保障体系不健全等问题。④ 郑璐璐以 N 校小学教育本科专业为例,在访谈、问卷和文本资料分析的基础上,指出当前卓越小学教师的培养存在着选拔方式认可度低、培养目标落实中具有"偏差"、实践性课程存在"欠缺"、任课教师配比单一化、支持性条件不足等问题。⑤ 顾晓诗认为,在以卓越教师培养为导向的教育实习"双导师制"中,存在学校对导师的职责定位缺乏可操作性、校外导师遴选标准单一、导师的责任心不强、学生的主动性不高、激励与监管制度缺失、双导师之间缺乏合作与有效沟通等问题。⑥ 任延延以 F 大学职前卓越教师培养项目"名师实验班"为例,通过调查发现,当前卓越教师在培养过程中还存在如下问题:学生学籍归属权与学生管理权相分离,管理细则不完善,宣传力度较弱,"名师实验班"学生选拔标准、职前卓越教师培养标准、职前卓越教师培养质量评

① 杨登伟."卓越教师"职前培养阶段课程设置研究——以 H 师范大学为例[D].重庆:西南大学硕士学位论文,2015:39-49.
② 张俊俊.本硕一体化卓越中学教师职前培养的个案研究[D].开封:河南大学硕士学位论文,2019:64-68.
③ 申晨.地方高师院校卓越教师培养的 PDCA 循环模式研究[D].哈尔滨:哈尔滨师范大学硕士学位论文,2018:34-43.
④ 陈弘.基于差异发展的中国卓越小学教师培养研究[D].杭州:杭州师范大学硕士学位论文,2019:85-93.
⑤ 郑璐璐.小学卓越教师培养的现状与出路——以 N 校小学教育本科专业为例[D].南京:南京师范大学硕士学位论文,2019:49-57.
⑥ 顾晓诗.以卓越教师培养为导向的教育实习"双导师制"研究[D].南京:南京师范大学硕士学位论文,2020:47-50.

价标准定位不清,对学生教育信念的培养缺位,修业年限衔接度不够,日常实践基地选择失当,双导师制落实不到位。[①] 姚文群通过对 H 大学卓越小学教师培养模式的全方位、多视角审视,发现其存在以下问题:招生方式仍固守成规、课程体系亟需进一步优化、"双导师"作用有待发挥、毕业评价机制尚未建立健全。[②] 李雪玲选取了我国 8 所具有代表性的高等师范院校,运用文献法、问卷法及访谈法进行研究,结果发现,当前我国在卓越教师培养过程中存在如下四个问题:培养目标中的"育人性"体现不充分、教师教育课程结构中的整体观念比较欠缺、教师教育课程内容整体上较单一、教师教育课程实施过程中对实践性关注不够。[③] 王瑛、李福华认为,当前"卓越教师计划"实施中还存在:卓越教师标准不明确、培养方案重"术"轻"学"、合作单位态度不积极、学生参与意识不强等问题。[④] 刘径言认为,当前卓越小学教师培养过程存在:职前课程内容彼此分离、职前教学方法与小学课堂学习方式错位、课程设置缺少对卓越小学教师的潜能培养、课程内容与社会需求脱节等问题。[⑤] 孙泽平等从卓越教师职前培养机制的核心要素角度,认为当前卓越教师培养中主要存在取向的宽泛、同质化及形式化倾向,主体的边界、身份及关系模糊,课程的设置、结构与呈现困顿,评估的认知与行动延滞等问题。[⑥] 由上可知,尽管学者们对卓越教师培养过程中存在问题的看法不尽相同,但是,大多集中在培养目标、课程与教学、师范生实习见习等方面。

7. 关于卓越教师培养策略的研究

要想真正能培养出有理想信念、有道德情操、有扎实学识、有仁爱之心的"四有"好教师,必须采取适切的培养策略。当前学界对于卓越教师培养策略的研究主要是从以下几个角度展开的:(1)从多元主体协同的视角论述卓越教师的培养策略。譬如,林莉在对大学卓越教师专业素养及其生成途径分析的基础上,认为应从政府、教师自身及学校三个层面来促进卓越教师的成长,具体地说,在政府方面,应注重选拔均衡、长期支持教师发展、教育部门助推教师发展;在教师方面,强化自身专业素养、加强自身

① 任延延.职前卓越教师培养实践的个案研究——以 F 大学为例[D].福州:福建师范大学硕士学位论文,2016:53 - 59.
② 姚文群.高校卓越小学教师培养模式问题研究——以 H 大学教育专业本科为例[D].西宁:青海师范大学硕士学位论文,2018:43 - 45.
③ 李雪玲.卓越教师培养背景下高师小学教育专业教师教育课程改革研究[D].南充:西华师范大学硕士学位论文,2019:43 - 49.
④ 王瑛、李福华.关于"卓越教师计划"实施的思考[J].中国大学教学,2013(4):26 - 27.
⑤ 刘径言.小学卓越教师职前教育的课程与教学改革[J].教育科学研究,2015(12):18 - 19.
⑥ 孙泽平等.卓越教师职前培养机制:逻辑与现实的双重变奏[J].中国教育学刊,2016(12):80 - 83.

团队意识、提升自身学术造诣;在学校方面,"老教师"引导青年教师发展、鼓励教师积极发展、营造教师团队氛围。[1] 曾碧、马骊以 UGS 为理论视域,认为卓越教师培养可采取如下策略:其一,建设双师型教师队伍,选聘中小学教师加盟高校师资队伍,为卓越教师教育提供保证;其二,以《中小学教师专业标准》为蓝本,制定人才培养目标;其三,创设中小学全程参与的培养过程,实行 UGS 合作培养模式;其四,"理论—实践"与"实践—理论"双重循环的人才培养方式;其五,构建创新专业实践能力培训平台,搭建专业能力上升通道。[2] 刘洋认为,可采取如下策略培养卓越教师:第一,明确卓越教师"三位一体"协同培养新机制各主体定位;第二,进行科学化、规范化的管理运行;第三,构建有效的保障机制;第四,完善监督评价机制;第五,建立长效的卓越教师"三位一体"培养新机制;第六,加强高校间的交流互动,共同助力卓越教师培养。[3] 任延延以 F 大学为例,提出可以通过如下措施培养卓越教师:其一,在国家层面,建立本硕一体的职前卓越教师教育制度、提高教师待遇和社会地位、强化财政支持政策、建立监督评估机制;其二,在高等师范院校层面,进行学籍专管、采取就业支持政策;其三,通过高等师范院校、中小学、学员个体来优化职前卓越教师培养的教学实践环境;其四,建立公平公正的选拔机制;其五,制定科学合理的培养模式;其六,设置理论与实践相结合的课程;其七,落实双导师制的配备;其八,完善人才评价体系。[4] (2)从国内外个案的角度探讨卓越教师的培养策略。譬如,程光旭结合陕西师范大学的实际,提出卓越教师培养的策略主要包括以下几个方面:深化教学改革,构建教师教育课程新体系;实施教师教育协同创新,培养师范生卓越从教能力;推进研究生教师教育,健全卓越教师培养体系;建立教师教育联盟,促进区域内卓越教师培养;加强高端教学技术研究,提升教师教育理论水平。[5] 郑璐璐在 N 小学教育专业本科培养现状的基础之上,结合影响职前小学卓越教师成长的因素以及小学卓越教师的特征,认为应采取如下策略来培养卓越小学教师:其一,制定具体有针对性的教育政策;其二,从高校、小学、学生自身等方面创设"三方主体"积极参与的教学实践环境;其三,运用划定专业就读合格线和建

① 林莉. 大学卓越教师专业素养及其生成途径研究——基于 58 位高等学校教学名师样本材料的内容分析[D]. 重庆:重庆师范大学硕士学位论文,2019:50 - 56.
② 曾碧,马骊. 基于 UGS 视域下贫困地区卓越教师培养策略[J]. 教育理论与实践,2015(26):35 - 36.
③ 刘洋. 卓越教师"三位一体"协同培养新机制研究[D]. 临汾:山西师范大学硕士学位论文,2018:49 - 55.
④ 任延延. 职前卓越教师培养实践的个案研究——以 F 大学为例[D]. 福州:福建师范大学硕士学位论文,2016:77 - 85.
⑤ 程光旭. 培养卓越教师的思考和实践[J]. 中国高等教育,2014(17):51.

立定性考核指标等定量与定性相结合的选拔方式；其四，全面开展师德养成教育；其五，设立可操作性和现实性的培养目标；其六，优化"研行"结合的课程体系。① 张静在对英国卓越教师培养项目分析的基础上，认为我国应采取如下策略来培养卓越教师：创建合理科学的教师标准体系；拓宽教师生源；国家提供充足的经费和政策保证；保障教师教育改革的制度；合理调节各利益相关者的伙伴关系。② （3）从课程角度探讨卓越教师培养问题。譬如，杨登伟认为，卓越教师职前培养阶段课程设置的改进策略主要包括：课程目标的准确定位、课程内容的优化、课程结构的调整、课程实施的策略改进、课程评价体系的构建。③

（二）对已有研究的评价

从对相关文献的梳理分析，不难看出，当前学界对于卓越教师的研究已经取得了一定的研究成果，研究范域较为全面，主要包括卓越教师计划实施的背景、卓越教师的内涵、特征、培养模式、影响因素、存在问题及策略等内容。当然，相关研究在取得一定成绩的同时，也存在着一些不容忽视的问题：

其一，当前已有的相关研究，大多更偏向于卓越教师的职前教育的研究，对于卓越教师的职后培训的研究关注不够。但事实上，卓越教师的成长不是一蹴而就的，而是一个长期的、渐进的过程，它既需要职前的培养，又需要职后的培训。只有进行职前、职后一体化的培养，才能真正造就卓越教师。因此，今后，我们亟须改变只偏重卓越教师职前培养研究的偏误，进行职前、职后一体化研究。这一点已有学者明确指出过："教师专业发展的过程，就是一个由非专业状态走向专业状态，由低专业水平发展至高专业水平，最终走向卓越的过程。卓越教师也就是教师专业发展的一个阶段，而且是成熟的、创造性发展的阶段。它与学者们所归纳的探究创新阶段、自我更新关注阶段、高级教师阶段、成熟阶段类似。"④

其二，当前已有的相关研究，大多是在普遍意义上对卓越教师进行的研究，针对具体学段的卓越教师培养的相关研究成果很少，而具体到卓越小学教师的相关研究成果更是鲜见。笔者以"卓越小学教师"为关键词在中国知网进行检索发现，相关期刊论文

① 郑璐璐. 小学卓越教师培养的现状与出路——以 N 校小学教育本科专业为例[D]. 南京：南京师范大学硕士学位论文,2019：67 - 73.
② 张静. 英国卓越教师培养的政策保障及模式研究[D]. 沈阳：沈阳师范大学硕士学位论文,2017：28 - 29.
③ 杨登伟. "卓越教师"职前培养阶段课程设置研究——以 H 师范大学为例[D]. 重庆：西南大学硕士学位论文,2015.51 - 58.
④ 司成勇. 教师专业发展视域中的卓越小学教师培养[J]. 湖南第一师范学院学报,2016(3)：6.

仅有 60 篇,相关硕士学位论文只有 6 篇,而相关博士学位论文为 0 篇。由此可见,卓越小学教师的相关研究尚未受到学界的足够重视。这是一个令人堪忧的现象,我们必须引起高度的警惕,这主要是因为:一方面,小学教育属于我国义务教育的起始阶段,它对于个体生命的积极、健康、和谐的发展具有奠基性、始源性的意义。而要提高小学教育质量,关键在于造就一批卓越小学教师。另一方面,卓越教师的培养和成长在具有一定共性的基础上,客观上又存在一定的差异性。小学教育与学前教育、初中教育、高中教育乃至大学教育存在很大的不同。因此,我们在关注普遍意义上卓越教师研究的同时,更应聚焦于小学教育的具体学段,加强对卓越小学教师的研究。

其三,关于卓越教师核心素养的相关研究成果很少。正如前文所述,当前关于卓越教师的研究还主要集中于对其内涵、实施背景、特征、培养模式、影响因素、存在问题及对策等方面的研究,至于卓越教师核心素养的相关研究则涉及很少。笔者在中国知网上,以"卓越教师核心素养"为题名或关键词,通过检索仅发现期刊论文 4 篇,相关硕博士学位论文则为 0 篇。这不得不说是一种遗憾或缺失,主要是因为:一则,当前,发展学生核心素养已经成为一种时代共识,而要使学生核心素养真正得以充分的发展,教师必须具备相应的核心素养,很难想象一位核心素养缺失的教师,能培养出具备良好核心素养的学生。再则,核心素养是个体的一种综合素质,它具有全面性、整体性之特性。对于卓越教师而言,核心素养是其本质特征和最根本的要求。因此,我们要想真正能培养出胜任高质量教育的卓越教师,必须加强对卓越教师核心素养的研究。

其四,未能将具身认知理论与卓越教师培养联系起来,研究视角较为单一,研究成果雷同、重复严重。通过分析相关文献发现,当前,对于卓越教师培养的相关研究,大多是从教育学的视角进行研究,缺乏有价值的理论基础的观照。而具身认知理论被称为"认知科学的革命",它关涉哲学、心理学、临床医学、语言学、艺术学等众多学科,同时,它直抵人类认知和学习的本质,对于指导人类的认知和学习具有至为重要的价值。在当下倡导"多学科的研究"的背景下,从具身认知理论视角来重新审视卓越教师培养问题就显得极为重要。

三、核心概念界定

厘清核心概念,对于顺利开展研究至为关键,本研究主要包括卓越小学教师、核心素养、卓越小学教师核心素养及具身培育四个核心概念。下面分别予以阐释。

(一)卓越小学教师

在国内,自 2010 年开始,国家教育行政部门分别启动了卓越工程师、卓越医师、卓越律师等一揽子"卓越"计划。2014 年 8 月,为回应我国教育发展的内涵式转向,培养拔尖创新人才,同时也是借鉴一些发达国家的成功经验,教育部印发了《关于实施卓越教师培养计划的意见》(以下简称《意见》),提出要"培养一大批师德高尚、专业基础扎实、教育教学能力和自我发展能力突出的卓越教师。"《意见》的出台,不但意味着我国卓越教师培养已上升至国家政策层面,标志着"卓越"已成为我国教师专业发展的重要价值取向,同时使得相关研究由浅层走向深度,由点状走向系统。

尽管卓越教师培养已经成为我国教育领域的一件大事,但是,关于何谓"卓越教师"却仁智互见、语焉不详。要想切实提高卓越教师培养的实效性,首先就必须对卓越教师的内涵有一个清晰的认知和把握。笔者认为,所谓"卓越教师"是指具备高尚的职业素养、价值取向明晰、教学技能娴熟、管理能力突出、专业发展能力出色且可以创造性地实施教育教学的优秀教师。[①] 相应地,结合小学教育的特点和规律,笔者认为,所谓"卓越小学教师"就是指具有浓郁的小学教育情怀、知识丰厚全面、教育教学技能突出、自我更新意识较强、胜任小学全科教育教学需要、引领小学教师群体专业迅速成长的优秀小学教师。[②]

(二)核心素养

核心素养(key competences)是当下我国基础教育领域的一个高频词。当前我们已进入了一个"核心素养"时代。关于核心素养的研究,较为著名的当属经济合作与发展组织(OECD)、欧盟、美国等国际组织或国家。经济合作与发展组织于 1997 年底启动核心素养框架项目,即"素养界定与选择:理论与概念基础"(Definition and Selection of Competences:Theoretical and Conceptual Foundations),简称"迪斯科"计划(DeSeCo)。"迪斯科"计划在 2003 年发表最终报告《为了成功人生和健全社会的核心素养》,昭示 OECD 核心素养框架的正式完成。[③] 从此,OECD 规定了核心素养主要包含三方面的内容:(1)交互使用工具的能力,具体包括:交互使用语言、符号和文本的能力;交互使用知识和信息的能力;交互使用技术的能力。(2)在异质群体中有效互动

---

① 范爽.小学卓越教师成长路径生活史研究——以大连市 X 小学 X 老师为例[D].贵阳:贵州师范大学硕士学位论文,2017:9.

② 宋彩琴,杜元宏.对"实践取向"卓越小学教师培养模式的思考[J].湖南第一师范学院学报,2018(4):30.

③ Rychen, D. & Salganik, L. (eds.). Key Competencesfor a SuccessfulLife and Well-Functioning Society [M]. Hogrefe & Huber, Gottingen, 2003.

的能力,具体包括:与他人建立良好关系的能力;合作能力;管理并化解冲突的能力。(3)自主行动能力,具体包括:适应宏大情境的行动能力;形成并执行人生规划和个人项目的能力;维护权利、兴趣、范围和需要的能力。① 欧盟认为,"核心素养是所有个体达成自我实现和发展、成为主动的公民、融入社会和成功就业所需要的那些素养。"2005 年,欧盟正式发布《核心素养:欧洲参考框架》(Key Competences:A European Reference Framework),向各成员国推荐 8 项核心素养作为推进终身学习和教育与培训改革的参照框架。这八大素养是:(1)母语交际;(2)外语交际;(3)数学素养和基础科技素养;(4)数字素养;(5)学会学习;(6)社会与公民素养;(7)首创精神和创业意识;(8)文化意识和表达。② 2002 年美国正式启动 21 世纪核心技能研究项目,创建美国 21 世纪技能联盟(Partnership for 21st Century Skills,简称:P21),努力探寻那些可以让公民在 21 世纪获得成功的技能,建立 21 世纪技能框架体系。该框架主要由两部分的内容构成:(1)核心学科与 21 世纪主题;(2)21 世纪技能。③ 通过对一些国际组织和发达国家的核心素养相关研究的分析,可以发现,当前国际上普遍认同的核心素养主要包括四大素养,即协作(collaboration)、交往(communication)、创造性(creativity)和批判性思维(critical thinking),亦即"21 世纪 4Cs"。随着我国基础教育课程改革的持续推进及国家"立德树人"教育目标的提出,我国教育部在 2016 年正式发布了《中国学生发展核心素养》的研究报告,该报告从文化基础、自主发展、社会参与三大维度,规定我国学生必须具备人文底蕴、科学精神、学会学习、健康生活、责任担当、实践创新六大核心素养。这些核心素养进一步细化为人文积淀、人文情怀、审美情趣、理性思维、批判质疑、勇于探究、乐学善学、勤于反思、信息意识、珍爱生命、健全人格、自我管理、社会责任、国家认同、国际理解、劳动意识、问题解决、技术运用 18 个基本点。④ 根据国内外

---

① OECD(2005)The definition and selection of key competencies[ExecutiveSummary][EB/OL]. Available online at:http://www. oecd. org/dataoecd/47/61/35070367. pdf.

② Gordon,Jean et al.(2009):Key competences in Europe:Opening doors for lifelonglearners across the school curriculum and teacher education,Case Network Reports,No. 87,ISBN 978 - 83 - 7178 - 497 - 2, Annex1:Key competences for lifelong learning-A European reference framework.

③ Partnership for 21st Century Skills(2007)The Intellectual and Policy Foundations ofthe 21ˢᵗCentury Skills Framework[EB/OL]. Available online at:http://www. p21. org/storage/documents/ Intellectualand_Policy_Foundations. pdf.

④ 百度百科. 中国学生发展核心素养[EB/OL].(2017 - 01 - 09)[2020 - 04 - 02]. https://baike. baidu. com/ item/%E4%B8%AD%E5%9B%BD%E5%AD%A6%E7%94%9F%E5%8F%91%E5%B1%95%E6% A0%B8%E5%BF%83%E7%B4%A0%E5%85%BB/20361439? fr=aladdin.

关于核心素养的相关研究,我们认为,所谓"核心素养"是指学生适应信息时代和知识社会的需要,解决复杂问题和适应不可预测情境的能力和道德,它由跨学科核心素养和学科核心素养所构成。①

(三)卓越小学教师核心素养

在"素养为本"的育人时代,教师的核心素养越来越受到人们的关注。譬如,美国曾构建了教师应掌握的"21世纪素养"构架,具体规定新世纪的教师应具备九大素养:(1)运用技术手段实现学科知识与教育专业知识的融合,这类知识也称为:技术性学科教学知识。(2)以21世纪的知识与技能为标准进行教学,体现了教学过程与学生核心素养的结合。(3)在教学方法上,不仅应关注直接教学法,而且应重视主题式教学法,避免教学形式的单一性。(4)掌握儿童和青少年的成长知识。(5)采用多种手段对学生的表现进行评估,从而对教学方式进行调整。(6)教师要走出学校,积极参与学习化社区的活动,不断提升自身的能力。(7)与同侪协作充当教育顾问之角色,教师应提升合作能力,远离个人英雄主义。(8)采用多种策略,了解情况不同的学生,创建应对变幻莫测的教学环境。(9)教师应成为终身学习者。只有他们具备了持续学习的能力,方可积极培养学生形成终身学习的习惯。② 2011年,在欧盟委员会"教育与培训:2020计划"下属的"教师专业发展主题工作小组"提交的报告中,明确提出了教师核心素养的相关要求:"特定的学科知识;教育专业技能,如课堂的应对能力,熟练运用信息通信技术,能培养学生的横向能力,创造安全宜人的学校氛围;文化或态度层面,包括反思精神、研究意识、创新精神、合作精神与自主学习意识。"③2015年,非营利组织——"未来职业组织"与美国"州首席教育官员理事会"共同颁发了名为《教师素养:面向个性化、学生中心的教学》的文件,规定教师的素养可划分为:认知、内省、人际交往和教学四大素养,亦称为"4N模式",即教师"需要知道的"(need to know)、"需要应对的"(need to process)、"需要关联的"(need to relate)、"需要实践的"(need to do)。④ 通过对西方发达国家及一些国际组织对教师核心素养框架的分析,并结合小

① 张华. 核心素养与我国基础教育课程改革再出发[J]. 华东师范大学学报(教育科学版),2016(1):8.

② AACTE. 21st Century Knowledge And Skills in Educator Preparation [EB/OL]. www. p21. org/storage/documents/aacte_p21_whitepaper.

③ Francesca Caena. Literature Review-Teachers' Core Competences:Requirements And Development [EB/OL]. (2017 - 04 - 10)[2020 - 04 - 05]ec. europa. eu/dgs/education_culture/…/doc/teacher-competences_en. Pdf.

④ Darling-Hammond L,Bransford J. Preparing Teachers for a Changing World:What Teachers ShouldLearn and be Able to Do [M]. San Francisco:Jossey-Bass,2005:7.

学教育的有关特点和要求,笔者认为,所谓"卓越小学教师核心素养"是指卓越小学教师在教育教学实践活动之中,有效应对真实复杂情境,顺利化解遭遇的各种问题,科学高效地完成教书育人任务时,所具有的必备品格和关键能力。

(四) 具身培育

倘若想真正了解何谓"具身培育",首先我们必须能够正确认识"具身认知"的实质意涵。具身认知有广、狭义之分。狭义的具身认知是指认知或心智主要是由身体的动作和形式所决定的,强调身体在认知活动中的核心作用。各种类型的认知活动,如观念、思维、概念形成、分类和判断等,都受到身体和身体感觉运动图式的制约和塑造。身体的方方面面,如神经系统的物理属性、大脑和身体的结构、感觉运动系统的图式、感官的构造、神经递质的传递等无时无刻不在塑造着认知和心智,使得身心成为紧密交融的一体。[①] 有论者则认为人的认知(理性)不是非具身的(disembodied),相反,它源自我们的大脑、身体和身体经验的本性,认知结构本身来自于我们具身化的细节,即人类的视觉、运动系统以及一般的神经绑定(binding)机制的细节。[②] 而广义的具身认知不仅强调身体的核心作用,而且重视身体与环境(世界)的相互作用。有论者认为,认知是根植于自然中的有机体适应自然环境而发展起来的一种能力,它经历一个连续的复杂进化发展过程;就情境的方面而言,认知是一个系统的事件,而不是个体的独立事件。因为认知不是排除了身体、世界和活动(action)而专属于个体的心智(大脑)并由它独立完成的事件。[③] 还有论者认为,具身认知的涵义主要包括以下三个方面:其一,身体的物理属性和结构,身体的物理状态对心智有直接的塑造作用。其二,认知在本质上并非超越身体的符号运算,而是身体与世界的互动方式。其三,心智在大脑中,大脑在身体中,身体在环境中。心智、大脑、身体和环境是一个有机的整体。[④]

对具身认知已有的界定均具有一定的合理性,但比较而言,笔者更倾向于认同下述对具身认知概念的界定:认知是大脑、身体和环境相互作用的产物。心智、大脑、身体和环境(世界)交互作用,构成了一个一体的动力系统。换言之,具身认知的含义可以从三个方面加以理解:第一,认知过程进行的方式和步骤实际上是由身体的物理属性所决定的。第二,身体的感觉——运动系统经验及其心理模拟在认知加工中扮演着

---

① 叶浩生. 身心二元论的困境与具身认知研究的兴起[J]. 心理科学,2011(4):1001.
② 李其维. "认知革命"与"第二代认知科学"刍议[J]. 心理学报,2008(12):1315.
③ 李恒威,盛晓明. 认知的具身化[J]. 科学学研究,2006(2):186.
④ 叶浩生,杨文登. 具身心智:从哲学到认知神经科学[J]. 自然辩证法研究,2013(3):4.

关键角色。第三,认知是具身的,而身体又是嵌入(embedded)环境的。环境条件、人际互动和社会生活都对认知有制约和塑造作用。①

在理解具身认知含义的基础上,我们还有必要了解具身的含义。"具身"是当下心理学和认知科学中的一个热词,其基本含义是指认知对身体的依赖性。具体而言,可以从以下四个方面理解"具身":一是作为身体学习的"具身"。它强调的是身体对思维、记忆和学习的作用,也是对"具身"含义的一种理解。二是作为身体经验的"具身"。它主张通过身体而进行的学习首先是一种身体经验。作为身体经验的"具身"导致了认知在内容和方式上的差异。不同的身体导致了不同的身体体验,而不同的身体体验又导致认知上的不同。三是作为认识方式的"具身"。它认为,具身是一种认识方式,成为建构、理解和认知世界的途径和方式。四是作为与环境融为一体的"具身"。它认为心智或认知超越了皮肤的界限而与环境形成紧密联系的整体。②

既然我们已经对"具身认知"及"具身"的概念有了一定的了解,那么究竟何谓"具身培育"呢?笔者认为,所谓"具身培育"是指在卓越小学教师核心素养培育过程中,以具身认知为理论视域,从"人"之为"人"的角度,看待卓越小学教师,将身体参与和体验当作进行卓越小学教师核心素养培育的方式和手段,同时,充分发挥环境的建构性作用,使心智、身体、环境交互作用,成为氤氲聚合的统一体,从而科学高效地培育卓越小学教师的核心素养。

四、研究思路与方法

研究思路的清晰性和研究方法的适切性直接影响到一个研究的成效,下面对本研究的思路与方法作一个简单介绍。

(一)研究思路

随着我国人民对高质量教育的呼求愈来愈强烈,培养大批出色完成教书育人任务的卓越教师已成为必然选项。而小学阶段是义务教育的初始阶段,小学教育对于个体生命的整全发展具有始源性、奠基性的作用。要真正提升小学教育质量,首先亟须造就一大批卓越小学教师,进而言之,因应"素养为本"时代之需要,迫切需要培育卓越小学教师的核心素养。然而,反观当下卓越小学教师核心素养的培育现状,不难发现问题丛生,效果堪忧。当然,造成这种现状的原因固然是多方面的,但其中最根本的原因

---

① 叶浩生.具身认知:认知心理学的新取向[J].心理科学进展,2010(5):706.
② 叶浩生."具身"涵义的理论辨析[J].心理学报,2014(7):1034-1036.

在于认识论的束缚。要真正提升卓越小学教师核心素养的培育质量,促进卓越小学教师的专业成长,就必须实现认知范式的变革。鉴于此,本研究试图突破在对卓越教师核心素养培育研究中,以传统认知科学为分析框架,以外部因素为关注重点的传统研究进路,代之以具身认知理论为视域,以核心素养发展机制为基点,以问题解决为旨归。首先,分析卓越小学教师核心素养的应然构成、典型特征和价值取向。其次,从传统认知科学的视角阐释当下卓越小学教师核心素养培育过程中的"离身性"之困。然后,探讨卓越小学教师核心素养培育过程中认知、身体与环境等因素的作用及相互关系。接着,在具身认知理论的观照下,按照"抽象与具体融合"的原则,提出系统构建卓越小学教师核心素养培育路径的对策建议。最后,进一步从政府支持、U-S共生体支持、社会支持和小学教师自我支持等视角构建卓越小学教师核心素养具身培育的支持系统。

(二) 研究方法

本研究主要采用了文献法、参与观察法、个案研究法和访谈法。下面分别予以简要介绍。

1. 文献法

"文献"一词,最早见于《论语八佾》。子曰:"夏礼吾能言之,杞不足徵也;殷礼吾能言之,宋不足徵也。文献不足也。中,则吾能徵之矣。"朱熹注:"文,典籍也;献,贤也。"可见,古人以"文"为典籍记录,"献"为贤者及其学识。后来"文献"一词专指著述并进一步扩展。当前,"文献"一般指记录知识的一切载体,即把知识用文字、图形、符号、声频和视频等手段记录下来的所有资料,既包括图书、报刊、学位论文、档案、科研报告等书面印刷品,也包括文物、影片、录音带、录像带、幻灯片等实物形态的各种材料。[①] 文献具有三个基本属性:一是知识性,即我们阅读文献可以获得一定的知识;二是物质性,即文献要依赖于相应的物质载体;三是记录性,即文献是专门记录下来的。因此,文献具有存贮知识、传递和交流信息的功能。[②] 而文献法则是对文献进行查阅、分析、整理从而找出事物本质属性的一种研究方法。一般而言,在教育科学研究中,使用该方法可以全面了解研究现状,确定研究课题和研究方向;为教育研究提供研究方法和论证依据;避免重复劳动,提高研究效益;有利于拓展思路,发展创造性思维。[③] 具体

---

① 袁振国. 教育研究方法[M]. 北京:高等教育出版社,2000:149.
② 刘淑杰,刘彩祥. 教育研究方法[M]. 北京:北京大学出版社,2016:32.
③ 和学新,徐文彬. 教育研究方法[M]. 北京:北京师范大学出版集团,2015:67.

而言,在本研究中,通过文献法,可以全面且准确地掌握当前学术界对于具身认知及卓越小学教师核心素养的研究现状,为本研究提供重要的理论依据。本研究中的文献包括图书、期刊、学位论文、国家颁布的有关教师专业标准及教师教育的相关文件等公开的材料,这些公开的文献将涉及多学科研究的成果,特别需要查询教育学、心理学、哲学等与本研究相关的文献资料。同时,本研究中的文献还包括卓越小学教师的人才培养方案、课程表、相关教师的个人情况统计表等材料。笔者在广泛阅读有关资料的基础上,从中择取了重要和切实可用的资料,然后根据相关的理论框架,从一定的方法论和价值取向出发,分析、解释这些文献,揭示其蕴含的意义。

2. 个案研究法

个案研究法就是对一个有界限的系统(a bounded system),如一个个体、一个方案、一个团体、一个机构、一个地区等,运用多样的技术与手段来搜集完整的资料,以做出深入、翔实的描述、阐释与分析,呈现出系统的真实面貌与丰富背景,从而在此基础上做出判断、评价与预测的研究方法。① 依殷(R. LYin)之意,个案法可分为探索性(exploratory)、解释性(explanatory)和描述性(descriptive)三类。探索性个案法主要目的是探索一个主题,也就是去了解发生什么事(what),以便提供该主题的初步认识。解释性个案法主要目的是解释社会现象,也就是了解如何(how)、为什么(why)的问题。描述性个案法主要目的是描述社会现象,处理的问题是有关谁(who)、何处(where)等问题。个案研究法通常具有典型性、深入性、单一性、针对性、借鉴性等特点。一般而言,个案研究法主要有以下几个作用:(1)以个案的具体实例来解释和说明某种抽象的理论和观点,为进一步证实理论或假设提供依据。(2)验证某一种方案或策略的可行性和有效性,为解决某类问题提供具有可操作性的策略与步骤。(3)在可能的情况下,试图将个案的研究结论适度地推广到更大的同类群体中去,发现或描述个体或事件的总趋势。(4)个案研究信息的累积有助于对事物总体的归纳,可为以后的研究分析、理论概括作好准备。② 本研究以 N 大学教师教育学院的卓越小学教师计划项目及 J 大学教师教育学院承办的"国培计划(2020)"——国家级骨干教师高级研修项目 J 大学小学数学骨干教师班(以下简称"国家小数班")为研究个案。之所以选择这两个项目为个案,主要原因如下:(1)N 大学是首批获得国家和江苏省卓越小学教师培养计划的高校,其教师教育办学历史悠久、成绩斐然,职前卓越小学教师培养

---

① 和学新,徐文彬. 教育研究方法[M].北京:北京师范大学出版集团,2015:167.
② 李强,覃壮才.教育研究方法教程[M].北京:北京理工大学出版社,2009:144.

模式具有一定的代表性。(2)需要特别说明的是,我们谈卓越小学教师的培养、培训,并非指现在这些师范生或在职小学教师已经是卓越小学教师了,而是指他们具有较好的潜质,经由高质量的"卓越培养(培训)"未来可以成为卓越小学教师。S大学"国家小数班"中的骨干教师都是从全国各地遴选来的优秀小学教师,他们自然具有成为卓越小学教师的潜质。并且该小学教师培训属于"国培计划"中的高级研修项目,符合对于卓越小学教师必须进行"卓越培养"的理念。因而,"国家小数班"对于研究在职卓越小学教师的培训工作具有一定的代表性。

3. 参与观察法

观察法,是人们在自然(不加控制)的条件下有目的有计划地对客观事物进行考察的一种方法。而参与观察法,又称为"局内观察法",是指观察者参与到被观察者的活动中,作为活动的一员充当相应的角色,与被观察者建立较密切的关系,在相互接触与体验中倾听和观察被观察者的言行,获得有价值的研究资料的方法。[1] 有学者认为,参与观察法适合在以下条件下使用:其一,所研究的问题是从局内人的角度看的,涉及人类的互动。其二,所研究的现象在日常生活情境或场景中可以观察得到。其三,研究者能够进入合适的现场之中。其四,现象的规模和范围都相当有限,可作为个案研究。其五,所研究的问题适合个案研究。其六,所研究的问题可以用质性资料加以说明,这些资料可通过直接观察和适合该场合的其他方法来收集。[2] 在教育研究中使用参与观察法具有如下作用:第一,参与观察是获得丰富的第一手资料的重要方法;第二,参与观察是检验教育理论的重要途径;第三,参与观察是完成教育研究任务的有力手段。[3] 在本研究中,为了能够充分使用好参与观察法,笔者首先制定了观察计划与观察提纲,然后有目的地走进了N大学教师教育学院及J大学教师教育学院承办的国家小数班,进行近距离的观察,并做好相应的观察记录,对所观察记录的相关内容进行分类、整理与分析。

4. 访谈法

访谈法,也称研究性交谈法,是以口头形式,根据被询问者的答复搜集客观的、不带偏见的事实材料,以准确地说明样本所要代表的总体的一种方式。访谈法一般具有灵活性、准确性、深入性、广泛性、互动性等特点。本研究的访谈是针对所选取的教师

---

① 刘淑杰,刘彩祥. 教育研究方法[M]. 北京:北京大学出版社,2016:125.
② 乔金森. 参与观察法[M]. 龙筱红,张小山,译. 重庆:重庆大学出版社,2009:2-3.
③ 孙杰远. 教育研究方法[M]. 北京:高等教育出版社,2016:73.

培训个案进行的,目的是通过与被调查对象面对面的直接交流,更深入细致地了解离身认知对教师培训培训所造成的不利影响,为更加客观地了解卓越小学教师核心素养的培育现状,进而为卓越小学教师核心素养培育的科学实施示明方向。本研究对 N 大学教师教育学院及 J 大学的国家小数班的部分领导、教师、师范生和学员进行访谈。在征得访谈对象同意的情况下,进行访谈录音并对录音材料进行编码,出于研究伦理考虑,隐去真实姓名。

五、本研究的创新之处

创新是一个研究的灵魂,如果一个研究只是对已有成果的简单重复,那么,它就没有价值。相较已有研究,本研究具有如下创新。

(一) 研究视角的转换

研究卓越小学教师核心素养的重要价值在于为理解卓越小学教师培养和卓越小学教师专业发展提供新的视角,推动人们深入讨论社会对卓越小学教师的期望和卓越小学教师对社会的期望,增强利益相关者的对话、共识和理解;进一步澄清卓越小学教师的角色,示明卓越小学教师的独特性,为卓越小学教师提供明确的职业形象和角色定位,促进卓越小学教师增强生命自觉与强化职业承诺;鼓励卓越小学教师开展自我反思,推动卓越小学教师终身学习并获得持续发展。[1] 尽管对于卓越小学教师的研究至为重要,但是,已有相关研究聚焦于关注卓越小学教师核心素养培育的外部因素,而缺乏对内部因素的足够重视。本研究认为,卓越小学教师核心素养的培育是内外部因素交互作用的结果。因此,本研究在关注外部因素的基础上,将以内部因素为切入点,深入分析卓越小学教师核心素养培育的内在机理,从而抓住了问题的本质与关键,体现了学术思想的创新。

(二) 研究观点的创新

卓越小学教师核心素养培育的路径多种多样,但其中行为主体的自主学习是最为重要的路径之一。卓越教师核心素养培育要取得实质性的突破,亟须以适切的认识论为基础。作为一种全新的认知范式,具身认知科学地揭示了人类的认知与学习活动的本质。因此,以具身认知为视域来观照卓越小学教师核心素养,有利于摆脱离身认知的拘囿,切实提升卓越小学教师的核心素养,从而促进其生命整全地发展。

---

① 苗学杰,秦妍. 欧盟教师核心素养框架及其培育路径[J]. 外国教育研究,2020(7):20.

（三）研究方法论的改进

本研究将"具身性"理念贯穿于整个研究的始终,改变已有相关研究多"坐而论道""空泛清谈"的偏弊,研究者将深度介入卓越小学教师核心素养培育的过程,在研究中综合使用一些实证研究的方法,真正做到"抽象与具体融合""批判与建构统一""理论与实践结合",从而实现研究方法论的创新。

（四）研究思路的突破

卓越小学教师首先是一个成人,一个社会人,然后才是一个教师,卓越小学教师必须首先适应社会的变化,才能成为小学生的引路人,即卓越小学教师不仅仅是教育工具,也需要在小学教育中寻求自身发展与自我实现。这种对卓越小学教师认知的改变是"工具人"的教师观向"人本主义"教师观的转变,这也必将转变教师教育相关研究的研究思路。[1] 进而言之,不同的理论是建立在不同的逻辑假设基础之上的,行为主义心理学把人当作"动物",离身认知把人视为"机器",而具身认知理论则把人看作"人"。在具身认知理论的观照下,本研究牢固确立"人本"思想,把卓越小学教师和小学生整全发展作为研究的鹄。将"人""事"关系贯穿于研究之始终,从"人"的角度探讨卓越小学教师核心素养培育的方法与路径,使"事"有了可依凭的承载体,反映了教师教育研究中"成人"与"成事"的内在关系,从而在研究思路上实现了超越。[2]

---

① 尧莉萍.终身教育视域下中小学教师核心素养测评与提升路径研究[D].南昌：江西师范大学硕士学位论文,2020：4.
② 王会亭.基于具身认知的教师培训研究[M].北京：中国社会科学出版社,2018：44.

第一章　卓越小学教师核心素养的甄定、构成与特征

要想科学、高效地培育卓越小学教师的核心素养,我们首先要精准地甄定卓越小学教师核心素养,明晰其构成要素,并且正确理解其典型特征。基于此,本部分拟对卓越小学教师核心素养的甄定、构成及特征展开讨论。

一、卓越小学教师核心素养的甄定

在这"素养为本"的时代,为了真正促进卓越小学教师生命之整全发展,使其能出色完成教书育人的使命,继而助推小学生积极、健康、主动地发展,就极有必要提升卓越小学教师的素养。由于"素养"是一个纷繁芜杂的概念,加之卓越小学教师本身受到时间、精力等方面的限制,如要其具备所有的素养是不切实际的。因此,对卓越小学教师应具备的素养进行甄别、遴选,最终确定其应具备的核心素养就显得极为重要。为了精准甄定,就必须遵循一定的原则,选取一定的维度,并秉持适切的价值取向。

(一) 卓越小学教师核心素养甄定的原则

一般而言,在对卓越小学教师核心素养进行甄定时,我们应遵循科学性、时代性、完整性和本土性等原则。

1. 科学性

科学性是本质理性的反映。一般而言,各门经验科学之所以是科学,并非是由于其研究内容和研究对象决定的,而是由于它们特定的方法和精神,即它们以事实为依凭提出并检验理论。科学重视相关事实材料,在既有的理论与面临的事实出现冲突时,用认真、审慎的态度破解矛盾或建立新的理论。我们在确定卓越小学教师核心素养时,也需要拥有同样的方法和精神。

进而言之,在解决问题时,我们倘若想做出科学的决策,就必须做到:一是透彻了

解要决策的各个要素,充分把握亟待处理的问题的性质原因、作用因素及发展规律等,科学预判各个行动方案的可能结果及其概率;二是熟练掌握决策的原理与方法,并能在实践中不断发现、创造新的决策原理和方法;三是构建决策支持系统,包括信息管理系统、科学的方法和模型以及科学的决策评审试验与控制实施的体制等。①

根据上述有关科学决定的相关理论可知,为了使卓越小学教师核心素养的甄定真正变得科学适切,我们必须切忌主观臆断、"长官意志"。具体地说,必须做到如下几点:其一,进行深入调查。俗话说:"没有调查,就没有发言权。"我们应进行广泛的基线调查,对卓越小学教师、小学生、家长、校领导等利益相关者进行深入的调查,分析他们的所思所想、所需所求,对小学一线的教育教学实际进行调查。确保卓越小学教师的核心素养能真正满足小学师生及其他利益相关者的需要,进而能真正适应提升小学教育质量的需要。在开展调查时,尤其要充分关注卓越小学教师的独特性。小学教育与初中教育、高中教育以及高等教育,由于教育对象、教育目标、教育内容、教育环境等方面的分殊,导致其具备一些独特性。一般来说,"综合性、教育启蒙性、基础性应是小学教育阶段的基本特征"。② 相应地,小学教师与初中教师、高中教师以及高校教师也有很大的差异性。因而,卓越小学教师应具有的核心素养与其他学段的卓越教师的核心素养也必然大相径庭。所以,在确定卓越小学教师核心素养时,就不能简单地照搬卓越中学教师或者卓越大学教师的核心素养,相反,我们必须结合小学教育阶段的特点和要求,来重新思考、审视核心素养,确定能真正符合小学教育实际,满足小学教育需要的卓越小学教师核心素养。其二,运用科学的研究方法。"科学研究最突出的共性特征在于其使用严密计划的研究方法和严谨的设计,并通过实际数据去测试某些猜测或正式的假设,其结果需要得到同行审查……科学的长远目标主要是产生稳定的、可概括'事实'和细节的理论"。③ 因此,在确定卓越小学教师核心素养时,就必须运用科学适切的研究方法,具体来说,可运用文献研究法、质性研究法、量化研究法等多种研究方法。其三,争取各方的支持。要想科学确定卓越小学教师的核心素养,单靠某一方的力量是远远不够的,因此,应采取各种措施,广泛争取教师、学生、家长、社会人士等多元主体在人力、物力、财力、信息等诸方面的帮助。这样方能使卓越小学教师核

① 孟繁华. 教育决策科学性的本质及其层次分析[J]. 北京师范大学学报(社会科学版),1999(4):72.
② 庞昊. 卓越小学教师核心素养体系构建及职前培养对策研究[D]. 大连:大连大学硕士学位论文,2019:31.
③ [美]国家研究理事会. 教育的科学研究[M]. 北京:教育科学出版社,2006:48.

心素养的甄定克服盲目和虚妄,变得更加科学合理。

2. 时代性

卓越小学教师核心素养不是亘古不变的,不同的时代背景下,人们对卓越小学教师核心素养的要求是全然不同的。因此,我们在确定卓越小学教师核心素养时,就亟须体现时代性。这种时代性主要表现在以下两个方面:

一方面,我们必须正确认识"现在"。换言之,为了精准地确定卓越小学教师的核心素养,我们必须正确认识当下我们所处的时代。有论者指出,当前,我们进入了一个今非昔比的"新时期",该"新时期"具有以下五个特点:其一,国家由贫穷走向富裕。其二,市场经济渗入社会一切领域。其三,信息技术升级换代冲击力强。其四,价值体系功利为上、核心模糊。其五,文化领域古今中外、多元混杂。[①] 当然,这其中最突出、最重要的一个特点是,随着信息技术的迭代更新,我们已经从农业时代、工业时代、信息时代进入了"智能时代"。"人工智能"已成为当下最突出的时代特征。人工智能是一门全新的技术科学,它出现的目的是模拟并延展人的智能理论与方法,并将其技术予以运用。其本质是个体的行为和心理工作,涵盖感知、情感、推理、学习等内容。同时,能经由物化机器人为地达成目标。人工智能亦是计算机科学的一个分支,是专门研究运用计算机模拟和延伸人脑功能的综合性学科。[②] 人工智能最突出的特征就是智能化。它内蕴的智慧学习空间、逻辑推理、复杂情境的处理与感知,可以对教育的进步产生革命性的影响。人工智能应用于教育中,它是以实现个性化、智能化的高效学习为基本遵循,而这种学习是以学习者的学习需求、已有基础、学习环境、个性心理特征、元认知水平和学习状态为依据,结合现有的教育目标,确定学习者的学习风格,创设学习环境,基于智能教育服务平台,量身定制个性化的学习内容、学习活动、学习路径、学习伙伴乃至学习评价,实现学习者的个性化学习。[③] 人工智能除了给学习者的学习带来巨大的影响外,它还会造成教育内容、教育形式、教育资源、教育服务等颠覆性的改变。同时,智能时代的教师,是"人师—机师"构成的"双师并存"的时代,智能时代的师生关系,是人师—机师与学生的三维关系。智能时代的教育,是双师协同交互育人的教育新格局。[④]

① 叶澜. 探教育之所"是",创学校全面育人新生活——新时期"新基础教育"研究再出发[J]. 人民教育,2018
(13—14):10 - 11.
② 张剑平. 关于人工智能教育的思考[J]. 电化教育研究,2003(1):25.
③ 李洪修. 人工智能背景下学校教育现代化的可能与实现[J]. 社会科学战线,2020(1):235.
④ 李政涛. 智能时代是"双师"协同育人的新时代[J]. 当代教师教育,2021(1):1.

另一方面,我们必须精准前瞻"未来"。我们在把握"现在"的同时,还必须能预判社会和教育的未来路向。也许我们很难准确预测与前瞻过于遥远的"未来",但是,未来一段时间社会和教育的发展趋势,我们还是具有一定的展望能力的。事实上,中共中央、国务院于 2019 年 2 月印发的《中国教育现代化 2035》已经为我们示明了今后一段时间我国教育改革与发展的趋向,对于我们开展教师教育的理论研究与实践操作具有很强的指导意义。《中国教育现代化 2035》明确将"建设高素质专业化创新型教师队伍"作为推进教育现代化的十大战略任务之一,并从师德师风建设、教师资格准入制度、教师职称与考核制度、建立中国特色教师教育体系、教师职前培养和职后发展、提高教师地位与待遇等方面论述了建设高素质、专业化、创新型教师队伍的战略方向与路径。[①] 从上述政策文本中可以发现,我们必须承认人的价值存在,尊重人的价值体现,重视人的价值向度在社会发展中的作用,从而推动社会现代化的发展,继而实现人类对美好生活的追求。面向未来,我们亟须摆脱现存的教育线性发展逻辑,兼顾当前教育和未来教育,形塑教育的新形态,主动适应并引领社会的发展。未来,教育在观念、结构、模式、内容、评价、技术等方面均须变革和重塑。[②]

概言之,我们应把握教育变革趋势,确定卓越小学教师核心素养,从而使卓越小学教师的核心素养既能满足当下时代的需要,又能契合未来社会发展的态势,最终促进小学教育高质量的发展。

3. 完整性

在甄定卓越小学教师核心素养时,我们应避免有意或无意的遗漏,切忌"只见树木,不见森林"。相反,我们一定要进行审慎、周全的省思,以确保卓越小学教师核心素养的完整性。具体而言,应做到如下几点:

其一,从教师的视角思考卓越小学教师核心素养的构成。也就是说,我们应从卓越小学教师作为专业人员,尤其作为具有引领、示范作用的专业人员的视角来审视、思考他们顺利、高质量地完成人才培养、科学研究、社会服务、文化传承与创新等活动时应具备的素养。"从教师的职业内容和任务来看,教师的工作并非只是传授知识,更重要的是育人、助人成长,即将学生培养成社会所期待的人才。从教师的工作方法来看,教师不像其他专业工作人员那样需要操作复杂的工具,从事复杂的手工劳作,而是主

---

① 李琼,裴丽.建设高素质专业化创新型教师队伍——基于《中国教育现代化 2035》的政策解读[J].中国电化教育,2020(1):17.

② 张学敏,崔民日.反思与重构:中国特色教育现代化的未来路向[J].教育发展研究,2020(17):6.

要靠自己的智慧、情感、人格魅力等来感染和影响学生。换言之,教师职业本质上就是经由人们之间的交流沟通来促使未成熟者逐渐发展成为社会所期待的人的过程。"①教师的职业特征客观上要求我们在甄定卓越小学教师核心素养时,首先应从教师作为专业人员的视角,形塑能反映卓越小学教师职业特色的完整而全面的核心素养体系。

其二,从小学生的视角来思考卓越小学教师的核心素养。这其实是第一种视角的延伸。它意指在高度重视发展学生核心素养的背景之下,我们必须拥有"儿童立场",站在儿童的视角,充分考虑小学生的所思所想、所需所求,将卓越小学教师的核心素养与小学生应发展的核心素养紧密地联系起来,从有利于培养小学生核心素养的视角确定卓越小学教师的核心素养构成。因为很难想象,一个自身核心素养极度匮乏的小学教师能真正使小学生的核心素养得以顺利发展。

其三,从普通人的视角来思考卓越小学教师的核心素养构成。一个教师无论多么优秀,教书育人都不应是他(或她)的全部。卓越小学教师在作为专业人员的同时,他(或她)又是一个普通人。他(或她)还有自己的家庭、兴趣、爱好和生活。因此,我们在确定卓越小学教师核心素养的时候,也需要思考作为普通人,卓越小学教师需要具备什么素养和能力。这样,卓越小学教师在顺利、出色地完成教书育人任务的同时,才可能拥有和享受幸福完满的人生,否则他们就有沦为"工具人"的风险。

其四,从职前、职后一体化的视角去思考卓越小学教师核心素养的构成。教师的成长不是一蹴而就的,它是一个循序渐进的过程。我们不可能在职前教育中就培养出能完全胜任中小学一线教育教学的卓越教师。教师从"普通"走向"卓越",一定是经过职前教育与职后培训交互作用、千锤百炼的结果。正如有学者所言:"职前教师的'卓越'素质培养不可能照着优秀教师的标准执行,对于尚未走出校园的师范生而言,再如何卓越都不可能在教师的专业能力上达到优秀教师的标准,这是教师专业发展规律自身决定的,所以,所谓'卓越'也只可能是对其进行卓越意识的培养。"②因此,在甄定卓越小学教师核心素养时,我们亟须从职前、职后一体化的视角去思考,廓清哪些素养是职前培养中应予以关注的,哪些素养是职后培训中应予以强调的,通过对职前培养、职

---

① 赵垣可,范蔚.深化课程改革背景下教师核心素养发展问题研究[J].河北师范大学学报(教育科学版),2017(5):85.

② 薛晓阳.卓越教师的意图改写及反思——教师教育体系、教师资格制度的价值、功能与关联[J].教育研究与实验,2018(3):1-8.

后培训的内容进行周密、统筹的计划安排,促使小学教师从"初任教师""合格教师""优秀教师"逐步走向"卓越教师"。

需要指出的是,我们强调在甄定卓越小学教师核心素养时,要注意"完整性",并非说对于卓越小学教师核心素养的建构应面面俱到,主次不分,而是说要避免"一叶障目",遗漏一些重要的核心素养。因此,在甄定卓越小学教师核心素养时,我们必须将"完整性"与"关键性"结合起来,既要从全局把握,又要重点突出。唯其如此,方能科学建构卓越小学教师核心素养。

4. 本土性

当前,在甄定卓越小学教师核心素养时,我们亟须遵循"本土性"原则。所谓"本土性",亦即"本土化",一般而言,它具有两层含义:一是"化为本土的",这是由外到内的过程,即国外的相关卓越小学教师核心素养的相关理论研究与实践探索成果在我国本土被吸纳、认同进而转化为我国卓越小学教师核心素养的有机组成部分,亦即外国相关理论成果中国化的过程,在这种意义上的卓越小学教师核心素养的"本土性"是将国外的相关成果当作创建中国卓越小学教师核心素养的"养料",这是外援,需要经由加工改造,使其符合中国的教育实际,纾解中国的教育难题。二是指"本土生发的",这是"由内到外"的"本土性",即在本土、就本土的教育理论、以本土的方式自主创造生成的卓越小学教师核心素养构成框架。这种"本土性"的卓越小学教师核心素养具有内禀的中国特色、中国气派。[1]

知名教育家胡森曾说:"教育作为一个实践的领域,其真正的本质在于地方性或民族性。教育毕竟是由它所服务的具体国家的文化和历史传统形成的。"[2]同理,由于我国与其他国家在文化背景、地缘关系、生活习惯、思维方式、价值观念、政治体制等方面均存在一定的差异性,因此,我国在确定卓越小学教师核心素养时,也只能在中华民族文化的土壤孕育胚胎、生根发芽、开花结果。正如有学者所说:"本土是'根',是'魂',忘记了本土,教育就会沦为空中楼阁,就会'失魂落魄'。本土在我们脚下、在我们身边、在我们心中,我们无法逃避,也不能漠视。"[3]

既然"本土性"如此重要,那么,在卓越小学教师核心素养甄定时,应如何正确地遵

① 张忠华,贡勋. 教育学"中国化"、"本土化"和"中国特色"的价值取向辨析[J]. 高校教育管理,2015(6):48 - 49.
② 胡森. 教育研究的国际背景[M]//瞿葆奎. 教育学文集·教育研究方法. 北京:人民教育出版社,1988:56.
③ 谢文庆. 中国百年教育变革的本土化审视[J]. 教育研究与实验,2012(5):31.

循"本土性"原则呢？笔者认为，要注意以下两个方面：一方面，要坚持本土行动。即在确定卓越小学教师核心素养时，必须充分考虑中国文化传统和社会实际，构建具有本土特点和中国气派的卓越小学教师核心素养框架。为此，我们亟须增强对本土文化的自信。本土文化毕竟是我们的"根"和"魂"。只有对本土文化充满认同感、使命感与责任感，方可使我们在卓越小学教师核心素养甄定时，态度坚决、自然而然地生发出中国本土文化的意识，进而使我们面对纷繁复杂的异域文化与教育理论时，不迷失自我。坚持本土行动，除了要求我们对本土文化充满自信以外，我们还亟须积极开展教育实验。卓越小学教师核心素养的建构要想真正能科学适切，我们就必须立足中国的实际，聚集当下中国的具体国情，开展教育实验和现状调查，认真发现问题、分析问题，并解决问题，通过不断总结中国教育改革与实践的成功经验，从而建构具有中国特色和中国气派的卓越小学教师核心素养框架。另一方面，要拥有国际视野。我们在确定卓越小学教师核心素养时，强调"本土性"原则，并非要"闭关锁国""盲目排外"或"夜郎自大"。事实上，当前，美国、英国、德国、日本、澳大利亚、OECD、欧盟等国家或国际组织在卓越小学教师核心素养的理论研究与实践探索中已取得了一些有价值的成果，积累了丰富的经验，我们应积极地学习、借鉴这些成果和经验。当然，在面对异域的相关成果与经验时，我们要避免以下误区：（1）简单搬套，不顾实际。因为中国与异域相比，毕竟有不同的生境和境况，罔顾"土壤""气候"的移植，难免会落入"食洋不化""东施效颦"的窘境。（2）削足适履，迷失自我。盲目尊崇西方的教育理论，为西方教育理论"马首是瞻"。将本属于我国本土的有关卓越小学教师核心素养的理论硬生生地纳入西方的逻辑架构和话语体系之中，使我国构建的概念构架不是适应我国的现实和需求，而是为了迎合异域的实际和需要。仿佛只有披上异域"外衣"的教师教育理论才是高级的、先进的，否则就是"落后"的代名词。（3）忽视传统，数典忘祖。有些学者在确定卓越小学教师核心素养时，往往忽略中国与异域在文化传统方面存在巨大差异的事实，有意、无意陷入"文化虚无主义"的泥淖。众所周知，中国拥有五千多年的文化传统。我们必须深入分析中国的文化传统，抓住其精神内核和本质特征，使卓越小学教师核心素养框架建立在中国文化传统的沃土中。

概言之，我们在确定卓越小学教师核心素养时，要坚持"本土性"的原则，同时，又要兼顾"国际性"。这一点已有学者指出过："发展应是土生土长的。但是，一个国家抑或也需要有外来的刺激，而且外援在一段相当长的时期内大概还是发展中的一个必要的组成部分。"①换言之,我们在确定卓越小学教师核心素养时,要摒弃将"本土性"和"国际性"相对立起来的、"非此即彼"的思维方式。事实上,"本土性"是相对"国际性"而言的,二者并不相互抵牾。正因为教育要国际化,才提出在国际化过程中要结合民族特点,使之本土化。②

(二) 卓越小学教师核心素养甄定的维度

在"素养为本"的时代,为了应对纷繁复杂的教育变革和实践,我们必须从一定的维度出发来甄定卓越小学教师核心素养。笔者认为,可以从公民、教育者、研究者、学习者四个维度来确定卓越小学教师核心素养。

1. 公民

卓越小学教师首先应是公民。公民意指拥有某个国家的国籍并依据该国的法律规范充分享有权利、承担义务和责任的自然人。"公民最根本之处表现为它是一个权利主体,其典型特点是自由、平等、独立以及充分介入社会合作的公共事务。"进而言之,公民的涵义主要涵盖如下三点:其一,公民是自然人,是依据自然生理规律出生和存在的生命体;其二,公民是以一个国家成员身份参与到政治、经济、文化、社会等活动之中,其享受的权利和所应承担的义务由国家的法律予以规约;其三,公民概念具有历史流变性,是伴随境域的改变而改变的。③

需要指出的是,作为知识分子中的佼佼者,卓越小学教师不应是普通的公民,而应是模范公民。他们既要带头履行我国法律所规定的义务,又要根据国家需要,真正充当法治社会的建设者和践行者。当然,卓越小学教师并非天生就是模范公民。倘若我们希望卓越小学教师能真正成长为模范公民,就必须对其开展公民教育。"公民教育关乎人的品格与德性的健全与完善,强调从生命关怀与人性引导的终极目标出发,培养具有良知、可以明辨是非、富有同情心并有担当和使命感的现代公民。"④具体地说,对于卓越小学教师的公民教育主要应涵盖以下内容:(1)公民知识教育。公民知识指涉的是作为一个公民所应具备的基本知识,它一般包括对国家或政府的基本理解所需的知识和以公民身份参与国家政治生活与社会活动时所应具备的相应知识。作为当代知识分子中的杰出代表,卓越小学教师不应将自己拘囿于"学校"的狭小场域中,相

---

① 联合国教科文组织国际教育发展委员会.学会生存:教育世界的今天和明天[M].华东师范大学比较教育研究所,译.北京:教育科学出版社,1996:279.

② 顾明远.教育的国际化与本土化[J].华中师范大学学报(人文社会科学版),2011(6):126.

③ 孙型北.大学生公民教育问题研究[D].合肥:安徽农业大学硕士学位论文,2012:8.

④ 张翠梅,张彬.终身教育视角下的公民教育内涵[J].现代远距离教育,2015(1):17.

反,他们应具有胸怀天下的气魄和境界,而这就迫切需要对卓越小学教师进行公民知识的相关教育,使其具备一定的公民知识。(2)公民意识教育。公民意识是指个人对公民身份或地位以及由此所决定的思想观念和行为准则的认知和态度,包括权利、主体、自由、平等、法治等意识。当下,只有经由公民教育,促使卓越小学教师形成较强的公民意识,并自觉内化为相应的公民行为,他们方可具有权利与责任观念,崇尚民主和法治,进而主动投入国家与社会的公共生活。(3)公民技能教育。公民技能是指公民获致的和公民身份相关的能力与技巧。它主要涵盖:表达阐述、信息处理、沟通、参与、合作、监督等技能。在当今人民当家作主的中国,我们只有对卓越小学教师开展公民技能教育,使他们掌握必备的参与国家和社会的公共事务的技能、技巧,他们方能更好地履行法律所赋予他们的权利,从而真正成为国家的主人。(4)公民道德教育。公民道德是公民在参与公共事务中所形成的道德品质。公民良好的道德品质主要包括:公正、守法、敬业、仁爱、宽容、感恩、友善、诚信、尚礼、责任、尊重、合作等。我们只有对卓越小学教师进行公民道德教育,才能使他们过上一种完满幸福、有尊严、有意义的生活。[①] 当然,我们强调有必要对卓越小学教师进行公民道德教育,但并非意味着可以不顾卓越小学教师的实际,对他们无限拔高要求。"红烛、春蚕、人梯、铺路石、人类灵魂的工程师"等关于教师的隐喻无疑是对教师的道德绑架,在对卓越小学教师进行公民道德教育时,必须予以警惕与规避。(5)公民情感教育。公民情感是指作为一个公民所应具有的适切的情感,如相信、喜欢、憎恶、排斥等情感。通过对卓越小学教师进行公民情感教育,可以培育他们具有一定的情结辨识、情感调控、体验理解、自我愿望等能力,从而使他们成为一个情感丰盈、内心富足的人。(6)归属教育。在当下的信息时代,社会发生了日新月异的变化,社会问题越来越复杂,许多事情仅凭一己之力是根本无法解决的,它迫切需要公民形成一定的群体凝聚力,而这种凝聚力的形成就需要培养公民的归属感和认同感。作为知识分子中的杰出代表,卓越小学教师面对复杂的教育教学工作,更需要对自己所处的集体产生一种归属感、认同感,通过在教育教学共同体中集思广益、群策群力,方可真正有效破解遭遇的教育教学难题。

尽管公民教育的内容极其丰富,并且对于卓越小学教师的健康成长至关重要,但是,在当下的卓越小学教师培养过程中,它并未得到应有的重视。今后,可以通过开设系统的公民教育课程、营造良好的校园文化环境、提升公民教育认同感、鼓励积极参与

[①] 王莉. 公民教育:价值与主题[J]. 教育理论与实践,2016(32):21-22.

形式多样的公民实践活动等方式来对卓越小学教师开展公民教育。

2. 教育者

教书育人是卓越小学教师的根本任务,教育者是对卓越小学教师最基本、也是最重要的角色期待。这是毋庸置疑、无须赘述的。但问题在于,卓越小学教师应该成为什么样的教育者?笔者认为,作为教育者的卓越小学教师,应该是"教书育人之范",原因主要有以下三点。

其一,教育对象的特殊性。卓越小学教师的教育对象是小学生。作为未成年人,小学生的心智发展尚不成熟,具有很大的可逆性和未完成性。这个阶段的个体具有强烈的"向师性"。小学教师的一言一行、一举一动都会成为小学生模仿的对象,在小学生心中留下深刻的印象,从而对小学生造成很大的影响。因此,作为小学教师,尤其是卓越小学教师就亟须在教育教学中率先垂范,给小学生树立良好的榜样,从而做到"桃李不言,下自成蹊"。其二,教师职业的特殊性。卢梭曾说过:"有些职业是这样的高尚,以致一个人如果是为了金钱而从事这些职业的话,就不能不说他是不配这些职业的:军人所从事的,就是这样的职业;教师所从事的,就是这样的职业。……一个教师!啊,是多么高尚的人!……事实上,为了要造就一个人,他本人就应当是做父亲的或者是更有教养的人。"[①]可见,教师职业确实是"太阳底下最光辉的职业"。它迫切需要教师,尤其是卓越小学教师在教书育人的工作中起到先锋模范作用。其三,卓越小学教师概念的题中应有之义。卓越小学教师概念本身就内蕴着卓越小学教师是一些出类拔萃的、具有引领示范作用的小学教师的代表。又由于教书育人是教师的本职工作。因此,卓越小学教师理所当然是教书育人的典范。在当下的"互联网+"时代,作为"教书育人之范"的卓越小学教师,在教育教学之中,应成为如下几方面的典范:一是自主学习的引导者;二是信息资源的整合者;三是协作学习的组织参与者;四是学生的咨询顾问;五是新教育教学方法的研发者。[②]

当然,卓越小学教师要想真正成为"教书育人之范",必须具备一定的条件。拥有一定的专业知识、专业能力、专业情意都是必不可少的。这在后文将详细述及,在此不赘。此处需要特别强调两点:

一是教育爱。它又可细分两个方面:一方面是对教育事业的爱。教育是人类最伟大的事业,是关乎人类文化发展的事业,是提升人的精神境界的事业。人类所有的

---

① 单中惠,朱镜人. 外国教育经典解读[M]. 上海:上海教育出版社,2004:104-105.
② 朱宁波等. "互联网+"时代高校教师的角色探析[J]. 教育科学,2016(6):37-38.

事业均是建基于教育事业所开拓的文化和人之上的。卓越小学教师要想真正成为"教书育人之范",就必须热爱教育事业,能淡定从容、心无旁骛地对待教育事业。他们需要做到以教书育人为志业,愿意将自己的青春和热血抛洒在"三尺讲台"。这一点有学者已明确指出过:"是否认识到教育事业的重要性,是否热爱教育事业,是衡量一个教师是否是真正的教师的标准,也是他能否履行教师所担负的责任和使命的关键。"① 另一方面,对学生的爱。教师的教育对象——学生不是冷冰冰的物,而是有血有肉、有灵魂、有思想的人。卓越小学教师要想真正出色地完成教书育人工作,就必须热爱、尊重、理解、宽容学生。著名语文特级教师李镇西曾形象地指出:"你对大山喊'我爱你',大山的回音就是'我爱你',反之,你对大山喊'我恨你',大山的回音就是'我恨你'。同理,教师对学生付出的师爱,学生是能体会、感应到,并做出相应的回应的。"构建和谐、民主、平等的师生关系更有利于教师的教育教学。很难想象,在紧张、恶劣的师生关系中,教育教学能取得理想的效果。二是自我教育。第斯多惠曾明确地指出:"一个人一贫如洗,对别人绝不可能慷慨解囊。凡是不能自我发展、自我培养和自我教育的人,同样也不能发展、培养和教育别人;教师只有先受教育,才能在一定程度上教育别人;教师只有诚心诚意地自我教育,才能诚心诚意地去教育学生。"② 由此可知,卓越小学教师要想真正成为"教书育人之范",就必须首先进行自我教育、自我完善。

3. 研究者

研究者应是卓越小学教师的又一重要角色定位。早在 20 世纪 60 年代,英国著名课程学者斯滕豪斯就提出了"教师即研究者"的主张。当然,在当前的教育领域,有些人对于"教师即研究者"之论断还存在一定的质疑。有人认为,教师是教育教学的"技术员",其任务是熟练地掌握一定的教育教学与课堂管理技术,应具有向学生传授知识与技能的技巧与方法,应能忠实地将专家设计的课程内容传授给学生。因此,这些人认为,研究只是专家学者的事情,与教师无关。作为教师,既无能力,也无必要去做研究。之所以出现上述认识误区,与当下中小学教师中普遍存在的科研失范现象紧密相关:其一,盲目追求课题立项,认为只有主持或承担课题才叫研究。其二,盲目追求论文(或论著)发表(或出版),认为只有撰写论文或论著才叫研究。其三,盲目模仿实证主义研究范式。认为只有遵循观察和实验的方法、得出事实、建立假设与验证假设、得出严格规范的结论才是研究。其四,研究问题的认定模拟专业研究过程,结题论证、构

① 张应强.大学教师的社会角色及责任与使命[J].清华大学教育研究,2009(1):8 - 16.
② 单中惠,朱镜人.外国教育经典解读[M].上海:上海教育出版社,2004:173.

建理论、评价获奖等。①

　　毫无疑问，造成教师科研失范的原因固然是多方面的，但是，其中最重要的原因在于，我们未能正确理解"教师即研究者"的实质意涵及教师的研究与专家学者的研究的差异性。事实上，"教师即研究者"指涉的是，教师在教育教学过程中，应以研究者的心态置身于教育教学情境之中，以研究者的眼光审视和分析教育教学理论与实践中的各种问题，对自身的行为进行反思……②一般而言，专家学者的研究，往往是普遍意义上的或宏观层面上的教育问题或教育现象，所以，他们的研究难以化解真实的教育教学问题；而教师所做的研究则直接与他们的教育教学实践紧密相关，是为了实践、通过实践和在实践中的研究，其研究对象是与学校教学相关的人、事、物和观念等。换言之，教师做研究，事实上涵盖了"教师"和"研究者"两类主体及"教学"和"研究"两类过程。在教师做研究中的两类主体实际上合并成了同一主体，即"教师即研究者"。③　换言之，"教师即研究者"并非是要教师像专业的研究者那样从事学术研究或只注重教师在实践中所获得经验的作用。正确理解"教师即研究者"的关键，在于让教师对所从事的教育教学实践具有发现问题和解决问题的意识和方法，从而使教师获得专业的反思和自主能力，提升其在教育教学中的能动性。④

　　事实上，"教师即研究者"不仅应是所有教师的理想追求，更应是卓越小学教师的应然追求。这主要是由以下因素决定的：其一，课程改革向纵深发展的必然要求。我国自2001年开始的新课程改革，明确提出了"三级课程管理"政策。该政策给予了教师充分的课程权力。这就客观上要求教师由以往课程方案的简单"消费者"，转变为课程的研究者、设计者和开发者。这样，就迫使教师必须具有一定的研究意识和能力，通过研究，提升课程设计、开发、实施、评价的能力，从而更好地胜任新课程改革的需要。而作为小学教师群体中的优秀代表，卓越小学教师当然更应做出表率带头作用。其二，理论与实践相结合的客观需要。长期以来，一些专家学者由于脱离教育教学实践，仅满足于在书斋中的"坐而论道"或"宏大叙事式"的教育研究。他们的研究往往因无法有效解决教育教学实践中的问题，从而沦为自娱自乐的游戏。这也是一些所谓的"专家"饱受诟病的主要原因。而卓越小学教师由于一直处于教育教学一线，使他们很

---

① 全国十二所重点师范大学. 教育学基础[M]. 北京：北京教育科学出版社，2002：299.

② 申卫革. "教师即研究者"：一个需要审思的命题[J]. 教育科学研究，2017(6)：80.

③ 阳利平. 对"教师即研究者"命题的探析[J]. 教育发展研究，2007(10B)：6.

④ 张华军. 论教师作为研究者的内涵：教师研究性思维的运用[J]. 教育学报，2014(1)：30.

熟悉鲜活、火热的教育教学实践,更容易遭遇真实的教育教学问题,从而使他们有机会、有可能对这样的问题进行研究和思考,将教育理论与教育实践很好地融合起来。

其三,师生共同发展的应然呼求。作为专业人员中的杰出代表,"卓越小学教师只有以不断的研究作支持,专业方可得以发展,他们在实践中面对不同的情境处理问题的教育教学能力亦需要在研究、反思中方可得到提升,不以研究的姿态面对教育,卓越小学教师的专业生活将是缺乏创造性的重复劳动,他们的专业发展将停滞不前,沦为死水微澜。"①同时,只有成为研究者,卓越小学教师方可体会到教育的幸福和欢愉,从而提升其生命质量与生命境界。这一点苏霍姆林斯基曾明确地指出过:"如果你想让教师的劳动能够给教师带来一些乐趣,使天天上课不至于变成一种单调乏味的义务,那你就应当引导每一位教师走上从事研究的这条幸福的道路上来。"②当卓越小学教师成为研究者时,他们通过研究自身、研究其他教师以及在课堂教学中对有关教育理论的检验,不断对教育教学中遭遇的问题与困惑进行省思、叩问与探究,从而不断提升教育教学水平,有利于促进自身专业成长,进而有助于促进小学生积极、健康、主动地发展。

其四,教育复杂性的必然选择。叶澜教授指出:"教育是人类社会所特有的更新再生系统,可能是人世间复杂问题之最。它不但是人类每一个文明社会和个体人生旅程所不可或缺的东西,是联结人和社会的重要纽带,而且,它还具有与其他社会系统不同的功能,即它连接着、聚焦着人类文明的历史、现实与可能的未来。"③教育不仅具有内禀的复杂性,而且具有效果的延迟性。这就要求卓越小学教师面对纷繁复杂的教育实践时,能运用自己的知识与智慧来化解教育中遭遇的各种难题,为促进小学生生命的整全发展服务。而卓越小学教师的知识与智慧不是先在的、自明的,而是必须依靠他们在职业生涯中形成研究的意识和能力,将研究作为一种生活方式,以研究的态度与眼光去审视教育教学。其五,教师由"普通"走向"卓越"的重要条件。一般而言,依据水平从低到高,可以将教学分为模仿性教学、独立性教学、创造性教学和艺术性教学这四种层级。而其中的艺术性教学又可细分为新奇型教学、典雅型教学、情感型教学和理智型教学。当小学教师的教学达至艺术性教学的层级,意味着他们已经形成了自己的教学风格,也意味着他们已从"普通教师"跃迁至"卓越教师"。当然,卓越小学教师教学水平的提升和教学风格的形成并非是自然而然、一蹴而就的,而是卓越小学教师在

---

① 申卫革."教师即研究者":一个需要审思的命题[J].教育科学研究,2017(6):82.

② 李润洲,张良才.论"教师即研究者"[J].教育研究,2004(12):63.

③ 叶澜.世纪初中国教育理论发展的断想[J].华东师范大学学报(教育科学版),2001(1):5.

工作中不断地研究、探寻、反思与熬炼的结果。

由上可知,"研究者"已经成为卓越小学教师最重要的角色之一。当然,卓越小学教师要想真正成为研究者,就必须注意以下几点:一是要培养问题意识;二是要认真学习教育科研的理论、方法和规范;三是要坚持做一个"反思性实践者";四是要学会与他人合作。①

4. 学习者

学习者是对卓越小学教师的另一重要角色期待。在当下的教师教育中,之所以将"学习者"当作甄定卓越小学教师核心素养的一个重要维度,是由以下因素决定的:

其一,卓越小学教师主动发展的必然要求。倘若希冀小学教师能由"普通"走向"卓越",就必须改变"等""靠""要"等消极被动的思想,充分发挥卓越小学教师自身的内驱力,积极主动地发展。我国知名学者陈向明曾指出:"教师'专业发展'的概念将教师作为有'缺陷'的人,按照事先制定的标准,通过集中培训的方式,将固定不变的知识传授给教师。而教师'学习'的概念更注重从教师真实的学习体验出发,理解教师针对自己工作中的具体问题、与教师同行和外来专家共同建构知识的过程。"②加拿大著名课程学者迈克尔·富兰曾明确表示应该以"教师学习"一词代替"教师专业发展"。他在批评教师专业发展时指出:"这种仅仅仰仗外缘性知识去影响课堂及学校变革的想法是教师教育中的最大积弊,……这些活动并非完全无价值,而是较为孱弱,较为空泛,较为短暂,结果难以对课堂与学校的文化产生实质性的影响。"③加拿大另一学者伊斯顿也曾说过:"其实,在教育领域,专业发展往往指涉的是某人对他人做某事。如此一来,学习者就成了一个被发展者。而我们应强调的是学习者的学习和主动发展。""'被别人发展'是远远不够的。教师必须能够自我发展。为了变革,他们的知识面应极其广阔,为了得以整全地发展,他们应该改变自我——他们应该变成学习者。"④由此,不难看出,成为学习者,认真努力地学习是卓越小学教师主动发展的必然选择。其二,卓越小学教师工作不确定性的客观需要。卓越小学教师所从事的教育教学工作是一个复杂的系统,它具有教育教学过程的复杂性、教育教学对象的差异性、教育教学理念的多样性、教育教学情境的多变性等特点。尤其是,当前课程与教学变革正在如火

---

① 高芳. 解读"教师成为研究者"的内涵与对策[J]. 教育与职业,2006(3): 91 - 92.

② 陈向明. 从教师"专业发展"到教师"专业学习"[J]. 教育发展研究,2013(8): 1.

③ Fullan, M. The New Meaning of Educational Change (4th edition). New York: Teachers College Press, 2007: 283.

④ Easton. From Professional Development to Professional Learning [J]. Phi Delta Kappan, 2008(10).

如荼地开展之中。新的教育教学理念层出不穷,新的知识信息风起云涌。加之,我国正处于社会转型期,当下的小学生日益呈现出主体性、知识性、社会性和多元性等特征。这些都无疑增加了卓越小学教师工作的不确定性和复杂性。面对这种纷繁复杂、变动不居的教育教学工作,卓越小学教师需要具备足够的素养和能力,尤其需要具备丰富的实践性知识和教育智慧。而这种教师实践性知识和教育智慧不是与生俱来的,它们需要卓越小学教师利用各种机会和条件,认真地学习而获致。其三,学习型社会和学习型学校的深切呼唤。2002 年 12 月,我国党的十六大报告中,将"提高全民族的思想道德素质、科学文化素质和健康素质……形成全民学习,终身学习的学习型社会,促进人的全面发展"作为 21 世纪前 20 年全面建设小康社会的奋斗目标之一。2003年,中国共产党的十六届三中全会通过的《中共中央关于完善社会主义市场经济体制若干问题的决定》中,再次指出应"深化教育体制改革,构建现代国民教育体系和终身教育体系,建设学习型社会。"随着学习型社会的到来,学校组织形态也持续地发生变革与转向,一个重要特征是,当下"学习型学校"已应运而生,并已成为我国乃至全世界教育领域的主导理念和行动指南。"在学习型学校之中,教师均秉持终身学习的理念,并在此理念的指引下,始终用复杂性思维去安排和评估自身的学习活动,而不是拘囿于当下的学习进程。"①面对学习型社会和学习型学校,学习对于我们社会中的每个成员都至为重要。诚如彼德·圣吉所说:"真正的学习,关涉'人之为人'这一意义的核心。经由学习,我们重新创造自我。依凭学习,我们可以完成未曾完成的任务,重新理解我们生活于其间的世界及我们与周遭世界的关系,以及增加我们创造美好未来的可能性。其实,我们均期盼这种真正的学习。"②置身于学习型社会和学习型学校,作为小学教师中杰出代表的卓越小学教师,理应率先垂范,成为终身学习的楷模。正如研究中所述:"教师倘若希望在新的时代及社会变革中更好地生存与发展,就应该重新设计自己,自觉地步入学习者的行列,竭力不断地提升、完善与更新自我,成为终身学习者。"③

由上可知,成为学习者,对于卓越小学教师至为关键。卓越小学教师要想真正成为学习者,就必须努力提升自身的学习力。教师学习力是指可以促进教师学习行为发生、调节学习行为过程、保障学习行为效果的动态能量系统,其载体是教师,发展途径

---

① 肖正德. 生态取向教师学习方式变革:时代境遇与实践路向[J]. 全球教育展望,2010(11):73.
② [法]米亚拉雷,让·维亚尔. 现代教育史[M]. 张人杰,等,译. 上海:上海译文出版社,1991:89.
③ 肖正德,张素琪. 近年来国内教师学习研究:盘点与梳理[J]. 全球教育展望,2011(7):55.

是学习行为,价值则通过学习效果呈现。它又具体包括教师学习基础力、接纳力、探究力和转化力等。[①] 卓越小学教师学习力的提升当然会受到多种因素的影响和制约,但其中最值得注意的因素主要有两个:一是必须正确认识教师学习的性质。与小学生的学习不同,卓越小学教师的学习是一种成人学习。麦尔克姆·诺尔斯(Malcolm Knowles)认为,成人学习者有以下特点:(1)有独立的自我意识并指导自我学习;(2)经验对学习是重要而丰富的资源;(3)学习需求和处于持续流变中的社会角色休戚与共;(4)以问题为中心学习,并对能马上使用的知识感兴趣;(5)学习动机主要源于内部,而非外部。[②] 可见,卓越小学教师的学习本质上是一种成人学习,同时,也是自我导向的学习。认识到教师学习的这一性质,就要求卓越小学教师努力激发自身学习的内驱力,充分发挥学习的主动性和积极性,这无疑对于提升其自身的学习力是大有裨益的。二是必须准确理解教师学习的内容。教师学习如仅满足于教学能力的提升和教学行为的改善,必将导致有意无意地忽视对教师成长同样至关重要的一些方面或内容:如教师的价值观、理想信念、身份认同、情感体验、个人生活,等等。教师的工作是一项复杂性劳动,它需要教师投入所有的身心和感情。因此,教师学习的内容也应异常丰富,它应包括教师的工作、学习和生活的方方面面,关涉教育教学知识、教育教学技能、教育教学理论、教师的情感态度价值观等内容。对于卓越小学教师而言,只有认识到教师的学习是一种整体性的学习,他们才不会以一种简单思维、点状思维对待学习,方有利于他们素养的全面提升。这一点已有学者明确指出过:"教师的学习应该是整体性的,关涉到教师素养的整体性转化。教师的素养无法被肢解为彼此孤立的部分,如基础理论、实用技巧、专业态度,然后分门别类地对其进行培养。教师的工作是整合了知与行的一种存在方式,教师的实践也不能与教师这个人相分离,它是一个社会性的、动态的、在一个当下具体情境中行动着的人的一部分。"[③]

(三)卓越小学教师核心素养甄定的取向

个体的实践活动常常是与价值问题紧密联系的,因此也就造成个体在认识活动与实践活动时,往往会产生某种价值取向。在确定卓越小学教师核心素养这一实践活动时,自然也会关涉到价值取向问题。也就是说,我们秉持不同的价值取向,会导致我们对卓越小学教师核心素养的构建和培育做出不同的选择,从而产生不同的结果。一般

---

① 皇甫倩,靳玉乐. 教师学习力测评模型的构建及应用[J]. 教师教育研究,2021(3):66.
② Knowles, M. S. Self-Directed learning [M]. New York: Association Press, 1975:206.
③ 陈向明. 从教师"专业发展"到教师"专业学习"[J]. 教育发展研究,2013(8):5.

而言,卓越小学教师核心素养确定时,通常有以下三种价值取向。

1. 学生取向

"学生取向"是教育领域首要的价值定位,也是甄定卓越小学教师核心素养的一个重要价值追求。"学生取向"主张教育目的应以学生个人价值为聚焦,把学生的能力培养、素养生成、品格化育、个性养成等置于首要位置,以灵活多样的教育手段促进学生的潜力开发、全面发展。① 事实上,"学生取向"的价值定位起源于教育史上的"个人本位论"。"个人本位论"的核心观点主要包括:(1)个人的需要和个人价值是制定教育目的的起点,教育活动是为了进一步完善人的本性,使人获得发展,而非以社会的需要为依据设立的。(2)个人的利益和价值高于社会的利益和价值,社会价值在于其有利于个人价值的实现。(3)人从出生就有不断完善自身的"本能",教育就应致力于该本能的维护和人性的张扬。② "个人本位论"的代表人物主要有卢梭(J. Rousseau)、爱伦·凯(E. Key)、鲁迪格尔(Rudyger)、阿德勒(M. Adler)等人。卢梭主张教育应尊重儿童的本性,顺应儿童的自然天性,将儿童培养成"自然人"。这种自然人"既不是武官,亦不是僧侣;他首先是人:一个人应该怎样做人,他就知道怎样做人,他在紧急关头,而且不论对谁,都能尽到做人的本分"。③ 爱伦·凯认为,儿童是独立自主的个体、真善美的原型,所以,我们不应对其个性进行扼杀与规训,教育过程应是使儿童自由发展的过程。鲁迪格尔则认为,教育就是要使人成为人,其终极目标在于个人而非社会。阿德勒认为,成为自我实现之人,像人似地生活或有理性的生活的优越性是无需辩护的,而为了追求物质享受而反对理性生活的人就是否定他本身是一个人,他只是像动物似地生活着,像植物似地生长着。④

当前,由于受到"个人本位论"及"学生取向"的影响,发展学生核心素养已成为当前我国及世界各国教育领域的潮流和趋势。学生是教育的对象,是教育的出发点和归宿。为了真正培养和发展学生的核心素养,亟需有高质量的教师队伍。进而言之,我们应将培育卓越小学教师的核心素养与发展小学生的核心素养紧密地联系起来,将小学生核心素养培育当作甄定和培育小学教师核心素养的主要依据和基本遵循。

---

① 秦圣阳,段鑫星.个人本位抑或社会本位——地方高校人才培养价值的话语衔接[J].江苏高教,2019(9):47.
② 黎军,宋亚峰.社会本位论与个人本位论教育目的之再审视[J].教育理论与实践,2017(10):4.
③ 单中惠.外国教育经典解读[M].上海:上海教育出版社,2004:114.
④ 扈中平.教育目的中个人本位论与社会本位论的对立与历史统一[J].华南师范大学学报(社会科学版),2000(2):88.

事实上,当前,联合国教科文组织、欧盟、新加坡、澳大利亚等国际组织与国家都已经将"以生为本"作为其构建教师核心素养框架的价值定位。我国教育部也于2014年4月印发的《教育部关于全面深化课程改革　落实立德树人根本任务的意见》中指出:"明确学生应具备的适应终身发展和社会发展需要的必备品格和关键能力。"①可见,世界各国都已非常关注发展学生核心素养,并已将其作为培养教师核心素养的着眼点,构建教师核心素养的逻辑架构,这也充分体现在我国教师教育的理论研究和实践操作之中。人本主义心理学昭示我们:学生是"作为人的学生",是具有自然属性、社会属性和精神属性的统一体;要关注个体的体验,其背后的意义至关重要;个体具有独特性、选择性、创造性、追求自我实现等是个体的典型特征;人的尊严、价值及天赋潜能对于个体具有非同寻常的意义。② 因此,我们在甄定卓越小学教师核心素养时,就需要加强对小学生的研究,研究小学生的兴趣、需要、个性、能力、品德,研究其全面、和谐发展所需要具备的知识、技能、学习策略、情感、态度、价值观等。概言之,我们应首先认真研判小学生到底需要哪些核心素养,这些核心素养与卓越小学教师的核心素养有何关联性,在此基础上,去构建卓越小学教师核心框架体系。毕竟"核心素养对小学生的终身发展具有极其重要的意义和价值,它直接影响小学生的生活境界和水平。在小学生的核心素养构成中,既有生存所需要的能力,又有文化意识、环境保护意识、职业技能、人生规划、管理能力、解决冲突能力、竞争与合作意识等内容,这些素养涵盖了小学生的个人品质、文化素养和精神世界,对于小学生如何认知世界,选择何种路径与社会、自然共处与互动均有巨大的影响。它决定着小学生生活质量与品位,反映了"以人为本"之理念。③

当然,"学生取向"的教师教育价值观主张通过培养具有渊博知识的教师,继而通过这些教师来培养出知识丰盈、技能娴熟、人格健全、道德高尚、个性鲜明的学生。这些无疑是难能可贵的,但是,我们也必须清醒地意识到:倘若不加节制地、抽象笼统地提倡学生的个性化,就可能导致学生非理性地尊崇、迷恋物质享乐和个人名利。这样

---

① 中华人民共和国教育部. 教育部关于全面深化课程改革落实立德树人根本任务的意见[EB/OL]. (2016 - 04 - 08)[2021 - 04 - 20]http://www. moe. edu. cn/public-files/business/htmlfiles/moe/s7054/201404/xxgk_167226. html.

② 顾书明. 现代课程理论与课程开发实践[M]. 北京: 人民出版社,2004: 104 - 105.

③ 曹坤鹏,张雪. 欧盟核心素养的发展及对中国基础教育课程改革的启示[J]. 世界教育信息,2016(21): 60.

既会侵害其他个体的利益和能动性,也会破坏社会的整体利益和秩序。① 因此,在甄定卓越小学教师核心素养时,我们必须采取客观理性的态度来对待"学生取向",在尽量满足学生发展需要的同时,也要考虑社会发展、文化知识传承与创新的需要。

2. 社会取向

社会取向是卓越小学教师核心素养甄定时,人们常常会秉持的另一种价值取向。在教育领域,社会取向是一种很常见的价值定位,其核心观点主要有:(1)人是社会的人,人的成长与发展无法脱离社会,并且受到社会的宰制。所有人均处于某种社会关系之中,个人价值的实现均依赖于社会价值的达成。(2)教育的目的是造就满足社会需要之公民,受教育者的培养应以社会经济的发展需求为指南,培养社会需要的公民。(3)所有个体均是某种社会意识形态的维护者,应秉持社会价值至上的原则,将社会利益置于个人利益之上。(4)教育应为社会的发展和进步服务,人是达到各种社会目的的手段。② 在教育史上,无论是中国还是西方都有一些学者秉持"社会取向"的教育价值观。在我国,受到中央集权制、集体主义及社会本位的影响,在很长一段时间内,社会取向在教育中都处于绝对的支配地位。无论是儒家学派的代表人物孔子、孟子、荀子,还是宋明理学的代表人物朱熹、二程、王守仁等,均将社会教化视作教育的根本目标。我国古代教育中所宣扬和倡导的"三纲五常""修齐治平"均是要求个体把承担社会责任,促进社会发展当作首要任务,这就是典型的社会取向的教育价值观。其实,即使在今天,我国的教育价值观中仍然带有社会取向的印记。譬如,我国将"培养社会主义事业的建设者和接班人"当作教育的目标就是明证。在西方,同样有许多人秉持教育的社会取向。譬如,涂尔干(E. Durkeim)认为:"人事实上由于生活于社会中,才成为人……事实上,任何一个个体均具有'社会我'和'个体我'这样的双重人格。教育的目的在于塑造'社会我'而非'个体我'。换言之,教育应致力于促进年轻一代彻底地社会化。"③孔德(A. Comte)曾指出:"不存在真正的个人,仅存在人类,因为无论从何角度讲,我们个人的所有发展均仰仗于社会。"④德国教育家凯兴斯泰纳(G. Kerschensteiner)认为:"国家的教育目的仅有一个,即培养服从和服务于国家利益的

① 扈中平. 教育目的中个人本位论与社会本位论的对立与历史统一[J]. 华南师范大学学报(社会科学版),2000(2):93.

② 黎军,宋亚峰. 社会本位论与个人本位论教育目的之再审视[J]. 教育理论与实践,2017(10):4.

③ 涂尔干. 教育及其性质与作用[M]//张人杰. 国外教育社会学基本文选. 上海:华东师范大学出版社,1989:13.

④ 吴俊升. 教育哲学大纲[M]. 北京:商务印书馆,1943:147.

公民。"①纳托尔普(Natorp)也认为:"其实,个人是不存在的,因为人之所以为人,只因为他生活于人群之中,并且参加社会生活。"②

当然,在教师教育领域中,当我们秉持"社会取向"的教育价值观时,就需要我们将社会发展需要作为我们甄定卓越小学教师核心素养的出发点,从有利于更好地促进社会的繁荣、稳定和进步的角度去构建卓越小学教师核心素养。进而言之,我们所确定和构建的卓越小学教师核心素养,应有利于促使卓越小学教师具有良好的社会公德和精神良知,自觉履行社会责任和义务,理性审视社会现象和问题,并自愿为构建中国特色社会主义而作出应有的贡献。

当然,我们在甄定卓越小学教师核心素养时,守持"社会取向"的教育价值观,无疑是有利于促进社会的和谐稳定、经济的飞速发展的,同时,也可以有效避免小学生沦为"精致的利己主义者"。但是,社会取向也具有一定的局限性:一方面,在"社会至上"原则的宰制下,小学生的兴趣、需要、个性等将受到漠视,从而沦为社会发展的工具;另一方面,不利于小学生的自我实现。在"社会取向"的功利性教育观的制约下,小学教师及学校往往将知识与技能、考试成绩、升学率等视为评价教育质量优劣的唯一尺度,对于小学生终生发展同样具有重要影响的情感、态度、价值观等往往被有意无意地忽视,从而使小学生沦为"单向度的人。"

3. 知识取向

知识取向是卓越小学教师核心素养甄定时,又一个典型的价值取向。在教师教育领域,"知识取向"特别强调知识在教师核心素养中的重要作用,目的在于培养具有渊博知识的学者型教师。它认为丰厚的文化知识底蕴是教师高效教学的前提性条件,是教师顺利开展教书育人工作的保障。教师只有依凭丰盈的知识和理论,方能出色完成教育教学工作,成功激发学生的好奇心和求知欲,为学生的积极、健康、主动发展提供智力支持。"知识取向"的教师教育价值观所关注的中心议题是:"教师究竟应具有什么知识方可成为一名合格教师"。

关于一名合格教师应具备哪些知识,不同的学者有不同的看法。譬如,有论者认为,教师应该拥有学科内容知识、课程与教学法知识、有关学生及其特性的知识、有关教育脉络和教育基本理论方面的知识。其中,学科教学法知识是最为紧要的知识,因

---

① 扈中平. 教育目的中个人本位论与社会本位论的对立与历史统一[J]. 华南师范大学学报(社会科学版),2000(2):90.
② 吴俊升. 教育哲学大纲[M]. 北京:商务印书馆,1943:148.

为它是最能区分学科专家和教师的不同的一个知识领域。① 也有论者认为,教师合理的知识结构应包括本体性知识、条件性知识、实践性知识和文化基础知识四类知识。② 还有学者认为,作为一名教师,要想胜任教书育人的重任,就必须掌握有关"教什么的知识""怎样教的知识"以及"关于教学的背景性知识。"③

"知识取向"的价值定位之所以在教师教育领域大行其道,一方面,是由于人们长期以来对"专业"形成的固有认知。1966 年联合国教科文组织在《关于教师地位的建议》中提出,应将教学工作视为一种专门职业之后,教师职业的专业化运动日益高涨。许多研究者提出,一种职业之所以成为一种"专业"的典型特征之一,就是"拥有一套深奥且不为外人熟知却是社会不可缺乏的知识与技能"。④ 在这种专业观的影响下,"知识取向"开始在教师教育领域勃兴。另一方面,是由于主智主义的深远影响。赫尔巴特及其学派所倡导的"主智主义"认为应该将知识的传授及理性的发展作为教育教学的始点和归宿,重视对有效传授知识的方法和途径的探讨,强调研究选择、编制知识内容的基本原则和具体方式。主智主义认为,因为知识和人的认识、道德、审美、信仰等多方面联系,所以,知识的传授既是一种教育活动,又是一种教育、陶冶、训练,是施行道德教育、审美教育和宗教教育的基本途径。尽管自赫尔巴特及其学派提出"主智主义"至今已逾 200 余年,但是,其影响仍然不容忽视。如此,"知识取向"在教师教育领域具有大量的拥趸也就不足为奇了。由于"知识取向"的教师教育价值观将教师定位为学科专家和知识的传授者,因此,极其关注知识的理解、掌握和传播。所以,这种价值观的核心目标就是要使教师掌握教育教学所需要的渊博的知识。为了达成这一目标,我国在教师培养的课程设置、教育见习实习、学制年限、评价标准、招录用标准等方面均进行了改革。

"知识取向"的教师教育价值观对学生系统、全面地掌握一定的知识与技能,对人类文化的传播、传承与创新无疑具有一定的积极作用,但是,这种价值观的缺失也是显而易见的:一则,对于教师而言,如果一味地沉醉于向学生传授既有的知识与文化,就会导致课堂教学中对学生进行绝对的宰制,使自身沦为"教学的技术员"。再则,对于学生而言,倘若将知识奉为圭臬,仅满足于获致固化的文化知识,就会沦为知识的容器

---

① 李海英.教师教育课程设置的价值取向[J].全球教育展望,2005(1):40-44.
② 全国十二所师范大学联合编写组.教育学基础[M].北京:教育科学出版社,2008:131.
③ 刘旭.教师教育的四种价值取向研究[J].湖南师范大学教育科学学报,2017(6):70.
④ 叶菊艳.各国教师教育取向及其核心素养主张[J].人民教育,2012(12):29-33.

和婢女,并成为缺乏正确情感态度价值观的"单向度的人"。

总之,当我们在甄定卓越小学教师核心素养时,应客观、理性地对待"知识取向"的教师教育价值观。一方面,我们应看到知识对于卓越小学教师和小学生成长的积极意义,努力构建和培育能胜任向小学生传授文化知识的卓越小学教师核心素养。另一方面,我们也应认识到"知识取向"之不足,在确定卓越小学教师核心素养时,能兼顾对培育小学生发展同样有很大价值的卓越小学教师的其他方面的素养。

由上可知,"学生取向""社会取向"和"知识取向"作为教师教育的三种典型的价值取向,都有各自的优势与不足。在甄定卓越小学教师核心素养时,我们应摒弃"非此即彼"、二元对立的简单性思维,切忌简单地肯定或否定一方,相反,我们应使用系统性思维来指引我们的行为,注意上述三种价值取向的平衡,这样对于卓越小学教师核心素养方能做出科学适切的甄选。

二、卓越小学教师核心素养的构成

由前文可知,卓越小学教师核心素养是多种因素相互交织、彼此共契的产物,它的出现对于教师教育的利益相关者具有至为重大的意义,因此,明晰其构成要素就显得极为重要。参照基础教育阶段学生发展核心素养的概念界定并结合小学教师职业的本质特征,本文认为,卓越小学教师核心素养主要包括高尚的职业道德、扎实的知识基础、必备的学习能力、必要的实践创新能力、非凡的交往与合作能力、较强的科研能力和出众的教学能力七个方面。[①]

(一)高尚的职业道德

教师职业道德是教师在职业生涯中必须严格遵守的行为规范与应该具有的品德修养。职业道德对于教师高效从事教育教学活动,切实促进学生健康、主动发展具有至为关键的作用。当下,由于在教育领域存在诸如虐童、性侵学生、有偿家教、剽窃科研成果等教师职业道德沦失现象,因此,强调卓越小学教师必须具备高尚的职业道德就显得极为紧迫和重要。

卓越小学教师职业道德具有流变性,在不同的时代具有不同的内涵。在当下,高尚的卓越小学教师职业道德应涵括如下时代内涵:(1)坚定的教育梦想。即卓越小学教师必须将从事教育事业,培养合格的社会主义建设者和接班人作为自己的教育梦

[①] 崔杨,王会亭.教师核心素养及其培育[J].教学与管理,2020(9):2-4.

想,并通过树立崇高的职业理想和坚定的职业信念,来实现自身的教育梦想。(2)伟大的"童心母爱"。即卓越小学教师在教育教学工作中,必须秉持"学生立场",能够始终从学生的视角去思考和处理一切教育教学问题,并且能真正像爱自己的子女一样去关爱每一位小学生。可以说,关爱小学生是卓越小学教师最重要的核心素养与特质之一。这一点列夫·托尔斯泰曾明确指出过:"如果一位教师钟爱自己的工作,并以其为专业,那么,他必将成为一名出色的教师。如果一位教师把挚爱工作与关爱学生相关联,那么,他必将是一位完美无缺的教师。"①(3)有质量的教学公平。公平是教学最基本的价值追求。教学公平是指在课堂教学中公正无私地处理人际关系,公平合理地化解各种矛盾,具体包括教学活动中平等对待每一个学生,秉公办事、坚持真理等。② 随着我国民主化进程的不断推进和师生民主意识的觉醒,绝大部分教师在教学中能坚持公平正义。但是,随着中国特色社会主义新时代的到来,教学公平被赋予了新的内涵,"有质量的教学公平"已成为当下教师的必然选择。所谓"有质量的教学公平"是指,教师在教学中坚持传统的公平正义的基础上,还必须做到如下三点:其一,增加教学的选择性。为每位学生提供适合其个性特征、兴趣需要的教学。其二,关注"全人"的领域。摒弃应试教育,以素质教育的理念来统摄教学活动,促进学生生命的整全发展。其三,强调公平与质量的统一。通过提高教学质量来促进教学公平和经由均衡发展提升整体教学质量。(4)无私的奉献精神。教师的工作是一项复杂性、创造性劳动,它具有时间上的连续性、空间上的广延性。教师职业的特殊性内在地要求教师具有甘为人梯、勇于牺牲的奉献精神。

概言之,卓越小学教师只有具备高尚的职业道德,方能以教书育人为志业,全身心投入教育教学工作,从而促进小学生健康、主动地发展。因此,高尚的职业道德应是卓越小学教师最重要的核心素养之一。

(二)扎实的知识基础

教师知识形塑着教育的品质,影响着教师的专业成长,并决定着教学效果的优劣。因此,卓越小学教师主要应具备以下四类知识:(1)通识性知识。即卓越小学教师应有广博的文化基础和学术视野,应广泛涉猎自然科学、社会学、政治学、生物学、天文地理等方面的知识及理论。这不仅能增强卓越小学教师的文化底蕴,提升卓越小学教师的精神气质,而且能更好地丰富课堂教学内容,满足小学生的兴趣需要。(2)本体性知

---

① 魏克山.托尔斯泰论教育[M].陆庚,译.重庆:正风出版社,1955:95-96.
② 任海滨.师德规范——源自内心的标准[J].教育科学研究,2016(3):14.

识。即卓越小学教师所应拥有的学科专业知识。它一般具有明确性、外显性、系统性、可表述性等特点。卓越小学教师通过系统的理论学习,掌握层次清晰、内容完整、结构合理的学科知识体系,是实现有效教学的重要保障之一。(3)条件性知识。即卓越小学教师的教育学、心理学知识,涵括对教学目标的界定、教学内容的遴选、教学过程的安排、教学方法的选择、教学评价的施行等的认识和把握。(4)实践性知识。即卓越小学教师所具有的课堂情境知识及与之相关的知识,它是卓越小学教师教学经验的积累,是卓越小学教师生成实践智慧的源泉,亦是卓越小学教师高效从事教书育人工作的重要保障。

卓越小学教师倘若能真正拥有上述四类知识,并能将其活化为教育教学能力,便可胜任教书育人之使命,反之,卓越小学教师相关知识的阙如,则会导致教育教学效果不彰。可见,扎实的知识基础应是卓越小学教师不可或缺的核心素养之一。

(三) 必备的自主学习能力

学习型社会的到来、接受培养和培训的有限性及成人学习的特征,决定了卓越小学教师的学习应是一种自主学习。一般而言,卓越小学教师的自主学习具有如下典型特征:其一,情境性。卓越小学教师的自主学习是情境依赖的,本质上是一种社会文化活动,不同的境域对卓越小学教师的个人发展与要求是迥然相异的。其二,整体性。作为"人",卓越小学教师是一个完整的生命体,相应地,卓越小学教师的自主学习应涵括其学习、工作和生活的方方面面,而不能只拘囿于其职业领域。其三,体验性。卓越小学教师的自主学习极为重视日常的教育教学活动,尤其是其真实的、独特的学习体验。这些学习体验与卓越小学教师自主学习的内容之间是一种互渗与共融的关系。

卓越小学教师之所以能摆脱对专家和教育行政部门等外部因素的过分依附,而开展扎实、有效的自主学习,是因为当下勃兴的泛在学习为其提供了坚实的学习基础与条件。泛在学习意指"依凭泛在技术和普适计算情境的营造,学习者结合具体的学习内容与目标,跨越时空限制、主动自觉地使用易占有的资源开展的学习活动"。①

强调卓越小学教师的自主学习,既能将卓越小学教师的学习视为知识理解与建构的活动,从而不断提升卓越小学教师的教学能力;又能以卓越小学教师积极主动地参与应对科层制的问责制,引导卓越小学教师开展深度探究,强化对学习本真要义之体

---

① 潘基鑫. 泛在学习研究综述[J]. 远程教育杂志,2010(2):93-98.

认,从而提升自身的学习效率。① 基于此,是否具备较强的自主学习能力应成为衡量卓越小学教师素质优劣的重要指标。

（四）必要的实践创新能力

"实践是认识主体在特定的情境中通过缜密的思考而采取的行动。正是通过实践,人方能成为认识主体,外部世界方能成为认识对象和客体。……倘若没有实践,亦将没有人类的意识,人将与动物无异。概言之,实践是人与自然、主体与客体、思维与存在的统一。主体可认识和理解自身与外部事物,是因为主体通过实践而存在。"②相应地,作为从事教书育人工作的专业人员,卓越小学教师自然应克服纯粹的理论思辨和"坐而论道"。相反,他们应立足课堂,投入火热的教育教学实践,通过大量的、丰富多彩的实践活动,掌握教学知识,形成教学技能,濡化专业情意,生成教育智慧。

当然,卓越小学教师的实践往往是与反思相联系的。"反思是对实践中的问题的一种自我审视和沉思,是实践主体的一种重要行走方式,亦是一个积极主动的、指向明确的和严整周密的认知活动。它涵括叙写境域、质疑始源性的认知和前提性的猜想、保持一种豁达从容的态度、强烈持久的责任感和身心一如的投入。"③卓越小学教师的反思通常涵括对教育教学实践活动、个人经验、教育教学关系、教育教学理论等方面的反思。通过不同类型的反思,卓越小学教师的教育教学将变得更加科学、适切和高效。

特别需要注意的是,"实践不应是一种在认识主宰下的机械规程,而应是认识主体所有的信念、情感、认识、智慧与心力投入的富于创造性的行动"。④ 因此,卓越小学教师的教育教学实践不应是一种常规性实践,而应是一种创新性实践。需要指出的是,与其他职业明显不同,卓越小学教师的创新主要体现为教学创新。所谓教学创新是指"以培养学生的创新意识、创新精神和创新能力为目标追求,剔除教学诸要素中阻滞学生创新意识和创新能力发展的相关内容,创设适合学生开展创造性学习的教学情境,从而促进学生生命的整全发展。⑤ 要真正实现教学创新,卓越小学教师必须努力提升教学水平,形成教学风格,从而实现从模仿到超越。

概言之,卓越小学教师只有具备了实践创新能力,才能真正实现有效教学,培养小

---

① A. Webster-Wright. Reframing Professional Development through Understanding Authentic Professional Learning [J]. Review of Educational Research, June 2009, Vol. 79, No. 2. pp. 702 - 739.
② 赵蒙成,王会亭. 具身认知:理论缘起、逻辑假设与未来路向[J]. 现代远程教育研究,2017(2):29 - 30.
③ 王艳玲. 培养"反思性实践者"的教师教育课程[D]. 上海:华东师范大学博士学位论文,2008:49.
④ 赵蒙成,王会亭. 具身认知:理论缘起、逻辑假设与未来路向[J]. 现代远程教育研究,2017(2):29.
⑤ 郭裕源. 课堂教学创新策略初探[J]. 教育发展研究,2003(10):65.

学生的创新能力。因此,将实践创新能力作为卓越小学教师的核心素养之一也就不难理解了。

(五)非凡的交往与合作能力

教师的交往与合作是教师基于自愿和平等的主体关系,因教育教学实践中的问题形成的既有支援性又有批判性且共担不可预测性结果的人际互动关系,是教师的专业生活方式。[①] 社会性是教师的本质属性之一,这就决定了交往与合作应是教师最基本的存在方式之一。当下,世界处于瞬息万变之中,一切都变得愈发具有复杂性和挑战性。教学、科研、社会服务、文化传承与创新中遭遇的各种问题,单靠教师个人的力量难以有效解决。因此,交往与合作对于卓越小学教师就显得尤为重要。

当然,卓越小学教师的交往与合作应以平等、互惠、正义、共情为前提,其对象应涵括领导、同侪、学生、家长、社区、社会人士等多元主体,其内容应是以"育人"为轴心的多样化活动,其要素应包括有主体的意愿、可分解的任务、有共享的规则、有互惠的效益,其路径应包括协同教学、同伴互导、资源共享、组织再造等多种方略,[②]其目标应是为了破解卓越小学教师在教书育人之工作中所遇到的各种难题与困厄,将个体的智慧转化为可供团体共享的资源,以形成教育的耦合效应,继而促进教师的专业成长和学生的整全发展。当下,倡导卓越小学教师的交往与合作绝不是空想与呓语,教师工作的回归性、不确定性、无边界性为其提供了可能性。

尽管卓越小学教师交往与合作极为重要,但是,我们必须规避被动、虚假、流于形式的教师交往与合作。为此,我们就亟须将提升卓越小学教师的交往与合作能力作为教师教育的一个重要目标,并将其作为评判卓越小学教师素质的一个重要依据。

(六)较强的科研能力

教育教学内禀的复杂性与创造性客观上要求教师实现角色的转变,即由既定的教育教学方案的消费者转向研究者。尤其是卓越小学教师,在工作中,他们应养成科研的意识和习惯,始终怀有探索未知领域的好奇心和想象力,探究教书育人活动中面临的各种难题或困惑,为教育教学实践铺平道路。事实上,卓越小学教师与科学家的科研活动是迥然相异的,他们不是以构建宏大严整的理论体系,做出举世震惊的发明创造为旨归,而是以创造性地运用理论来解决教育教学中的实际问题,提升育人质量为鹄。也就是说,卓越小学教师的科研活动必须守持"教育性原则",这才是好的科研。

---

① 邵云雁,秦虎.教师合作:厘清与反思[J].教师教育研究,2009(5):54.
② 崔允漷,郑东辉.论指向专业发展的教师合作[J].教育研究,2008(6):79.

换言之,好的科研应有益于教育教学,具体而言,它应具有如下特征:其一,它应是本真的科研。其二,它应是客观、诚实的科研。其三,它应是质朴的科研。其四,它应是可以进入教育教学过程,而非游离于教育教学过程之外的科研。[1] 为了从事好的科研,卓越小学教师应主要采用行动研究的方式。所谓"行动研究",是指"由一线从事实际工作的人员在真实的境域中开展研究,并把研究结果运用于相似的情境之中"。[2] 当然,我们倡导卓越小学教师使用行动研究的方式,并非说具有普遍意义的适用性,必要时,卓越小学教师亦可辅以其他的方法来开展科研活动。

总而言之,当下,"教师即研究者"绝不应是空洞的口号,面对复杂、玄奥的教育教学活动,卓越小学教师必须坚决摒弃"教书匠"的角色形象,将科研作为一种生活方式,切实提升科研能力,形成一种沦肌浃髓的科研素养,做一个行走在教育教学实践之路上的不懈的探寻者。

(七) 出众的教学能力

育人是学校的首要职能,而教学是育人最重要的途径之一。要切实提升育人的质量和水平,卓越小学教师必须具备出众的教学能力。所谓"教学能力"是指教师顺利完成本职工作的专业本领。具体地说,教师的教学能力主要包括教学设计能力、教学实施能力、教学监控能力、教学评价能力、运用现代信息技术手段的能力、语言表达能力、课堂提问能力、激发学生学习动机的能力等。[3]

教学能力是卓越小学教师的核心能力,是卓越小学教师实现有效教学,促进自身专业成长和小学生健康、主动发展的关键。一个小学教师倘若教学能力低下,就很难胜任教书育人之重任,也就难称为合格小学教师,更遑论称为卓越小学教师了。尽管教学能力如此重要,但是,它并非是与生俱来的,它是内外部因素相互交织的产物。一方面,卓越小学教师应充分发挥主动性、积极性,形成专业自觉,通过不断地学习、积淀来生成教学能力。另一方面,无论是职前培养,还是在职培训,均应将提升教学能力作为教师教育的一个重要的目标和追求。

概言之,教学能力应是卓越小学教师的核心素养之一。卓越小学教师应通过外铄和内求来切实提升教学能力,生成教育智慧,继而使小学生知识得以丰盈,情感得以濡

---

[1] 周川.怎样的科研才能有益于教学[J].江苏高教,2017(3):3.

[2] 施良方,崔允漷.教学理论:课堂教学的原理、策略与研究[M].上海:华东师范大学出版社,1999:379 - 384.

[3] 白秀杰,杜剑华.教育学[M].北京:首都师范大学出版社,2017:122.

化,心智臻于完善,最终达到助长生命、完美人生之目的。

三、卓越小学教师核心素养的特征

在明晰了卓越小学教师核心素养构成的基础上,我们还有必要对卓越小学教师核心素养的特征有一个正确的认识和理解。一般而言,我们认为卓越小学教师核心素养具有整体性、发展性、卓越性和情境性等特征。

(一) 统整性

有论者指出:"核心素养并非是单一层次的素养,它包括'双基层''问题解决层''最高层'等多个层次,并且每一层次紧密联系,下一层次素养是形成上一层次素养的基础,以'双基层'为基础,以第二层次解决问题中获得的方法为核心,层层提升,最终指向形成科学的思维,既包括认知性素养,又涉及非认知性素养。"[①]也有论者认为:"核心素养具有明显的整合性,主要体现在如下两个方面:一是核心素养是知识、能力、情感、态度、价值观等素养的整合。为了达成某一具体目标,必须将不同素养通过整合的方式加以运用。二是核心素养具有跨学科性,是由各个学科的核心素养整合而成。核心素养的培养是各学科相互融合渗透的结果,其学科边界很模糊。"[②]还有论者认为:"核心素养是一个涵盖知识、技能和情意的整体概念,并非是学科知识的累积或各种能力的总和,素养天然地具备态度、情意和价值层面的意涵,彰显了核心素养的统整性特征。"[③]又有论者认为:"采用分析性思维,将人的素质肢解为孤立性质的身体素质、心理素质、道德素质、科学文化素质、审美素质等,总是不周全的,因为在这之外,还有公民素质、群性素质、劳动技能素质,等等。并且它们之间彼此交织、层次不清。"[④]由上述专家的论述不难发现,核心素养具有鲜明的统整性。

尽管上述有关核心素养的论断是从一般的、普遍性的角度而言的,但是,卓越小学教师核心素养毕竟从属于核心素养的一种。因此,上述特征也完全适合于卓越小学教师核心素养。正如前文所述,卓越小学教师核心素养涵括了高尚的职业道德、扎实的知识基础、必备的自主学习能力、必要的实践创新能力、非凡的交往与合作能力、较强的科研能力、出众的教学能力。可见,卓越小学教师的核心素养并非是由某个单一的

① 李星云.论核心素养的内涵、培育及评价[J].江苏第二师范学院,2019(2):3.
② 赵勇.走向核心素养培养:教师角色的时代之变[J].教育现代化,2018(2):133.
③ 安桂清.基于核心素养的课程整合:特征、形态与维度[J].课程·教材·教法,2018(2):133.
④ 柳夕浪.从"素质"到"核心素养"[J].教育科学研究,2014(3):10.

品格或能力组成的,它是多个必备品质或关键能力组成的集合体。并且卓越小学教师核心素养的各个组成部分并非是简单地垒加起来的,相反,它们是水乳相融、氤氲聚合的一个整体,它们共同构成了完整的卓越小学教师的核心素养。

上述特征表明,卓越小学教师核心素养是一种整体性的获得与运用。我们无法割裂地、孤立地提升卓越小学教师某个单方面的素养,相反,需要整体地、联动地提升其核心素养。同样,卓越小学教师无论是自身生命的整全发展,还是在教育教学中对遭遇的各种问题的解决,都仰仗于其核心素养,而不是仅仅依赖其核心素养的某个方面。这一点已有学者明确指出过:"核心素养描述的是个体生命的整体生成状况。倘若仅涵盖知识与技能、过程与方法、情感态度价值观在内的各种具体素养成分均能以相对分离、零散的状态存在于个体身上,那么,核心素养则是各种具体素养成分的协同联动与交互整合,就像身上的肌肉那样,是一块一块地存在于个体身上。虽然我们能从分析的意义上将核心素养人为地拆分为若干部分,但个体身上的核心素养恰恰又是各种关键能力、必备品格和基本价值观念的有机集合。总之,核心素养是包括知识、技能、能力和品格在内的各种具体素养成分深度融合的产物。当个体面对实际的问题情境时,核心素养又表现为各种具体素养成分的整合性运用。"[①]

(二)发展性

发展性是卓越小学教师核心素养的一个重要特征。卓越小学教师核心素养的发展性具有以下三个层次的内涵:

一是核心素养为小学教师由"普通"走向"卓越"示明了方向,激励、引领小学教师围绕核心素养提升这一目标,通过持续的自主学习和不断的在职培训,不断提升自我、更新自我、完善自我。

二是从时间上来讲,一方面,卓越小学教师核心素养的形成并非是一蹴而就的,而是一个渐至完善的过程。卓越小学教师并非是"生而知之,不学而能"的,而是后天持续学习,不断历练的结果。作为一名卓越小学教师,势必要经历新手教师、熟手教师、专家型教师的发展历程。相应地,卓越小学教师的成长过程,也是其核心素养由不完善逐步走向完善的过程。"联合国教科文组织将素养界定为通过学习而获得,即使某些素养存在先天潜能的发展,这些素养也必须是可教、可学的,需要经由有目的的教育过程进行培养,经过学习的积累获得。所以,教师核心素养主要是教师在教育、教学过

① 李松林,贺慧.整合性:核心素养的知识特性与生成路径[J].教育科学研究,2020(6):14-15.

程中不断学习的结果,是教师在专业精神的感召下,自我发展、自我超越、自我升华的过程。"①当然,除了需要卓越小学教师自身努力之外,还需要职前教育与职后培训协同作用,共同为培育卓越小学教师核心素养服务。另一方面,卓越小学教师的核心素养也不是亘古不变的,而是会随着时间流转和社会变迁而不断发生变化的。该变化不仅与人们对核心素养的认知和提炼水平紧密联系,而且与时代和社会对人的素养的新要求有关。②

三是从空间而言,卓越小学教师的核心素养的构成应是有所分殊的。在各个不同的场域中,由于文化传统、思维方式、教育基础、经济水平等方面的差异,因此,人们对于卓越小学教师核心素养的理解和要求也是不同的。譬如,由于我国与西方国家处于不同的场域中,导致我国卓越小学教师核心素养肯定与国外存在一定的差别。再譬如,同样是卓越小学教师,语文教师与数学教师,在核心素养的构成与要求方面也势必会存在一定的差异。

既然卓越小学教师的核心素养具有发展性的特征,那么,我们就不能以静止的、一成不变的观点来看待它,相反,我们要以发展的眼光来审视卓越小学教师核心素养。具体而言,我们应注意如下两个方面:一方面,遵循卓越小学教师的成长规律。万事万物的存续、发展都有其自身的规律性,卓越小学教师的成长亦不例外。因此,我们亟须认真研究卓越小学教师的成长规律,在卓越小学教师成长的不同阶段,根据其自身的能力水平和可接受程度,提出不同的核心素养培养目标和重点,采用不同的培养方式,去培育契合卓越小学教师成长需要的核心素养。当然,这种卓越小学教师核心素养的提出与培育应是一种循序渐进、螺旋上升的过程。并且,我们还应该结合时代特征和当代社会生活之需要。另一方面,坚持卓越小学教师核心素养的本土建构与培育。如前文所述,在不同的空间背景下,卓越小学教师的核心素养是不同的。因此,我们无论是建构,还是培育卓越小学教师核心素养,都一定要充分考虑到中国的独特生境,坚持"本土化"的原则。切忌食洋不化、简单移植卓越小学教师核心素养框架,盲目搬套其培育模式。

需要说明的是,我们强调卓越小学教师核心素养具有一定的发展性,但并非说它是不可捉摸、瞬息万变的。事实上,卓越小学教师核心素养在特定的时空范围内具有一定的稳定性。我们在认识到其发展性的同时,一定要意识到它的相对稳定性,否则,

① 朱远平.教师专业发展核心素养:内涵特征与内容框架[J].教育科学论坛,2017(11):36.
② 傅维利.论核心素养的认识误区与关键素养体系的中国化构建[J].高等教育研究,2020(8):16.

我们就会陷入相对主义的泥淖。那样无疑不利于我们科学建构和培育卓越小学教师的核心素养。

（三）卓越性

关于合格小学教师应具备的核心素养，其实在我国教育部于 2012 年 2 月所印发的《小学教师专业标准（试行）》（以下简称《标准》）中已初现端倪。《标准》以"师德为先""学生为本""能力为重""终身学习"为基本理念，从"专业理念与师德""专业知识""专业能力"等方面规约了合格小学教师的专业标准。事实上，这也构建了合格小学教师核心素养的概念框架。而与合格小学教师所不同的是，卓越小学教师的核心素养是对卓越小学教师提出的特定要求，这种要求是明显高于对于合格小学教师的要求的。不难理解，卓越小学教师之所以优秀和卓越，正在于他们具有合格小学教师所不具备的、超越一般的核心素养。

当然，卓越小学教师核心素养之卓越性是建立在基础性之上的，也就是说，卓越小学教师与合格小学教师核心素养的许多维度是大体相同的，但是，两者具体程度与要求是不同的。合格小学教师所具有的核心素养具有基础性的特征，即为了完成教书育人工作，所有的合格小学教师都必须具备的核心素养，这种核心素养是合格小学教师形成其他素养和能力的基础，并且该核心素养将伴随合格小学教师的整个职业生涯，令其终身受益。但卓越小学教师的核心素养则是在合格小学教师所具有的核心素养的基础上，经过自主学习和在职培训等方式，逐步发展、跃迁而来的。

需要指出的是，卓越小学教师核心素养的卓越性与个性化是紧密联系的。一般而言，就卓越小学教师群体而言，其核心素养应显著高于合格小学教师。但是，仅仅满足于此，还是远远不够的。除了应拥有所有卓越小学教师群体应具备的核心素养之外，小学教师还应该根据自身的实际，形塑具有个人特征和印记的核心素养。这样的小学教师在职业生涯中，才能形成自己的教育教学风格，真正实现从"普通"走向"卓越"。

（四）情境性

情境性是卓越小学教师核心素养的另一个重要特征。卓越小学教师的核心素养与情境之间具有水乳交融的天然联系。这主要表现在如下三个方面：[1]

其一，卓越小学教师核心素养依赖于情境。"核心素养是人们在面临现实问题时，所呈现的综合力量，它并非是一个不可捉摸的抽象概念，亦非是一个孤立的自在体。

---

[1] 张华.论核心素养的内涵[J].全球教育展望,2016(4)：20-21.

它从孕育、生成到表现,均天然地嵌入特定的情境之中。"①可见,卓越小学教师核心素养并非是脱离情境而存在的,相反,它深深地根植于具体的情境之中,离开了情境,卓越小学教师核心素养也就成了"无源之水""无本之木"而难以为继。这就要求无论是职前培养还是在职培训,我们均要注意创设条件和机会,让卓越小学教师在一定的情境中去形成、提升核心素养,并运用核心素养去解决实际的教育教学问题。

其二,卓越小学教师核心素养具有情境迁移性。卓越小学教师的核心素养经由特定的情境,形成与发展起来以后,可以在一定的情境之中顺利完成教育教学的相关任务。这是其情境依赖性的体现。但是,需要注意的是,卓越小学教师核心素养真正获致之后,它可以摆脱具体情境之拘囿,普遍运用于不同的情境当中,并且能适应新情境的持续变化,从而体现出鲜明的情境迁移性特征。正如有学者所言:"'核心素养'之所以是'核心',乃是其作为不同情境所需要的共通能力,具有因应不同情境需求的普适性或可迁移性。"②

其三,卓越小学教师核心素养的形成、发展和运用应重视虚拟环境的创设。核心素养的情境性特征表明,如果能有一个真实的情境,对于卓越小学教师核心素养的形成、发展与运用无疑是最为理想和重要的。但是,有时候,受到种种条件的限制,有可能很难拥有真实的情境。那么,面对这种情况,卓越小学教师核心素养培育的相关行为主体就必须主动而为,努力去创设、营造、利用一些虚拟的、半真实的情境。令人欣喜的是,当下教育信息技术的急速发展和普遍运用,为虚拟环境的创设与运用提供了可能与便利。"依凭信息技术,个体既能摆脱时空及身份之框束与人交往和沟通,借此累积自身的经验,又能模拟和创造现实世界无法存在的事物和现象,从而拓宽和延展了现实世界。"③

① 李松林,贺慧.整合性:核心素养的知识特性与生成路径[J].教育科学研究,2020(6):13-14.
② 安桂清.基于核心素养的课程整合:特征、形态与维度[J].课程·教材·教法,2018(2):49.
③ 张华.论核心素养的内涵[J].全球教育展望,2016(4):21.

第二章　卓越小学教师核心素养培育的"离身性"之困

本章拟介绍离身认知的思想基础、典型流派及主要弊端。在此基础上,从本体论、价值论、知识论和方法论四个维度分析离身认知对卓越小学教师核心素养培育造成的困厄。

一、离身认知的思想基础、典型流派及主要弊端

离身认知是在反对行为主义心理学之偏误的过程中产生的,它的出现具有深刻的思想渊源,在发展过程中,它形成了一定的流派,同时,也暴露出一定的弊端。

(一)离身认知的思想基础

离身认知的思想基础主要包括哲学上的身心二元论、功能主义及思维语言假设、人工智能上的图灵测试。[①] 下面进一步阐释:

1. 身心二元论。二元论是一种主要从对立、差异或一分为二的认识角度去认识、把握世界的一种思维方式。西方传统哲学关于主观和客观、主体和客体分离的设定表现在人那里,就是身心分离与对立的二元论。身心二元论不仅反映了传统哲学的主观性之意义,又导致对人本身的误解,产生了形而上学的哲学人类学。[②] 在哲学发展史上,苏格拉底、柏拉图、笛卡尔、斯宾诺莎等哲学家都秉持身心二元论。其中,笛卡尔可以说是身心二元论的集大成者。他的观点最能反映出身心二元论的精髓。他曾说过:"我赖以成为我的那个心灵,是与身体完全不同的,甚至比身体更容易认识。纵使身体不复存在,心灵也依旧不失其为心灵。……肉体是可灭的,而精神、灵魂是不朽的,灵

---

① 王会亭.基于具身认知的教师培训研究[M].北京:中国社会科学出版社,2017:78-83.
② 毕明军.身心观与体育运动[D].济南:山东师范大学,2006:5-6.

魂不会随着肉体的肢解而和肉体一起死灭。"①

2. 功能主义。20世纪五六十年代计算机技术迅猛发展,受此影响,功能主义于20世纪60年代末或70年代初开始出现。功能主义是当代认知科学和心智哲学解决心身问题的一次强有力尝试。功能主义理论之所以出现,主要有两方面的目的:一是反对行为主义和心身同一论;二是要解决私人感觉问题。② 功能主义认为:"心理状态并不是大脑状态,它只具有一种功能的作用。心理状态只不过是它们与系统的输入、输出之间的因果关系。这些因果关系能被任何具有某种因果属性的关系所复制。"③它主要的观点即把人的心智和计算机的计算进行类比,将心理状态等同于计算机的表征状态。功能主义的代表人物主要有普特南(Hilary Putnam)、福多(Jerry Fodor)和布洛克(Ned Block)等人。在这些代表人物中,尤其以普特南影响最大,他是首次提出该理论的人。他曾说过:"我应该是第一个主张把计算机视作心智的正确模型的哲学家。我把这一学说称为'功能主义'。"④功能主义具有深刻的思想基础,主要包括机械主义、科学实在论以及对行为主义和心身同一论的批判。⑤ 虽然功能主义为离身认知的发展提供了重要的思想基础和研究框架,但是,其缺陷也是显而易见的。主要包括两方面:一方面是理论自身的困境。体现为以下三点:其一,功能主义与语义外在论的矛盾;其二,具有不同内容的同一概念能具有相同的心理功能;其三,图灵机状态的孤立性无法解释心理状态的丰富性和稳定性。另一方面是解释感受性的困难。具体表现在以下三点:其一,布洛克的"中国人口实验";其二,洛克"色谱颠倒论证";其三,维特根斯坦的鸭兔一头图。⑥

3. 思想语言假说。思想语言假说是离身认知的另一个重要的思想渊源。该理论是由美国哲学家福多在对"我们如何表达思想"这一基础性问题的思考中提出的。他认为:"思想语言是指人脑中直接作为思维媒介的语言,类似于计算机可以加工的机器语言。特别要紧的是,思想语言具有语义性。从思想语言自身的组成单元和结构等视角而言,思想语言是先天的、普遍的,作为一种语言,它有与自然语言相似的地

---

① [法]笛卡尔. 第一哲学沉思集:反驳和答辩[M]. 庞景仁,译. 北京:商务印书馆,1986:155.
② 伍敏敏. 普特南机器功能主义的困境[J]. 求索,2010(8):119.
③ 任晓明,李旭燕. 当代美国心灵哲学研究述评[J]. 哲学动态,2006(5):46.
④ Putnam H. Representation and Reality [M]. Cambridge MA: MIT Press, 1988.
⑤ 王森等. 普特南计算功能主义的思想来源分析[J]. 科学技术哲学研究,2013(3):29.
⑥ 伍敏敏. 普特南机器功能主义的困境[J]. 求索,2010(8):120.

方。"①具体地说,思想语言假说主要由如下四个方面的内容组成:其一,表征实在论。也就是思考者拥有清晰、明了的表征系统,而思想具有具体的内容,同时大体上赋予了表征以恰当的意义。其二,语言学思想。也就是表征系统是句法和语义的统一体。即通过表征系统的句法功能能清晰地表达命题意义。其三,天生论。即由于人类具有独特的基因与构造,因此,这种心理语言是与生俱来的。其四,语义的完全性。也就是说,该种语言的表达是完全语义的。② 当然,思想语言假说还并非是完美无瑕的理论,它本身尚处于发展之中,未来还亟须解决以下两个问题:一是对思维语言中符号本质和计算的正确理解。二是对思维本质的理性认知。③ 尽管思想语言假说还具有一些不完善的地方,但是,不管怎么说,它毕竟为离身认知的发展提供了一定的理论基础和启示。

4. 图灵测试。阿兰·图灵(Alan Turning)是英国著名的数学家、逻辑学家、计算机逻辑的奠基人、"人工智能之父"。早在 1936 年,他在《论数字计算机在决断难题中的应用》一文中,首次提出"图灵机"的概念。"图灵机"也称为理想计算机。确切地说,它只是一个思想模型而非一个客观实在。为了阐明自己的设想和观点,图灵设计了一款游戏,即"图灵测试"。游戏内容大致如下:"游戏由三个人来做,一个男人(A),一个女人(B),还有一个不限制性别的提问者(C)。提问者呆在一间与另两人分开的房间里。提问者在游戏中的目标是,确定另外两人中哪一个是男性,哪一个是女性。他以标号 X 和 Y 称呼他们,在游戏结束时,他可以说'X 是 A,Y 是 B',也可以说'X 是 B、Y是 A'。提问者可以向 A 和 B 提出这样的问题。C:'X,你可以把你的头发长度告诉我吗?'现在,假设 X 实际上是 A,那么 A 必须做出回答。A 在游戏中的目标是,尽量使 C做出错误的判断。……而 B 的任务是帮助提问者。……现在我们要问的是:'如果在这个游戏中用一台机器来代替 A,会出现什么情况?'在这种情况下做游戏时,提问者做出错误判断的次数,和他同一个男人和一个女人做这一游戏时一样多吗? 这些问题替代了原来的问题:'机器能够思考吗?'"④图灵进一步认为,可以通过一台数字计算

① 宋荣,高新民.论福多的思维语言假说[J].淮阴师范学院学报(哲学社会科学版),2008(5):579.
② 李侠,范毅强.从思想语言到心的计算理论[J].哲学动态,2009(5):65.
③ 宋荣,高新民.思维语言——福多心灵哲学思想的逻辑起点[J].山东师范大学学报(人文社会科学版),2009(2):6-7.
④ Turing, A. M., "Computing Machinery and Intelligence", Mind, Vol. 59, No. 236, 1950, p. 433-434.转引自徐献军.具身认知论——现象学在认知科学研究范式转型中的作用[D].杭州:浙江大学博士学位论文,2007:14.

机来表示这台机器。这样,计算机能否通过提问判断两个人的性别,就与这台机器能否思维的问题联结起来了。当然,如果以当下的认知科学和计算机科学来审视的话,不难看出图灵测试还有许多不容忽视的缺陷。但是,它却为传统的离身认知的出现和发展奠定了基础。

(二) 离身认知的典型流派

传统的离身认知在发展过程中形成了众多的流派,其中,符号计算主义和联结主义是影响最大的两个流派:(1)符号计算主义。符号计算主义认为,认知应当被理解为基于符号表征的计算。其基本假设可以概括为三点:第一,大脑类似于计算机的信息处理系统,包括感觉输入、编码、存储、提取的全过程。第二,认知功能与大脑就如同计算机软件与硬件的关系,软件在功能上独立于硬件,因此,软件可以存在于不同的硬件之上。第三,表征是外界信息在人脑中的存储形式,认知就是对内部表征的加工。① 符号计算主义具有以下三个特征:其一,将人的意识及其活动与它的主体承担者相分离;其二,将人的意识及其活动假定为一个物理符号操作系统;其三,将物理符号系统假定为一个可以脱离其主体承担者而具有本体论意义和自身同一性的存在领域。② (2)联结主义。联结主义认为,认知过程并非简单的符号计算,相反,它是网络整体结构活动的产物。所谓认知过程,就是网络从原初状态至最终完成的稳定状态。人工神经网络与处理离散符号的计算系统不同,它使用新的计算方式和计算程序来模拟一组相互联结的神经元及其活动,试图建构一种所谓更“真实”的认知系统。③ 一般而言,联结主义主要包括前馈网络模型、简单循环网络模型、完全循环网络模型、互动激活网络模型四种代表性的模型。④

(三) 离身认知的主要弊端

由前文可知,作为离身认知的两个主要流派,符号计算主义和联结主义存在一定的差别,这一点已有学者明确指出过:“一派将计算机视为操作思想符号的系统;另一派则将计算机视为建立大脑模型之手段。一派试图用计算机来例示对世界的形式表述;另一派则试图用计算机模拟神经元的相互作用。一派将问题求解作为智能的范式;另一派则将学习作为智能的范式。一派利用逻辑学;另一派则利用统计学。一个

---

① 韩冬,叶浩生.认知的身体依赖性:从符号加工到具身认知[J].心理学探新,2013(4):291.
② 高申春.自我意识的觉醒——从西方心理学史逻辑透视社会学习理论[D].长春:吉林大学博士学位论文,2000:98.
③ 李其维.“认知革命”与“第二代认知科学”刍议[J].心理学报,2008(12):1311-1312.
④ 郝福涛.联结主义视域中的心理语言学[D].济南:山东大学硕士学位论文,2009:14-16.

是哲学中理性主义、还原论传统的继承者;另一个则将自己视为理想化的、整体论的神经科学。"①尽管二者存在一定的差异,但是,二者也存在一定的相同点:即它们均未把作为认知主体的身体纳入研究的内容。正如有学者所言:"无论联结主义的研究风格与符号计算主义多么迥然相异,两者在'认知的本质就是'计算'方面是相同的,认知在功能上的独立性、离身性构成了二者理论预设的基础"。② 在离身认知中,人的心灵、心智简化为对自然、世界的准确镜像,认知活动在于摒弃、剔除"身"的具体层面即生理的参与及其抽象层面即经验的嵌入,其终极意义在于内部符号完全符合外在的客观世界,由此最终实现"客观性、确定性、间接性、现成性。"③而这正是离身认知的主要缺陷。

二、本体论:身心分离

身心关系是一个古老而经典的哲学问题。自有人类文明开始,我们就一直在对其进行探讨。身心关系中的"身",是指相对于精神而言的人的感性肉体;"心",则是指相对于人的身体而言的人的精神、意识等。④ 相应地,身心关系就是指身体与心灵、物质与意识的关系问题。身心关系是卓越小学教师核心素养培育中需要面对的一个根本性问题,它对于科学培育卓越小学教师核心素养具有至为关键的意义。在本体论层面,离身认知秉持身心二元论,主张身心分离。对身心关系的误解是离身认知对于卓越小学教师核心素养培育造成阻碍的根本原因。有鉴于此,本部分拟对离身认知主导下的身心关系进行剖析,以便我们确立正确的身心观。

(一)哲学史上身体的"失语"

身心关心问题一直是哲学史上争论不休的问题。在西方的传统哲学中,人们对于身心关系的探讨,早在苏格拉底之前就开始了。在苏格拉底和柏拉图之前的古希腊时代,哲学是在"爱智慧"的意义上存在的。只不过当时,人们还认为"世界是一个天人合一、万物一体、主客不分的世界。在这个意义充盈的世界中,不存在肉体与灵魂、物质与精神、世界与上帝的分离与对立"。⑤ 但是,随着时间的推移,从苏格拉底开始,西方

---

① 孟伟. 交互心灵的建构——现象学与认知科学研究[M]. 北京:中国社会科学出版社,2009:23.
② 叶浩生. 具身认知:认知心理学的新取向[J]. 心理科学进展,2010(5):705-710.
③ 张华. 试论教学中的知识问题[J]. 全球教育展望,2008(11):9.
④ 牛亚莉. 浅论体育哲学的范畴[J]. 甘肃社会科学,1997(2):48.
⑤ 韦拴喜. 身体转向与美学的改造——舒斯特曼身体美学理论研究[D]. 西安:陕西师范大学博士学位论文,2012:26.

哲学中对于"身心关系"的看法发生了转变。在很长的一段时间内,许多哲学家秉持身心二元论,他们主张身心分离,并且扬心抑身。这从苏格拉底、柏拉图、奥古斯丁、笛卡尔、黑格尔等哲学家的主张中就可以得到说明。

　　苏格拉底于公元前399年被民主派贵族以"煽动青年、污辱雅典神"的罪名当众受审,判处死刑。在临刑前,面对一系列"莫须有"的罪名,他本可逃到异邦,安度余生,然而,他却选择留在雅典,最终被赐予毒酒,结束生命。苏格拉底之所以能大义凛然、英勇赴死,固然与其热爱城邦、尊重法律、追求真理、试图唤醒民众对西方民主的警惕等因素有关,但其实最主要的原因在于,他认为:"死亡不过是身体的死亡,是灵魂和肉体的分离。身体的死亡,可以让人获得本真的善。身体是灵魂得以净化、自由的绊脚石。"①苏格拉底为追求灵魂的自由而坦然迎接死亡,因为身体的死亡,对他来说不是终结,而是求真之路的彻底开启,是灵魂通达纯粹真理的绝好契机。② 正如舒斯特曼所说:"苏格拉底对于灵魂享有超过身体的不朽特权的最具说服力的论证,并非他的抽象学说和论辩术,而是他的那冷静地欣然面对身体死亡的具体例子。"③

　　作为苏格拉底的学生,柏拉图进一步继承了身心二元论。他的思想集中体现在《美诺篇》《斐德罗篇》《斐多篇》《高尔吉亚篇》《国家篇》等著述中。在以上著述中,柏拉图经由对身体的贬抑和抨击,创造了一个身心二元论的哲学传统,具体地说,它体现在两个方面:一方面是身心分离,即身体与心灵是两个相互对立、独立存在的实体;另一方面,是扬心抑身,即意识和心灵具有优先性和决定性,它既高于和优于身体,又统摄和主宰着身体。所以,就形成了一个二元论的等级结构:灵魂是不可知的,身体是可知的;灵魂是理性的,身体是感性的;灵魂是纯洁的,身体是污秽的;灵魂是高贵的,身体是卑下的;灵魂是不朽的,身体是短暂的;灵魂通达真理,身体导致堕落……④"实在与现象,理念与感觉对象,理智与感官知觉,灵魂与身体。这些对立都是相互联系着的:在每一组对立中,前者都优于后者,无论是在实在性方面还是在美好性方面。"⑤柏拉图的身心二元论思想对于其后的哲学发展影响巨大。不管是中世纪的基督教神学

---

① 柏拉图. 斐多[M]. 杨绛,译. 沈阳:辽宁人民出版社,2000:26.
② 睢晓彤. 马克思身体理论试析[D]. 桂林:广西师范大学硕士学位论文,2019:9.
③ Richard Shusterman. Performing Live: Aesthetic Alternatives for the Ends of Art [M]. Ithaca: Cornell University Press, 2000:146.
④ 韦拴喜. 身体转向与美学的改造——舒斯特曼身体美学理论研究[D]. 西安:陕西师范大学博士学位论文,2012:30.
⑤ [英]罗素著. 何兆武,李约瑟译. 西方哲学史(上卷)[M]. 北京:商务印书馆,1963:178

还是笛卡尔的理性主义均深深地烙上了柏拉图的身心二元论印记。

作为西方"教会之父"的奥古斯丁，是柏拉图的忠实拥趸。他认为世界可以分为恒久不朽的"上帝之城"和万劫不复的"世俗之城"。这两座城是相互对立、迥然不同的。被上帝拯救而在上帝之城中生活的人拥有圣洁的灵魂，信仰基督而寻求灵魂的善，被上帝遗弃在世俗之城中的人则是邪恶的，他们有肉身却无信仰，仅任由欲望的驱使而追求短暂的快乐。这两座城之间的对立表现在个体身上，就是灵魂与肉体的冲突和抵牾，反映了灵魂相较肉体具有一定的先在性、优越性和宰制性。

当人类进入中世纪之时，基督教教会所宣扬的"禁欲主义"和"原罪说"再次使身体受到了沉重的打击。"禁欲主义"认为，人的肉体欲望是低贱的、自私的、有害的，是罪恶之源，欲望的身体是无法通达上帝之城的。因此，主张节制肉体欲望和享乐，甚至要求弃绝一切欲望，这样方可接近上帝之城。换言之，"在禁欲主义的传统中，身体被视为一种具有威胁的、难以把握的危险现象，身体被视为不驯服的、无法控制的、非理性的激情、情感和欲望的载体和发泄渠道，它不得不受到文化过程的充分控制和管理"。① 而"原罪说"则强调人生而有罪，人类应该确立"救赎意识"，以拯救其罪恶的身体。因此，中世纪的教育实质上是一种通过抑制身体以达到拯救灵魂的管控之学、救赎之学。人类指望经由肉体、感官、欲望的管控，从而实现灵魂和精神的纯洁，以获得永恒的幸福。②

笛卡尔是另一位抱持"身心二元论"的哲学家。他提出了著名的"我思故我在"论断。他将"我思"作为主体存在与追求真理的起点，这一认识论观点在本体论上其实就表现为主客分离的身心二元论。在他的二元论中，身体是作为被动的广延物而存在的"局外者"，它对于非广延的"思维"来说，是完全异质而不相交融的，作为身体组成部分的筋骨、皮肤等肢体的缺失并不会影响到精神的完整性。③ 他曾明确地指出："我们的灵魂具有一种完全不依赖于身体的本性，因而绝不会与身体同死。"④"在肉体的概念里边不包含任何属于精神的东西，反之，在精神的概念里边也不包含任何属于肉体的东西。"⑤简言之，笛卡尔认为，思维（心灵）和身体是两种不同的实体，两者均是"除了自身存在之外，什么都不需要的存在之物"，也就是说，思维（心灵）和身体相互独立，并

---

① 闫旭蕾. 教育中的"肉"与"灵"——身体社会学视角[D]. 南京：南京师范大学博士学位论文，2006：20.

② 冯合国. 由"反身"到"正身"：现代教育的身体转向[J]. 湖南师范大学教育科学学报，2013(3)：54.

③ 笛卡尔. 第一哲学沉思集[M]. 庞景仁，译. 北京：商务印书馆，1986：76.

④ 笛卡尔. 谈谈方法[M]. 王太庆，译. 北京：商务印书馆，2001：47.

⑤ 笛卡尔. 第一哲学沉思集[M]. 庞景仁，译. 北京：商务印书馆，1986：228.

可以自我存续。因此，对身体和心灵的研究，亦可分属于两个不同的领域，这种分割成为后来学科发展的一个重要特征：身体成为包括医学、生物学等自然科学的研究主题，心灵则划归人文社会科学研究领域。①

在笛卡尔之后的西方哲学几乎未能跳出身心二论、扬心抑身的认识论窠臼。譬如，康德的哲学思想中就具有明显的二元论倾向，他将世界划分为物自体和现象界。尽管他意识到理性无法脱离感官经验而认识世界，人对世界的认识是从感觉开始。然而，他认为哲学的核心范畴是超越于感性世界之上的"纯粹知性""先验理性""自我意识"等，身体则处于一种被抛弃、被冷落的境地。② 再譬如，黑格尔同样认为身体与意识毫不相干。纵使在谈及自然美问题时，他也是一边对作为肉体的身体进行激烈的贬损，一边强调以精神性来节制和规范肉体。他曾说："人有成为精神的较高使命，具有意识，就必须将仅为动物性的东西视为一种不合适的东西……以便让它们臣服于较高的内在生活。"③

综上所述，在西方哲学史上，在相当长的历史阶段内，身心关系一直是人们高度关注的问题。苏格拉底、柏拉图、奥古斯丁、笛卡尔、康德、黑格尔等哲学家均秉持身心二元论思想和扬心抑身观。此时，人类的身体一直处于"失语"和被遮蔽的状态，而心灵则受到极度的重视，并被提到至高无上的地位。这种身心二元论对人类的教育教学活动都产生了很大的阻碍作用，非常值得我们予以警惕。

(二) 卓越小学教师核心素养培育中对"身体"的冷落

如前文所述，长期以来，在人类的求知过程中，身心二元论一直甚嚣尘上，影响着人类的认知和学习。同样，在卓越小学教师核心素养培育过程中，身心分离、扬心抑身的思想一直阻碍着卓越小学教师培养的质量和效果，使卓越小学教师的身体受到了贬抑和忽视。这主要表现在如下两个方面。

1. 保全身体的教育严重不足

有人形容卓越小学教师的工作是"起得比鸡早、睡得比狗迟、吃得比猪差、干得比牛多"。也有人说："卓越小学教师是两眼一睁，忙到熄灯，熄了灯，想学生。"这些说法虽然有些夸张的成分，但是反映了卓越小学教师工作的艰辛。作为专业人员，卓越小

---

① 汪民安，陈永国. 后身体文化、权力和生命政治学[M]. 长春：吉林人民出版社，2004：4.
② 韦拴喜. 身体转向与美学的改造——舒斯特曼身体美学理论研究[D]. 西安：陕西师范大学博士学位论文，2012：35.
③ 黑格尔. 美学(第三卷上册)[M]. 朱光潜，译. 北京：商务印书馆，1979：157.

学教师的工作之所以如此辛苦，主要是由以下原因造成的：其一，卓越小学教师工作具有时间上的连续性和空间上的广延性。卓越小学教师的工作与其他职业明显不同：从时间上来讲，很难严格地界定每天的工作时长。譬如，虽然已经下班回家，卓越小学教师有可能还在家中批改作业、备课、写教学反思日记、与学生家长进行网上沟通或指导年轻教师的教育教学工作。也就是说，卓越小学教师的工作在时间上具有明显的连续性，不是规定的 8 小时而已。从空间上讲，卓越小学教师的工作场所不仅可以在学校，也可以在家中、车站、商场、码头、医院、超市等各个场域。可以说，只要工作需要，卓越小学教师在哪儿都可以工作。这就是空间上的广延性。其二，教育对象的挑战。当前，由于我们已经进入了社会主义新时代，卓越小学教师的教育对象呈现出如下一些新特点：一是主体性。即当前的小学生在思想、观念、生活方式等诸方面均要求独立，强调自我。他们已极少像他们的祖辈、父辈那样，对于教师的教导或要求照单全收了。他们思维敏捷、头脑灵活，遇到事情，往往有独立的思考和判断，常常希望做自己生活、学习的主人。二是知识性。当前，小学生不再是"无知"的代名词，卓越小学教师也不再是"知识的权威或化身"。在信息社会，小学生获取信息的途径越来越多样化和便捷化。甚至在某些方面，小学生所掌握的知识要远远多于卓越小学教师。这样，就使卓越小学教师越来越面临知识的恐慌。三是社会性。当前，我们正处于社会的转型期。小学生再也不是以前"两耳不闻窗外事，一心只读圣贤书"的单纯读书娃了。成人社会的一些规则、现象、处事方式等也逐渐涌入校园。小学生社会化程度明显提前了。他们对于卓越小学教师教育教学工作中的一言一行、一举一动会非常敏感，并且会以成人社会的眼光来看待。四是多元性。我国自 1978 年实施改革开放以来，社会分化进一步加强，社会成员分层现象愈发明显。小学生的家庭背景愈发多样化。他们在知识基础、生活习惯、认知风格、学习态度、思想品质等方面均大异其趣。特别是出现了离异、特困、富翁等一些特殊类型的家庭，而这些特殊家庭的小学生均深深地刻上了他们家庭的印记。这就使本身就存在差异性的小学生更具复杂性和多样性。当前，小学生的上述特点就使得卓越小学教师的工作变得愈发困难，使他们的教书育人工作面临着前所未有的挑战。其三，教育本身的复杂性。教育对象是有血有肉、有灵魂、有思想的人，而非冰冷的、无生命的物。这就决定了教育的复杂性。具体地说，教育具有自组织性、非线性、整体性和开放性等内蕴的复杂性特征。这种复杂性就决定了教师，尤其是卓越小学教师的工作不是一项日复一日、年复一年的简单重复性劳动，而是一项充满创造性、探索性的工作。卓越小学教师所从事的各项工作，诸如教学、科研、班级管理、与同事和家长沟通等,均需要他们开动脑筋、锐意进取、开拓创新。

正是因为卓越小学教师的工作如此辛苦,所以,客观上要求卓越小学教师必须具有良好的身体健康状况。但是,我们反观教育实践,不难发现,当下小学教师的身体健康状况令人担忧。譬如,有学者对包头市昆区1912名中小学教师的健康体检资料进行分析,结果发现,其中患病人数750人,占受检人数的39.22%;同时患有2种及2种以上疾病的人数为629人,占发病人数83.87%,最多的1人同时患有12种疾病;患病率最高的是高血脂症(患病率为9.99%),其次是冠心病(患病率为7.69%);各种疾病的患病率有随年龄的增长而增高的趋势。[①]还譬如,有学者对重庆市沙坪坝区81所中小学校的3304名教师体验资料进行统计分析,结果发现,这些中小学教师共检出疾病或指标异常者3060人,总检出率为92.62%。检出率最高的阳性结果依次为血脂异常、血压增高、咽炎、转氨酶升高、痔疮,分别占受检人数的26.91%、15.56%、13.41%、12.38%和9.99%。女性生殖系统疾病以生殖道感染检出率最高,其次为乳腺增生、子宫肌瘤,分别占受检人数的52.71%、16.62%、8.02%。[②]又譬如,有学者对江苏省如皋市的2所高中、25所初中、30所小学的教师,共697人(其中,男性450人,女性247人)的身体健康状况进行调查。结果发现,其中,没有疾病的有68人(占9.8%),患眼视病的有415人(占81.6%),患脑神经衰弱的有223人(占32%),患糖尿病的有34人(占4.9%),患心血管疾病的有135人(占19.4%),患颈、腰椎病的有191人(占27.4%),患其他疾病的有72人(占10.3%)。由上述事例不难看出,当前中小学教师普遍处于亚健康状态。作为小学教师中的杰出代表,卓越小学教师所承受的工作压力要比普通的中小学教师大得多,在巨大的压力之下,他们的身体健康状况更是令人担忧。当然,当前卓越小学教师身体健康状况令人堪忧是多种因素相互交织的结果,诸如:工作任务重、压力大,不良的生活习惯和方式,学生、家长及校领导的高期望,缺乏自我保健的意识、习惯和能力,特别是后者对卓越小学教师身体健康的影响尤甚。

事实上,人类历史上因追求知识,而忽视与牺牲个人健康的失当做法早已引起了人们的深切忧虑。18世纪法国著名的思想家、哲学家、教育家、文学家卢梭曾明确地指出:"自然科学的高度发达逼迫现代人不断加强知识的学习而疏于身体的塑造,这种

---

① 王海英,曹滢. 包头市昆区中小学教师健康状况分析[J]. 包头医学院学报,2011(6):34.
② 曹型远等. 重庆市沙坪坝区中小学教师健康体检结果分析[J]. 中国学校卫生,2009(6):545.

状况导致现代社会人的身体状况有恶化的危险：肥胖的人、佩戴眼镜的人、不育不孕的人、失眠的人、患颈椎腰椎疾病、疑难杂症的人等越来越多。理性的发达、科学技术的进步,书写的人类心灵发达史的背后却是一部身体的疾病史。"[①]

　　尽管早在 200 多年前,人们就已意识到因追求知识而漠视或牺牲个人健康所造成的恶果,但是,在当下的卓越小学教师核心素养培育过程中,人们对卓越小学教师的身体健康仍重视不够,并未对卓越小学教师进行科学、适切的健康教育。在调研中一个卓越小学教师班的学生的观点颇具代表性:

　　　　平时,我们课任教师、班主任、辅导员往往只关注我们的学习成绩、考证、考编和考研,他们很少关注我们的身体健康,更谈不上对我们进行相关的身体健康教育。我觉得这种情况不仅我们学校是这样,应该说在全省乃至全国都是如此。之所以出现这种情况,我认为主要有以下原因:一方面,无论是二级学院还是我们学校,都看重的是毕业生的就业率和考研率,因为省教育厅乃至教育部也一直在关注这些东西。它将直接影响学校的社会影响、美誉度,甚至有可能决定一所高校未来的专业设置、经费投入、生源质量、办学层次等,并且就业率和考研率最容易量化。而我们学生的身体健康状况及其教育常常是隐性的,除非带着我们学生去体检,才有可能发现我们有健康问题,因为大学生现在毕竟都还很年轻,在短期内大家身体一般也不太会出现大的健康问题,所以,学校和学院就并未给予足够重视。但是,如果从长远来看,肯定应该在大学阶段,就加强对我们进行关于身体健康和保健的教育,让我们从现在就能养成良好的保健意识和习惯,否则,等我们身体真正出现大的健康问题,就为时已晚了。另一方面,我觉得与当前我们生活在高度内卷化的社会也有关系。现在国家培养的人才越来越多了,我们每个大学生都面临巨大的就业或升学压力,看着其他同学,每天都在忙于为就业、考研做准备,所以,我们也就争相效仿了,所以,大部分同学也就对自己的身体健康重视不足了。当然,如果静下心来思考,这样肯定是不好的。因为"身体是革命的本钱",一旦身体健康没了,那么,一切都将化为乌有了。因此,我们还是希望学校和我们的二级学院能关注我们的身体健康,并能定期安排一些教授或专家,给我们介绍一下关于身体健康和保健方面的知识,并且能有一定的督促检查。这样,有可能

---

① ［法］卢梭. 论人类不平等的起源和基础［M］. 李常山,译. 北京:商务印书馆,1962:79.

对于我们未来的发展会更好一些。①

在调研当中，另一位卓越小学教师班的学生的谈话也给我留下了深刻的印象：

　　我现在已经大四了，回顾大学生活，我觉得学校的老师、班主任及院领导对我们学生总体上还是蛮好、蛮用心的。我们很快就要毕业了，我想等真正离开校园后，我们还是会很留恋大学的时光的。如果说在大学期间有什么不足的话，我觉得就是学校和学院对我们学生的身体健康的关注还是远远不够的。想一想，我们大学四年就是在大一、大二时每学期分别上了一门《大学体育》课程。这种课程每周就是 2 节课，每个人根据自己的兴趣选择了某一个体育项目，诸如游泳、排球、乒乓球、健美操等，上完课就束之高阁了。无论从课时还是运动量根本达不到锻炼的要求。除了这点体育课外，根本没有老师或领导再就身体健康方面对我们开展相关的教育或培训。因为学校和学院对于我们的身体健康并不是非常重视或强调，所以，导致我们自己平时也重视不够。事实上，我们现在许多同学身体也或多或少存在这样那样的问题了，比如，有的视力不太好，有的腰颈椎有问题，有的神经衰弱，有的精神抑郁，有的体重超重。俗话说，身体是 1，其他是 0，只有有了身体这个 1，才可能构成 10、100、1 000、10 000……循环往复。如果没有了身体这个 1，那么，将一切归零。因此，我们每个学生平时养成自我保健的意识，具有自我锻炼的习惯和能力，对于我们每个人的长远发展、可持续发展，是非常重要的。我们希望学院和学校今后，能在这方面引起足够的重视，多在这方面下些功夫，而不要只是眼睛盯着我们的学习成绩、参加各种比赛的成绩、考研人数及就业率。那样，才是真正对我们学生负责，也才真正有利于我们的全面发展。②

　　从以上两位同学的访谈实录不难发现，许多卓越小学教师班的学生认为，学校和二级学院并未能对他们真正开展切实有效的身体健康教育。那么，学校的相关领导对此有什么看法呢？下面是对二级学院分管教学的一位副院长的访谈实录：

---

① 访谈记录编号：A001，访谈 N 大学教师教育学院卓越小学教师班 W 学生，女，21 岁，2020 年 5 月 10 日。
② 访谈记录编号：A002，访谈 N 大学教师教育学院卓越小学教师班 T 学生，女，22 岁，2020 年 5 月 12 日。

我们学校卓越小学教师班根据教育部及省教育厅的相关精神,制定了相应的人才培养方案,根据人才培养方案的规定,我们卓越小学教师培养的课程设置从宏观上而言,主要包括通识通修平台、学科专业基础平台、教师教育模块三大类课程。具体地说,通识通修平台课程中包括公共基础必修课程、通识指定选修课程、通识任意选修课程;学科专业基础平台课程则具体包括通修课程、主修课程及辅修课程;教师教育模块课程则包括教育学类基础课程、心理学类基础课程、实践类基础课程、学科教育类课程等。那么,在这么多的课程当中,《大学体育》课程总共只占了4个学分,并且仅是在大一、大二两个年级开设。所以,客观地说,我们在卓越小学教师培养的过程中,确实对于未来的小学教师的身体健康的教育重视程度还是远远不够的。当然,这不是我们一个学校的问题,可以说是全国的高师院校基本都如此。因为我们是受到人才培养方案的制约。同时,实事求是地说,现在我们学校以及二级学院的领导压力也都很大。因为省教育厅及教育部在评价、衡量我们学校的时候,关注的还是就业率及考研率,对于大学生身体健康方面,虽然从理论上说,的确很重要,但是,在实际中却没有得到足够的重视,在这种大背景之下,我们作为基层领导也是无能为力的。因为你即使对于学生身体健康方面的教育做得再好,就业、考研、各种竞赛等如果没有好的成绩,那也没有人认可你,你的工作也是白做的。所以,在这种情况下,可以说,现在对于卓越小学教师的培养,各个高校对于他们的身体健康教育普遍是不够的。或许,以后随着时间的推移和形势的变化,这种情况会慢慢得到转变的。①

　　从以上对于N大学教师教育学院领导及卓越小学教师班学生的访谈不难发现,当前,高校在卓越小学教师职前教育过程中,虽然总体上来讲还是很好的,但是由于各种原因,导致对于卓越小学教师的身体健康还是关注不够。虽然大学四年有一些体育课,但是,这些体育课程无论是数量还是受重视程度都无法与其他课程相提并论,甚至可以说是微不足道的"点缀"而已。因此,要想真正培养卓越小学教师的核心素养,在职前教育中,对他们加强体育健康方面的教育就显得极为迫切与必要。

　　既然,在卓越小学教师核心素养培育过程中,职前教育中对于保全他们身体健康的教育严重不足,那么,在职后培训当中,卓越小学教师的身体健康教育是否受到了足

---

① 访谈记录编号:B003,访谈N大学教师教育学院分管教学副院长,女,47岁,2020年5月13日。

够重视呢？我们从国家小数班的学员的访谈中，便可窥见端倪：

　　时间过得真快呀！一转眼，我教书也已经26年了，回想我这20多年的教学生涯，令我欣慰的是，我确实也取得了一些成绩，带出了许多优秀的学生，无论是我们学校领导还是同事都很认可我，并且也给了我许多荣誉。但是，我也有比较闹心的地方，就是我的身体现在不太好。我现在虽然还不到50岁，但我的身体已经到处是毛病了。我现在血压很高，每天都要准时吃降压药，我的腰椎、颈椎也都不太好。稍微坐在办公室时间长就疼得受不了。我腰椎间盘突出严重的时候，每周都要到医院理疗科去牵引，甚至医生曾一度建议我做手术。但是，当时我工作比较忙，担心手术会影响工作以及会有副作用，所以，就选择保守治疗了。由于我们上班时间抓得比较紧，有时作息也不规律，所以，我的胃也不好，经常稍微吃点饭就打饱嗝并且有强烈的饱腹感、灼烧感，有时候疼得要命。我曾经一度怀疑自己是不是有胃癌，后来去医院做胃镜检查说是严重的胃溃疡，医生叫我平时一定要饮食规律并且要保持平和快乐的情绪。因为我现在的身体健康情况，说实在话，我也不太敢像刚工作时那样去拼了，现在，我正处于上有老、下有小的年纪，所以，我想在保证完成学校规定的教学任务的同时，我的首要任务就是保护好自己的身体，因为，如果我身体一旦垮了，那么，也就谈不上为家庭、为学校、为学生作贡献了。虽然我现在非常希望能拥有一个好的身体，但是，现在，我感觉自己由于长期以来都是一门心思扑在工作上，对于如何保护自己的身体健康，我并不清楚。所以，我非常希望我们在参加在职培训的时候，能请一些专家讲一讲，针对教师群体，我们应该如何保护我们的身体健康，而不是像现在的在职培训，只是重视向我们传授、讲解教学的专业知识、专业能力和师德修养。我想只有这样，这种培训才能真正的深入人心，对于我们的长远发展才是真正有利的。[①]

　　我再过四五年就退休了。回顾我的教学生涯，我感觉做小学教师，尤其做一个优秀的小学教师还是非常不容易的。我常常会见到社会上的人对我说："你舒服哟，做教师一天就那两、三节课，上完课就没事了，一年还有那么多天假期，算算节假日和星期天，你们教师一年中有半年时间都闲着，你们虽然不上班，工资还一分不少，不像我们，就像小鸡刨食，刨一爪，吃一爪，一天不工作，就没有收入了。"

———————————

① 访谈记录编号：C006，访谈国家小数班 H 学员，男，46岁，2020年10月25日。

事实上,只有从事小学教师这个行业以后,你才会发现它的不易。现在小学教师的工作压力很大的。你不仅要将学生的学习成绩抓上去,而且还要保障他们的安全;你不仅要与学生及家长交流沟通,而且要与领导、同事交流沟通;你还要处理好各种各样与教育教学无关的一些琐事。所以,我们现在是压力山大。在各种重压之下,我们许多小学教师身体都不太好,比如,咽炎、颈椎病、肩周炎、静脉曲张、心血管病等在小学教师身上早已司空见惯。你像我,以前工作起来是不要命的。由于我工作非常努力,工作成效比较好,所以,作为小学教师,我该得的荣誉基本都有了,我现在是江苏省小学语文特级教师、正高级教师、江苏省教科研先进个人、首批市特级教师工作室领衔人,江苏省第二届、第三届乡村小学语文骨干教师培育站主持人。但是,现在回过头来想,我这些荣誉是拿身体健康换来的。我现在有严重的冠心病,去年在省人民医院刚做过手术,另外,我还有肩周炎,严重时,胳膊都抬不起来,疼痛厉害时,夜里都难以入睡,去医院看时,骨科医生说,这是一种常见的职业病,他叫我回家后,经常用双手做爬墙练习,并且要多甩胳膊、多活动肩膀,说这样就可以得到缓解。现在家属总是劝我,说我现在该有的荣誉也都有了,并且自己也不年轻了,一定要多注意自己的身体。所以,我也想通了,下面要让自己的工作节奏慢下来,自己有一个好身体比什么都重要。你要让我谈对这次参加教师培训的感受,我可以告诉你,我工作那么多年,参加过的教师培训也不计其数,实事求是地说,这次培训总体上还是不错的。但是,就是对于我们身体健康的关注还是不够的。这次的培训内容全是关于如何搞好教育教学工作的,但是,就是没有哪一个专家能讲解一下,作为我们教师,应如何才能保持一个健康的身体状态的。如果今后的教师培训中,专家们在培育我们的专业知识、专业技能、专业情感的同时,能向我们传授一些如何进行身体保健的知识和策略就更完美了。我想,这绝不是我个人的要求,而应是绝大多数参加培训的小学教师的共同诉求。①

由上可知,当前,在卓越小学教师核心素养培育的过程中,无论是职前的师范生培养还是职后的教师培训中,均更多地聚焦于小学教师专业知识、专业能力、师德修养的教育,而对于卓越小学教师的身体健康教育却严重阙如。这无疑不利于卓越小学教师

---

① 访谈记录编号:C007,访谈国家小数班 W 学员,女,49 岁,2020 年 10 月 25 日。

的长远发展和全面发展。

2. 卓越小学教师身体的极度疲顿

在卓越小学教师核心素养培育的过程中,对于卓越小学教师身体冷落的另一突出表现,就是卓越小学教师身体常常处于极度疲惫状态,而这种现象却并未受到利益相关者的足够重视。

在本研究中,笔者对于职前培养过程中,卓越小学教师的身体感受进行了调查,以下是对于卓越小学教师班中的两位师范生的访谈节录:

我认为,我们卓越班的学生学习还是蛮累的。你看,我们不仅要学好我们的专业课,还必须学好我们的通识课;不仅要进行理论课的学习,而且要进行实践类课程的学习;不仅要搞好各类课程学习,而且要参加各种提升核心素养的竞赛。比如说,为了迎接江苏省师范生教学基本功大赛,我们平时要认真学习学科专业知识、教师教育课程知识等基础知识,同时,要练习粉笔字、钢笔字、即兴演讲、说课等教学技能。学院和我们每一个学生对于江苏省师范生教学基本功大赛都非常重视。这是因为:一方面,通过迎接和准备大赛,可以很好地提升我们的核心素养;另一方面,我们如果在大赛中取得好成绩,也可为学校和学院赢得荣誉。同时,也会为我们将来毕业后求职和考研增加筹码,使我们更具竞争力。为了保证我们在省师范生教学基本功大赛中能获得优异成绩,甚至连节假日,学院都将我们留在学校,安排专门的教师团队对我们进行训练。当然,我们也知道学校和学院这样做是为我们好,但是,这样一来,我们就被搞得很疲惫。我认为,作为学院,重视培养我们的核心素养,这是无可厚非的,但是,我觉得在培养我们的过程中,同时也应该关注我们的身体感受,如果让我们身体一直处于极度疲惫之中,这样,从长远看,一方面很难真正地使我们的核心素养得以提升,另一方面,如果我们长期处于身心俱疲状态,也不利于我们的身体健康,这样我们的身体迟早会出问题,到时就悔之晚矣。①

我们卓越教师班的学生,学院和学校对我们的要求本身就比其他小学教育专业的师范生要高很多,这在人才培养方案、教学大纲、课程设置、毕业要求中都有所体现的。我们学校的小学教育专业在全省乃至全国还是有一定的影响力的,而

---

① 访谈记录编号:A005,访谈 N 大学教师教育学院卓越小学教师班 S 学生,女,21 岁,2020 年 5 月 10 日。

我们卓越小学教师班更是学校和学院的门面。学校和学院对于培养我们的核心素养是非常重视的。因为你知道，现在我们国家对于小学教育质量越来越重视，对于卓越小学教师的需求也越来越多、越来越迫切。由于各方面的重视，就导致我们承受的压力就越来越大。我们现在每学期要学习许多门课程，这些课程大都是考试科目。我们上完课后，老师们常常会给我们布置很多书面或口头作业。在期末时，我们就会更累了。为了迎接考试，我们没日没夜地学习，图书馆、自修室都早早挤满了人，稍微去晚一点就找不到位置了。我们卓越小学教师班的学生身体大都处于超负荷状态。不管是大一、大二还是大三、大四的学生基本上都如此。大一、大二课程非常密集，大三、大四课程尽管相对变少，但是，又面临着教育实习、毕业论文撰写、考研、考编等事务，所以，我们就很少有闲下来的时候。说实在话，我认为我们真心不易呀，整天就像在不断运转的机器。当然，我们也知道学校和学院也很不容易，为了能在同类学校同专业竞争中处于不败之地，必须狠抓我们卓越小学教师班学生的核心素养培育，但是，我认为，学校和学院也应该将目光放得长远一些，在平时对于我们的教育教学中，能多重视一下我们的心理感受，教育教学任务不要安排得那么多，让我们不要觉得那么累。说实在话，我们大多数学生由于身体长期处于疲惫状态，已经出现了许多健康问题。如果学校和学院不重视的话，我们将来的发展很难长久，也就谈不上以后能真正成为卓越小学教师，并为我国的小学教育事业作出卓越的贡献了，因为如果连身体都没有了，还能有什么呢?![1]

　　从上述对两位卓越小学教师班学生的访谈中，可以发现，他们为了提升核心素养，身体一直处于极度疲惫状态。这种现状如果不引起重视，极有可能给他们造成非常严重的不良后果。那么，卓越小学教师班的领导对此有何认识呢？以下是相关访谈节录：

　　　　我们学校的小学教育专业全国知名。在 2019 年，我们学校小学教育专业成为"国家一流专业建设点"和"江苏省一流专业建设点"，是当年学校唯一在本一批次招生的专业。我们小学教育专业之所以能在全国这么多的师范院校中脱颖而

---

① 访谈记录编号：A003，访谈 N 大学教师教育学院卓越小学教师班 X 学生，男，20 岁，2020 年 5 月 11 日。

出,就在于我们一直非常关注培养师范生的核心素养,尤其是从 2015 年我们学校获批"江苏省卓越小学教师培养计划项目"以来,我们更是在培养卓越小学教师核心素养上投入了大量的人力、物力、财力。我们卓越小学教师班学生核心素养的提升也是有目共睹的。你如果问我,这些卓越小学教师班的师范生在学习过程中究竟累不累?我只能实事求是地说,在当前教育高度内卷化的态势下,他们身体疲惫,甚至是心力交瘁,是不可避免的。在竞争如此激烈的情况下,我们的学生靠什么胜出?只有依靠教师努力地教,学生认真地学,通过师生的倾情投入,真正提升师范生的核心素养,才能使他们在就业、考研等竞争中具有一席之地。如果我们卓越小学教师班的学生想舒舒服服、非常轻松地度过大学四年时光,我想,他们在躺平的同时,也就会将自己彻底躺废了。①

由上不难看出,不管是卓越小学教师班的学生还是领导均认为师范生在提升核心素养的过程中,身体一直处于极度疲顿之中。尤其值得警惕的是,作为学院的领导并未意识到师范生身体疲惫可能带来不可估量的损害,相反,他却认为这是很正常的、难以避免的现象。这就特别令人担忧了。

(三) 卓越小学教师核心素养培育中"身体"的工具化

传统的离身认知往往认为身心是二元的,身体仅是将学习者带入学习场所的载体和工具。受此观念的影响,在卓越小学教师核心素养培育过程中,高校或其他负责培养、培训卓越小学教师的单位都在工作中有意无意地将小学教师的身体工具化了。他们往往更关注小学教师专业知识与技能的获得,很少关注到小学教师的身体,纵使有时会重视小学教师的身体,也是出于更好地传授专业知识和技能之需要,也就是说他们只是将小学教师的身体看作是他们提升核心素养的载体和工具,这时,小学教师的身体已经被空壳化了。

为了更好地了解在卓越小学教师核心素养培育中,相关行为主体对小学教师身体之认识,笔者曾做过相应的调研。现将访谈节录如下:

我从大一刚入学开始就非常注意锻炼身体,因为我与别的同学可能不太一样,我家庭本身比较贫困,我的上学机会来之不易,我从进入大学第一天起就定下

---

① 访谈记录编号:B001,访谈 N 大学教师教育学院院长,男,51 岁,2020 年 5 月 13 日。

了目标,等四年本科毕业以后,一定要考研继续深造,因为现在只有本科文凭是远远不够的,最起码要硕士研究生毕业,才可能找到较好的工作,而考研是需要耗费大量的体力和精力的,如果身体不好,肯定无法考研,即使侥幸考上了,体检也会被刷下来。因此,每天不管我多么忙,学习任务多么重,我都会到学校健身房去坚持锻炼。你看,我现在体格多么健壮。我由于身体好,每天学习精力都非常充沛,这样学习效率自然也就高了。告诉你,我已经连续两次得到学校的一等奖学金了。你想我如果没有健康的身体作保证,能么可能搞好学习呢。你看我们班有些同学,平时不注意锻炼身体,三天两头生病上医院,你说这样学习成绩能好吗?①

客观地说,这个卓越小学教师班的学生的想法颇具有典型性,她的观点基本上代表了大多数职前小学教师对于身体的看法。那么,国家小数班的学员对于身体又有什么样的认识呢? 笔者对此也进行了调研,现节录部分国家小数班学员在培训中接受访谈的相关内容:

> 我认为身体的重要性是不言而喻的,俗话说:"身体是革命的本钱。"我这次能从众多的老师中被遴选来参加培训,应该说是很幸运的事情。我们学校领导让我来的目的也很明确,就是让我在这边参加培训,能真正多学点真本事回去以后充当"种子教师",好好地影响、辐射其他教师,使我们学校教师的整体素质得到提高。也就是说,我是带着学校领导的信任和期望来的,所以,我要认真学习,而要认真学习,我自然要重视我的身体了。总之,在来参加教师培训期间,我每天无论是饮食卫生、交通安全还是身体锻炼都特别注意。我的目的就是使自己保持一种健康、安全的身体状态,这样我才能集中精力完成研修任务,回学校后向领导交一份满意的答卷,不辜负校领导的信任,同时,也不枉这次大老远抛家舍业地来参加培训。总之,我这阶段的目标很明确,就是身体不要出任何问题,这样,我才可能集中精力完成研修任务。②

不仅职前卓越小学教师和在职卓越小学教师对于身体的价值缺乏正确的认识,就

---

① 访谈记录编号:A008,访谈 N 大学教师教育学院卓越小学教师班 C 学生,女,22 岁,2020 年 5 月 10 日。
② 访谈记录编号:C001,访谈国家小数班 C 学员,女,37 岁,2020 年 10 月 24 日。

是负责培养、培训卓越小学教师的高校或其他承训单位,对于身体之于卓越小学教师的价值同样存在误解。以下是笔者调研期间,访谈内容的节录:

> 我们学校一直以来都是非常重视学生的身体健康的,你想想看,这些学生经过四年专业训练后,绝大多数同学要从事小学教育工作的。如果没有健康的身体,从近的来讲,他们大学期间的学习成绩很难搞好,有些同学甚至会因为身体原因而休学或退学。从远的来讲,没有好的身体,即使他们能勉强毕业,那么,考研或考编也很难成功。你知道,现在我们高校也很内卷的,兄弟院校之间就业率方面都有评比的。所以,为了使我们学院的学生在就业率方面不拖学校后腿,我们首先必须高度重视学生的身体。尤其现在新冠疫情期间,我们对学生的身体更是重视,每天都要求学生一天三次测体温,有感冒、发烧现象要立即报告。没什么特殊情况,我们禁止学生外出。实在需要外出的,必须向学院请假,并得到批准后方可离校。我们学校现在对学生的饮食、住宿都非常重视,一方面是提升教育教学质量的需要,另一方面也是对抗疫情的需要。因为疫情期间如果没有好身体、好体质,更容易感染新冠病毒。①

总而言之,通过调研,笔者发现,在卓越小学教师核心素养培育过程中,无论是小学教师还是相关高校或承训单位的专家、领导等人员对身体之于卓越小学教师的意义都存在一定的认识误区,忽视教师身体健康。事实上,身体对于我们每个个体具有本体性、奠基性的价值,身体就是我们本身。因此,我们应将身体本身作为我们教育的目的之一,而不是仅考虑身体的功利价值。

三、价值论:目标的失当与评价的简单化

卓越小学教师核心素养培育的价值论是有关卓越小学教师核心素养培育的价值关涉问题。这种价值取向又可划分为卓越小学教师核心素养的价值追求和价值判断问题,即卓越小学教师核心素养的目标定位和评价标准问题。

(一)培育目标的窄化和偏倾

在教育活动之中,确立科学、精准的教育目标对于促进教育的高质量发展极为关

---

① 访谈记录编号:B004,访谈 N 大学教师教育学院党总支书记,女,51 岁,2020 年 5 月 14 日。

键,因为目标功能非常强大,具体地说,教育目标具有如下功能:其一,导向功能。即教育目标对整个教育活动具有指引、定向功能。众所周知,倘若一艘航行在苍茫大海中的航船没有航标的指引,它很容易迷失方向。同样,在教育活动之中,如果没有正确目标的指引,教育活动就会漫无目标,陷入混乱和虚妄之中。而有了正确教育目标的指引,教育者和受教育者就可以围绕教育目标,排除一切不利因素的干扰,将全部心力都聚焦于有利于达成目标的相关问题及事物上,从而提高教育的效率和水平。其二,激励功能。即教育目标可以激发教师和学生教和学的主动性、积极性和创造性。在教育之中,师生一旦心中有了目标,就会受到鼓舞和激励,从而愿意为之不懈地努力和奋斗。当然,也并非所有的教育目标都可以成为激发师生教和学的动力。维果茨基认为,儿童的发展存在两种水平:一种是现有的发展水平,另一种是潜在的发展水平。而处于这两种水平之间的区域就是"最近发展区"。在教育教学中,要想促进儿童的发展,那么,目标就必须定位在儿童的"最近发展区"。同理,在教育之中,要想真正促进学生的发展,教育目标同样必须定位在其"最近发展区"。其三,评价功能。即教育目标为评价教育效果提供了标准和依据。我们可以根据教育目标的达成度来评判教育的优劣。当然,评价功能发挥的前提是教育目标本身是科学、适切的。其四,聚合功能。即教育目标可以对教育系统内的其他要素进行优化、整合、协调,使整个教育系统产生耦合功能。在教育过程中,无论是教师、学生,还是教育内容、教育方法、教育环境、教育手段等,都是在为达成教育目标服务的。也就是说,教育目标是整个教育系统的核心,它聚合了教育系统内部的其他要素而发挥整体的力量。[①]

由上可知,目标对于教育教学活动的科学、高效开展极为重要。由于卓越小学教师核心素养培育也属于一种教育教学活动,因此,其培育目标的合理定位也非常关键。然而,由于传统的离身认知一贯秉持身心二元、重智轻身、扬心抑身的原则,受其影响,卓越小学教师核心素养培育也一直将目标定位于培育小学教师的专业知识与技能,而对于职业道德、实践创新能力、交往合作能力、自主学习能力、身体素质等则严重关注不够,造成了目标定位的严重窄化和错位。因此,小学教师最终沦为了"技术员""理智人"和"知识人"。

换言之,卓越小学教师核心素养培育目标仅聚焦于向小学教师传授系统的专业知识和技能,而对于影响小学教师核心素养发展的其他方面却关注不够,从而导致了小

---

① 全国十二所重点师范大学联合编写组. 教学论[M]. 北京:教育科学出版社,2007:98.

学教师沦为"单向度的人"。以下是笔者对相关行为主体的访谈录音：

我认为，作为一名师范生，在大学期间的这四年时光非常宝贵，这四年时间，我觉得我们的主要任务就是好好学习，尽可能多地掌握一些师范生的专业知识和技能。因为现在时代发展太快了。在信息时代，作为教师如果不多学点知识，你是很难站得稳讲台的。俗话说："要给学生一碗水，自己要有一桶水。"这话是非常有道理的。你想一想，自己昏昏，怎么可能使学生昭昭呢？所以，我们必须扎实掌握各种专业知识，否则，将来真正做教师后，知识储备就跟不上教育教学的需要，有时，甚至有可能被学生所提的问题难住，出现"挂黑板"的窘境。另外，专业技能对于我们师范生同样非常重要。作为未来的小学教师，我们必须利用这大学的四年时间，认真练好"三字一话一画"。这些师范生技能对于我们小学教师来讲是很重要的。假如你没有过硬的师范生技能，你到工作岗位以后，领导、同事没有人能看得起你的。想想看，你即使专业知识再丰富，但是，你往讲台上一站，写得一手臭字或者说话带有浓重的乡音或者画的简笔画奇丑无比。谁能看得起你呢！可以说这些师范生技能是我们小学教师的看家本领和门面，我们必须在大学期间就重视并练好！[1]

我这次来参加培训，目标是很明确的，就是要在这有限的时间内尽可能多地学习一下专家和其他同仁的一些好的教育教学知识和专业技能。因为通过我自己在一线工作的经历来讲，我就明显感觉到自己的专业知识和教育教学技能还是不够用的。因为现在社会变化太快了，学生知道的太多了。甚至有时候学生知道的，我们作为教师还不知道呢。同样，我感觉专业技能这一块我也需要不断的提高。其实专业技能各个老师之间差别还是非常大的。比如，有的老师上课时，课堂乱糟糟的，根本管不住学生，而有的老师上课时，本来很杂乱的课堂，他只要寥寥数语，就可以使学生安静下来。再譬如，有的学生非常调皮、任性，经常惹是生非，班主任怎么管都不行，但是，如果换成另一个班主任，稍稍教育他一两次就可以将其转变过来。这就是老师的教学技能或班级管理技能不一样的结果。所以，我认为作为小学老师，专业知识与专业技能是硬通货，必须真正掌握好。而这次承训单位为我们请来的都是我们小学教育领域的权威、大咖，他们中许多人以前

---

① 访谈记录编号：A009，访谈 N 大学教师教育学院卓越小学教师班 D 学生，女，19 岁，2020 年 5 月 11 日。

我只是在电视、报刊上看到过，这次有机会见到真人了。这是多么难得的机会呀。我当然要向他们好好学习相关的专业知识和技能了。至于别的东西，那些只能说是锦上添花的事情了。①

以上是笔者分别对 N 大学教师教育学院卓越小学教师班 D 学生和国家小数班 C 学员的访谈。他们均认为专业知识和专业技能对于小学教师是最为紧要的，甚至其他与核心素养紧密关联的因素，他们则认为并不是十分重要。他们没有意识到，作为一个小学教师要想真正从"普通"走向"卓越"，仅仅有专业知识与专业技能是远远不够的。然而，令人遗憾的是，他们的观点在职前和在职小学教师中，却有着极大的代表性。那么，相关小学教师培养、培训单位的领导又是怎么看待这个问题的呢？请看下面的访谈录音：

你要问我们学院对于师范生的培养目标是什么。这个问题其实我们制定的人才培养方案上写得很详细、很全面。但是，说句实话，有些培养目标是虚的，是写在那里供上面检查用的。为什么这么说呢？因为人才培养方案中所提及的许多目标都是内隐的，是很难量化的，它不像师范生的专业知识和技能，我们很容易考察。你比如说，你专业知识如何，出张试卷考一下，就一目了然了。你师范生的专业技能怎么样，你伸手写下粉笔字，开口讲几句话，随手画几幅简笔画，一下子就可以看出来了。这些知识与技能都是实实在在的，来不得半点虚假。因此，我们学院在工作中，目标定位就是狠抓师范生的专业知识和技能。我们希望通过四年系统的专业知识和技能训练，培养出来的毕业生在专业知识和"三字一话一画"等方面超过其他学校的毕业生。应该说，我们院领导在这方面已经达成了共识。我们最近几年一直将培养师范生的专业知识和技能作为重点工作来抓。我们学院原来办学条件不是很好，没有专门的画室、琴房、舞蹈房，也没有专门的美术、音乐、舞蹈教师，许多技能课都要借用其他院系的教室，这样，教师与学生用起来很不方便。技能课教师由于不是我们自己学院的，责任心也不强，而我们也不太好进行有效的管理。所以，对我们的专业技能的训练还是有不少的影响。为了能给我们的师范生创造更好的专业技能训练的条件，我们院长多次去找校长沟通、交

---

① 访谈记录编号：C002，访谈国家小数班 C 学员，男，43 岁，2020 年 10 月 24 日。

流,最后学校给我们配备了专用的画室、琴房、舞蹈房,并特批了几个编制,引进了好几位专门的美术、音乐、舞蹈教师。所以,我们现在专业技能训练的条件是很好的。我们负责专业技能训练的老师也都非常敬业。你看,我们学院给每位学生都配套了一块小黑板,每天都要求他们练习粉笔字并进行抽查、评比。我们成立了"早起社",每天清晨要求学生起来练声和普通话。我们还定期举行软硬笔书法及绘画大赛。应该说,通过我们的不懈努力,我们在师范生专业知识与技能培养方面的工作是卓有成效的。最近几年参加省师范生技能大赛,我们在兄弟院校中一直处于领先地位。另外,从用人单位的反馈来看,他们对我们培养毕业生的专业知识和技能也是非常认可的。[①]

我们承训单位的培训目标是很明确的,虽然从理论上来讲,可以罗列出一大堆的目标。但是,我们承训单位一直喜欢抓实的,不玩虚的。因为这些学员能有机会出来学习也不容易。我们就要设法让他们有所收获,让他们去掌握一些他们以前所不知道的知识或没有掌握的技能。因此,我们这次培训目标定位最主要在两个方面:一是丰富学员的专业知识。请一些学科教学的专家。给学员讲一些专业知识,拓宽他们的眼界和视野。另一方面,提升学员的专业技能。譬如,一节课如何导入、如何复习旧知、如何讲授新知、如何巩固练习。如何科学地将教学媒体融入教学中去? 如何来培养小学生的数学解题技巧? 如何进行四则混合运算教学? 这些问题,很可能有些学员根本就不知道如何更科学地去教。那么,我们这次不但请了一些高校的专家,而且也请了一线的小学教学名师,从理论与实践相结合的层面来教给学员一些实实在在的教学技能。这样,我觉得学员收获会很大的。否则,你如果说去关注那些虚无缥缈的东西,学员一般是不感兴趣的。说实在话,那样也是纯属在浪费时间。总之,我们这样的培训安排学员还是很满意的。许多学员都向我反映,这是他们迄今为止参加过的最好的培训,他们认为收获很大。[②]

以上是对于小学教师培养、培训单位相关领导的访谈,从访谈中,不难发现,他们的观点与职前及在职小学教师的观点基本一致,均认为对于小学教师来说,应该将专

---

① 访谈记录编号:B003,访谈 N 大学教师教育学院分管教学副院长,女,47 岁,2020 年 5 月 13 日。
② 访谈记录编号:D001,访谈承办国家小数班的 J 大学教师教育学院 G 院长,男,54 岁,2020 年 10 月 23 日。

业知识与技能的掌握作为核心素养培育的主要目标。但是,我们知道,小学教师理应是一个完整的生命体。专业知识与技能仅是构成他们核心素养的要素之一,除此之外,职业道德、自主学习能力、实践创新能力、交往合作能力、科研能力、身体素质等同样非常重要。尤其是一个小学教师要真正实现从"普通"向"卓越"的华丽转身,更需要各方面的全面发展,而不是只拘囿于专业知识和技能的发展。换句话说,我们卓越小学教师核心素养培育目标应定位于小学教师生命的整全发展,使他们真正成为"全面发展的人"。只有小学教师获得了"全面发展",才能真正促进小学生积极、健康、主动、全面地发展。

(二)培育评价的简单化

传统的离身认知最明显的两大缺陷在于:一是"离身性"。也就是认为认知与学习可以脱离身体而单独存在,其后果是直接导致教育教学中的身心二元论和重智轻身。二是坚持"计算——表征"。认为人类的认知与学习就类似于计算机的信息输入、编码、存储和提取过程。综而论之,离身认知表现出明显的简单性思维的特征。所谓"简单性思维"是指一种根深蒂固、僵化教条的思维模式,其主要表现为机械性思维、二元对立思维以及还原论思维。① 具体地说,在卓越小学教师核心素养培育评价方面,这种简单性主要表现为以下几个方面:

1. 培育评价的内容:以知识与技能为主臬

如前文所述,传统的离身认知坚持身心二元论和扬心抑身。因此,在其影响之下,在卓越小学教师核心素养培育过程中,职前小学教师和在职小学教师往往认为只要掌握了必备的专业知识和技能就是优秀的小学教师,也就自然能运用所掌握的知识与技能,顺利地搞好教书育人工作。同样,负责培养、培训小学教师的相关行为主体也往往认为,评价培育效果的主要依据主要应看能否传授给小学教师足够的专业知识与技能。如果可以在规定的时间内使小学教师掌握必备的专业知识和技能,这种培育活动就是成功的,否则就是失败的。下面是笔者在调研期间的访谈摘录。

我认为对于我们师范生来说,学校对于我们评价的主要依据还是看我们掌握的专业知识和技能的多少。比如说,我们学校每年都会评定奖学金。奖学金分为一等、二等和三等三个等级。一等每人每年可得奖学金2 000元,二等每人每年1

---

① 张良,刘茜.新课程改革中简单性思维的困顿及其超越[J].教育发展研究,2010(24):84.

000 元,三等每人每年 500 元。奖学金评选的依据是学生综合素质测评,以测评总分高低确定奖学金获得者。而学生综合测评由德育分(占 20%)、智育分(占 60%)、体育分(占 10%)和拓展性素质分(占 10%)构成。表面上看,综合测评评价的非常全面,牵涉到我们学生发展的方方面面,但是,你知道,大家在德育、体育和拓展性素质分方面差距很少。除非你有违反校规校纪或者除非你是高水平运动员等特殊情况,否则,大家的差距主要还是在于考试成绩。也就是说,绝大多数能拿到奖学金的同学都是那些考试成绩好的同学。而考试又主要考察的是我们掌握专业知识和技能的多寡,至于思想品德、体育、拓展性素质一方面很难量化考察,另一方面,它也需要很长时间才能显现出来。奖学金虽然得到的钱不多,但是,那关键是一种巨大的荣誉,表明学校对我们的认可。并且,现在考编、考公和考研,获得过奖学金的同学与没获得过的,竞争起来是完全不一样的。因此,现在我们每个人都很重视奖学金的评选,都希望自己每年都能获得奖学金。因此,我们现在大家学习都是很努力的,处于一种你追我赶的状态,我们就是要将自己的专业知识和专业技能掌握好。至于其他方面,以后再说吧。[①]

我认为对于一个教师培训项目来说,培训评价这个环节是最难的。这主要是评价的指标体系很难确定,它的影响因素也很多。但是,我觉得最重要的评价依据还应该是教师专业知识与技能的传授与掌握。譬如说,我们教师来参加培训之前不知道如何使用 Powerpoint,Authorware,Flash 制作课件,经专家讲解和演示后,我们学会了。再譬如,我们以前是不知道如何来培养学生的心算能力的,经过专家一讲,我们学会了,我们回去也可以根据我们学习的实际情况,来开展相应的教学。又譬如,以前我们对于"双差生"无计可施,但是,经过专家指导后,我们知道如何来转化"差生"了。总之,如果培训能使我们由"不知"到"知",由"知之甚少"到"知之甚多",由"不会"到"会",那么,我认为这种培训就是很成功的。我们就会非常认可这种培训。同样,我想评价我们每个学员到底接受培训的效果如何,也要这么来看。就是看你在培训期间专业知识与技能方面有无进步。别的方面,比如说师德修养、创新能力、交往合作能力,等等。对教师发展虽然说理论上也很重要,但是,那些东西说实话,是不太好评价的。[②]

---

① 访谈记录编号:A010,访谈 N 大学教师教育学院卓越小学教师班 G 学生,男,21 岁,2020 年 5 月 12 日。
② 访谈记录编号:C003,访谈国家小数班 D 学员,女,47 岁,2020 年 10 月 24 日。

从以上两位职前小学教师和在职小学教师的访谈中，可以发现，他们的观点是基本一致的，他们均将专业知识与技能的掌握作为评价教师培养或培训的重要标准，而对于其他方面则缺少应有的关注。应该说，他们的观点在小学教师中是很有代表性的。

至于小学教师培养、培训单位对于卓越小学教师核心素养培育的评价看法与小学教师的看法也是高度一致的。以下是笔者调研期间的访谈摘录：

> 对于我们来讲，我觉得我们的培训是否能传授给小学教师真正的专业知识和技能，小学教师是否通过学习有所收获了。这是评价我们培训优劣的主要标准。我们每期培训快结束时，都会评选优秀学员。那么，我们评选的依据是什么呢？就是 Presentation 中的表现。所谓 Presentation 就是通过让每位学员试讲一个教学片断，由我们组织的专家、评委对他们进行评价，看这些学员能否利用我们培训中所教给他们的那些知识和技能来进行教学。这我们是实实在在的，很客观的。所有学员们都参与，他们对评出来的优秀学员还是很服气的。同样，我们评价专家也是很关注他们在传授专业知识与技能方面的质量。我们不搞那些花拳绣腿、中看不中用的东西。[①]

总而言之，通过调研，笔者发现，在离身认知的影响之下，卓越小学教师核心素养培育的利益相关者普遍将专业知识与技能的传授与获得作为评价培育效果的主要标准，而那些对小学教师核心素养培育同样非常重要的方面，如情感、态度、价值观、身体素质等则受到了冷落和抛弃。

2. 培育评价的类型：重结果性评价，轻过程性评价

众所周知，评价的类型可以分为过程性评价和结果性评价。这两种评价各有自己的优势与不足。对于卓越小学教师核心素养培育的评价理应将上述两种评价类型结合起来，方能取得理想的效果。然而，受到离身认知的影响，当前，卓越小学教师核心素养培育中，却存在着重视结果性评价，轻视过程性评价的不良倾向。以下是笔者调研期间的访谈节录：

[①] 访谈记录编号：D002，访谈承办国家小数班的 J 大学教师教育学院 W 副院长，男，48 岁，2020 年 10 月 23 日。

总之,从我进入 N 大学以来这几年看,应该说学校很少有过程性评价。除非有偶尔的考勤点名,别的,没见到。现在学校还是每学期期末有一次考试,你成绩考好了,如果不违反校规校纪,一般就能得到奖学金。大概是因为过程性评价说起来容易,但是真正做起来很难吧。另外,学校老师和领导估计也没那么多时间去搞过程性评价吧。这样一学期结束以来,考一次试,看看你的成绩怎么样,以此为依据来评价一下我们的学习情况,我觉得也很正常的。同样,对于我们任课老师的评价,好像也只是每学期让我们在网络上进行一次评教。别的也没有见到。①

　　你要说起评价呀,我真还有一些话要说。我觉得我们参加培训的这种评价未必完全科学。为什么这么说呢? 你看,承训单位只是在最后培训快结束时,来通过我们试讲的好坏,给我们打个分,作一下评价。最后评选出优秀学员,然后颁发证书。我们许多人对这种做法很有意见,倒不是说,我们没得到优秀学员而产生"酸葡萄的感觉",而是这种做法,只看你的结果,它根本不看你以前基础怎么样,来学习之后,相比之前有无进步。同时,他也不看你培训期间到底是否投入,是否非常认真刻苦。所以,这种只关注结果不关注过程的评价显然是有问题的。当然,我们培训完马上就各奔东西了,你承训单位下面的项目再怎么评价与我关系也不大了。但是,出于对承训单位负责,我还是想提醒一下,建议你能与承训单位说一下,以后能改变一下这样的评价方式,不要只看结果,不看过程。这样,会令许多学员寒心的。②

　　由上面的职前小学教师 A 和国家小数班 F 学员的访谈内容可以发现,他们均反映在小学教师培养或培训中,主要采用的是结果性评价,对于过程性评价则很少使用。那么,小学教师培养或培训单位对于评价又有什么认识呢? 以下是访谈摘录:

　　说实在话,据我所知,现在学校对于教师的教和学生的学的评价主要还是在每学期结束时进行。对于教师,学校主要是看学生评教结果,如果学生评教满意度高,就会认为这个老师业务能力强,在大会上进行表扬,反之,对于那些评教结果差的,学院领导会找我们谈话,有时甚至会安排视导组老师来听这位老师的课。

---

① 访谈记录编号:A007,访谈 N 大学教师教育学院卓越小学教师班 A 学生,男,20 岁,2020 年 5 月 11 日。
② 访谈记录编号:C004,访谈国家小数班 F 学员,男,40 岁,2020 年 10 月 24 日。

对于学生,则就是在期末进行一次考试,以此为据来评价学生学习的好坏。当然,学校这种做法从理论上和国家政策层面来讲,肯定都是有问题的。因为现在本科教学评估特别要求加强过程性考核。但是,我感觉对于高校来说,对于学生学习状态进行过程性考核,理念当然很好,但是,我感觉操作起来很难。这样也会无形中增加教师的负担,所以,许多教师还是不愿意进行过程性评价的。①

我们的培训基本上是在每期快结束时,进行一次对培训专家和学员的考核。当然,我们也知道,这样做肯定是不全面的。从应然的层面来说,肯定是既要有过程性评价又要有结果性评价,二者相结合,这样是最好的。但是,你有可能不知道。我们学校因为地域位置好,加上学校在全国也有一定的名气,所以,每年承接的培训项目太多,是一期刚结束,下一次又来了。而我们负责培训的人手又非常有限,如果再去做过程性评价,那样,我们真是忙不过来。另外,话说回来,即使有时间,又能怎么去做过程性评价呢?除非点点名,别的还能干什么呢?而根据我的经验,我们学员自觉性一般还是比较高的,很少迟到、缺席的。因为一方面,他们能来参加培训,都是在原单位比较优秀的老师,是经过原单位遴选来的,思想觉悟、学习品质本来就很好。另一方面,我们项目所聘请的专家也都是在小学教育界非常有名的人,所以,学员们也感觉学习机会难得。②

总而言之,通过调研,笔者发现,在卓越小学教师核心素养培育过程中,无论是对于专家的"教"还是小学教师的"学",现在普遍采用的还是结果性评价,至于过程性评价,在核心素养培育过程中根本未得到应有的重视和使用,这其实将极大地影响卓越小学教师培养的效果。因为毕竟结果性评价太过片面,它只关注的是小学教师最终的学习结果,对于小学教师平时的学习状态及各方面的进展情况都未有所关注。因此,科学的评价必须将过程性评价和结果性评价有机结合起来。

3. 培育评价的方式:重量化评价,轻质性评价

从评价的方式而言,一般有量化评价和质性评价这两种方式。所谓"量化评价",即是试图将复杂的教育现象简化为数量,继而从数量的分析与比较中推断某一评价对

---

① 访谈记录编号:B005,访谈 N 大学教师教育学院 W 老师,男,45 岁,2020 年 5 月 16 日。
② 访谈记录编号:D001,访谈承办国家小数班的 J 大学教师教育学院 G 院长,男,54 岁,2020 年 10 月 23 日。

象的成效。① 如运用教育测量和统计方法、模糊数学方法等,对评价对象进行用数字描述。② 量化评价的认识论基础是科学实证主义,它认为,只有定量的研究、量化的数据才是科学的,才能得出客观可信的结论。而所谓质性评价方式则是指通过自然的调查,全面充分地揭示和描述评价对象的各种特质,以彰显其中的意义,促进理解。③ 具体而言,它可用调查法、观察法、哲学分析法、系统分析法和逻辑分析法等搜集、处理教育评价信息,做出判断,进行定性描述。④ 质性评价方式在认识论上反对科学实证主义的基本观点,反对将复杂的教育现象简化为数字,认为这种做法只能提供歪曲的教育信息,且有可能丢失重要信息。它主张评价应全面反映教育现象的真实情况。⑤ 事实上,这两种评价方式各有其优势与不足,同时有其不同的适用境域。为了达成理想的评价效果,一般来讲,最好这两种评价方式结合使用。但是,令人遗憾的是,当前,在离身认知的宰制下,卓越小学教师核心素养培育存在着重量化评价,轻质性评价的不良情状。以下是笔者在调研期间的访谈节录:

> 我认为,现在我们的课任教师对于我们的评价主要是采用量化的方式。譬如,我们每学期考完试后,任课教师批改完试卷,就给你一个分数。每门课的分数累加在一起得到总分,然后在整个班级排名次,这样就可以得出结论,你学得是好还是差。对于教师的教的评价,其实也是依靠量化的评价方式。譬如,每学期结束,让我们在评教系统进行评教时,满分是 100 分,让我们根据平时上课对教师的印象,来给任课教师打分。然后,学校教务部门会有人专门负责统计,最后作为这门课程教师业务水平高低的依据。我觉得采用单一的量化评价来评价教师的教和学生的学有些太片面了。有些真实的情况根本反映不出来。你比如说,有些学生虽然考试能考出好分数,但是,他有可能是死记硬背的结果,或者说,有时,即使他专业知识真的掌握的可以,但是,他其他方面的教师素养却不行。⑥

> 从我来参加培训的情况看,我觉得培训单位对于我们的评价还主要是以量化为主的。因为在培训刚开始就对我们应完成的学习心得、学习简报、教案设计、培

---

① 张华. 课程与教学论[M]. 上海:上海教育出版社,2000:377.
② 吴钢. 现代教育评价教程[M]. 北京:北京大学出版社,2008:13.
③ 张华. 课程与教学论[M]. 上海:上海教育出版社,2000:377.
④ 吴钢. 现代教育评价教程[M]. 北京:北京大学出版社,2008:14.
⑤ 张华. 课程与教学论[M]. 上海:上海教育出版社,2000:377.
⑥ 访谈记录编号:A008,访谈 N 大学教师教育学院卓越小学教师班 C 学生,女,22 岁,2020 年 5 月 10 日。

训总结的数量进行了明确的规定,最后,又通过试讲给我们打分,依据分数高低来评选出优秀学员。表面上看,好像有些质性评价在里面,但是,其实是只看数量不看质量,我相信,凭承训单位仅有的那几个人,对于我们交给他们的学习心得、学习简报、教案设计、培训总结等研修任务,他们是没时间认真去看的,他们至多也就看看你数量够不够,有没有按时完成。我认为,对于培训专家的评价同样不怎么科学,就是在我们培训临结束之前,发一份问卷调查表,让我们给专家打一下分,说实在的,我们没有人会认真对待这种事情的。这样做也无法真正了解专家的实际教学水平。我觉得承训单位可以增加一些质性评价的方法在里面。譬如,可以组织学员召开座谈会,让学员谈谈授课专家有哪些优点,同时还有哪些不足。再譬如,可以提供承训单位工作人员的邮箱,学员对专家有什么建议和看法,可以邮件的形式进行反馈等。我想如果能综合应用一些评价手段,那对于培训的评价会更客观、真实。[①]

由上面的职前小学教师和在职小学教师的访谈实录中,可以清晰地看出,当前卓越小学教师核心素养培育中存在的这种重量化评价,轻质性评价的不良倾向。客观地说,尽管在卓越小学教师核心素养培育中,同时使用这两种评价方式有可能会花费卓越小学教师培养、培训单位更多的时间、精力,但是,从有利于提升卓越小学教师核心素养培育效果的角度出发,这种努力与付出还是很值得的。

四、知识论:学科中心

知识论(epistemology)滥觞于希腊语 episteme(知识)和 logos(词/演讲),它是探讨知识的本质、起源和范围的一个哲学分支。而在卓越小学教师核心素养培育中的知识论涉及的是用什么内容来培育小学教师核心素养的问题。而卓越小学教师核心素养培育的内容选择问题又与“知识的价值”紧密联系。受到离身认知的“身心二元论、重智轻身及扬心抑身”观点的影响,当前卓越小学教师核心素养培育中一直认为学科知识最有价值,从而也导致了其课程设置呈现出典型的“学科中心”。但是,“依据知识的专门性来不断分化学科的设置方式,不仅割裂了知识的整体联系以及知识主体的理解力,而且也使学习变为被动接受的过程。这种课程也就异化为远离学习者经验和不能

---

① 访谈记录编号:C005,访谈国家小数班 N 学员,女,50 岁,2020 年 10 月 25 日。

对其行为发生实质上影响的东西"。① 具体地说,在卓越小学教师核心素养培育中,"学科中心"课程突出地存在以下一些问题:

(一)偏重于学科知识和技能的传授

早在 2014 年 8 月,教育部就颁布了《教育部关于实施卓越教师培养计划的意见(教师[2014]5 号)》。该文件中明确指出:"针对小学教育的实际需求,重点探索小学全科教师培养模式,培养一批热爱小学教育事业、知识广博、能力全面,能够胜任小学多学科教育教学需要的卓越小学教师。"这就客观上要求卓越小学教师培养、培训时,应改变以往将课程内容分小学教育(语文)、小学教育(数学)、小学教育(英语)常见的三个方向进行设置的习惯做法。我们要打破学科边界,加强不同学科之间的联系,强调不同学科及课程之间的交叉、融合。然而,通过笔者调研发现,尽管国家提出卓越小学教师应采取"全科型教师"的培养模式已有多年了,但是,当前,在卓越小学教师培养过程中,还是采用以往传统的课程内容体系,即还是以学科为分类框架,在学科范围内来设置课程,并且特别强调课程中的知识与技能的传授。以 N 大学教师教学学院小学教育专业人才培养方案为例,"课程体系结构"部分将课程分为通识通修平台、学科专业基础平台、教师教育模块、集中实践环节、素质拓展训练等内容。其中学科专业基础平台所占学时比例为 60%,而通识通修平台占 25%,其他各种课程占 15%。从上述课程在总学时中的占比就不难看出,学科专业类课程占据绝对优势。那么,卓越小学教师培养单位的相关领导对这种"学科中心"的课程设置有什么看法呢? 下面是笔者在调研期间的访谈节录:

> 我们学校从事小学教育本科人才培养已经有 20 多年了,经过这么多年的实践,我们在培养小学教师这方面已经积累了较为丰富的经验,现在我们市一半以上的小学教师都是由我们学校培养的。我们所培养的毕业生用人单位还是很认可的。应该说,我们小学教育专业在社会上也还是有很大的知名度的。我们学校是省内小学教育专业首批获得国家一流本科专业建设点的高校。在 2014 年 8 月,我国教育部颁布了《教育部关于实施卓越教师培养计划的意见》后,我们学校对于卓越小学教师培养工作非常重视,我们也一直在为培养卓越小学教师而努力,但是,说句实在话,由于卓越小学教师培养工作毕竟是最近几年才提出的事

---

① 孙泽文,叶敏.学科中心课程的内涵、理论假设及组织方式[J].教学与管理,2012(9):88.

情,各个高校在培养方面都处于摸索阶段。我们现在还是与以前培养小学教师的做法差不多。我们现在小学教育专业分为小学教育语文、小学教育数学、小学教育英语三个方向。每一个方向在课程设置上还是有很大不同的,最大的区别就是相应地,非常重视相应学科专业知识与技能的培养。比如说,小学教育英语这个专业,我们就开设了大量的英语学科方面的课程,像英语精读、英语泛读、英语语法、英语听力、英语口语、英语写作、综合英语、语言学概论、英美文学、英语国家概况等课程。这样我们培养出来的教师将来英语能力教学就非常强。现在国家虽然说要求培养"全科型教师",但是,我们还是不太认同这种做法的,因为现在学科和知识分化越来越细,你说在有限的四年时间,培养出"全科型教师",那是不现实的,其结果只能是培养出的教师各方面都是"三脚猫",不深不透。[1]

以上是职前卓越小学教师培养中课程设置的现状。经笔者调研发现,国家小数班的课程设置与职前阶段大同小异,也基本上以学科为中心来设置课程,安排专家来进行教学。通识通修类课程及其他类型课程所占比例都非常少。这样培养出来的小学教师虽然具有了一定知识与技能的深度,但是,其所具有的知识与技能却缺少了应有的广度,导致他们到小学后,往往很难胜任小学"全科"的教育教学。这其实与真正的"卓越小学教师"要求就相去甚远了。

(二)重视教学预设,忽视教学生成

传统的离身认知虔信"计算机隐喻"。受其影响,在卓越小学教师核心素养培育过程中,相关行为主体常常把课程与教学活动看作类似于计算机的信息输入、编码、存储、提取的过程。他们往往认为只要按照预定的程序去安排与实施课程与教学,就一定会取得预期的效果。因此,在卓越小学教师核心素养培育中,他们往往会陷入"重预设,轻生成"的怪圈。以下是笔者在调研期间所写的一则观察日志:

　　这是 L 老师所授的一门课,课程名称为《课程与教学论》。他今天教授的是其中的一节,名为"课程编制的模式",具体内容包括目标模式、过程模式、实践模式和批判模式四种模式。可以说,这是该门课程中非常重要的内容。但是,在听课时,笔者发现 L 老师讲课语速飞快,PPT 也在快速跳转。常常是一些内容在屏幕上一闪而过,让听课的学生根本来不及反应。他边讲 PPT 上的内容,边强调说:"这节内容是我们这门课程中的重中之重,每年期末考试都会考大题目,一般 100 分试卷都要占 20 分,但是,由于我们这门课程的教学内容太多,课时又有限,所以,我们只好快速、简单地将其讲解一下,课后,大家一定要花时间、精力去认真地把所讲内容好好再复习、回顾一下。"我在听课时特意数了一下,整个 PPT 一共多达 65 页。课后,我与 L 老师交流时,我问:"既然这节内容如此重要,为何不稍稍放慢语速并且多花几课时,作为重点讲解呢?"L 老师回答说:"这我也没办法,因为这是开学初教学进度表就规定好的,如果讲慢,多花课时,到时就与之前制定的教学进度表不一样了,其他内容就没时间教了。"通过与 L 老师的交流,我深深地感觉到,一些老师在上课时,根本就不知道教学既需要预设更需要根据教学场域的实际情况,作灵活的调整、变化。如果我们的教学只知道预设,不知道我们同样也需要根据教学情境的变化作相应的生成,那么,这样的课程与教学注定是僵死的、缺少生命力的。[1]

上面这则观察日志反映的情况,其实非常普遍。在笔者调研期间,发现许多教师在上课时,都是基本严格按照教学进度表上规定的内容计划来进行教学的。上课时,更看重的是在规定的时间内完成规定的教学任务,很少能根据教学目标、教学内容、学生水平等实际情况,作灵活的调整,更不要说,用心去关注、回收和利用在课堂教学中生成的一些有价值的资源了。

上述情况不仅在职前卓越小学教师培养中存在,在国家小数班中同样存在。下面是对国家小数班学员的访谈节录:

通过这阶段参加培训,我感觉在课堂教学中,绝大部分专家还是重视预设,忽视生成的。应该说,绝大部分专家在上课前都做了精心的准备,这从他们 PPT 课件的准备,上课的讲授中都能看出来。但是,我感觉他们上课还是计划性有余,生成性、灵活性不足。绝大部分专家我觉得就好像是在演"教案剧",完全按照固定的教案进行教学,在上课时,很少能根据我们学员的反应进行灵活变通。譬如说,在谈到某一个问题时,当学员提出一个不同的、非常有见地的观点时,一些专家往

---

[1] 笔者调研期间观察日志,时间:2020 年 5 月 8 日。

往要么回避，要么简单敷衍过去，很少能就这个问题生发下去的。我觉得专家在课程教学中，之所以预设得多，生成得少，主要有两个方面的原因：一方面，生成课程资源需要专家的教育机智，只有具备真正教育智慧的教师才可能使自己的课堂生成一些有价值的资源，并能将其有效地利用。另一方面，生成课程资源也需要专家真正有科学的教育理论的指导。不客气地说，有些专家，他们自己就没有搞明白预设与生成之关系。[①]

事实上，在卓越小学教师核心素养培育中，课程教学的预设与生成是相互联系、辩证统一的关系，它们在课程教学中各有其存在的价值与意义。因此，我们要努力克服卓越小学教师核心素养培育中只注重预设，而忽视生成的不良倾向。

(三) 缺乏有效统整，同质化严重

如前文所述，传统的离身认知主张身心二元论，并认为人类的认知与学习过程类似计算机的信息输入、编码、存储、提取过程。这是一种典型的简单性思维。而简单性思维一个突出的特征就是坚持"还原论"，认为整体等于部分之和，它未意识到，整体并非是部分的简单相加。受这种简单性思维的影响，在卓越小学教师核心素养培育中，相关行为主体的课程设置常常缺少整体思维、关系思维，未能从培育小学教师核心素养之全局出发去设置、规划课程，导致课程内容交叉、重叠现象严重，无法产生耦合效应。以下是笔者在调研期间的访谈节录：

我认为，我们课程设置的交叉、重叠现象还是很常见、很严重的。比如说，我们第一学期上过《小学课程与教学论》这门课程，任课教师是 G 老师，在这门课程中，G 老师已经详细地讲过泰勒原理了。第二学期我们又上了 Z 老师的《课程论》，在这门课程中同样存在泰勒原理的内容，这时，Z 老师又会从头至尾再详细地讲解一次，第三学期 H 老师又开了一门《小学课程开发设计》，其中也有泰勒原理，她又像前两个老师一样，将相关内容再重新讲解一遍。再譬如，在《教育研究方法》这门课程中，A 老师已经讲过了问卷的编制及数据的统计与分析。在另一门课程《教育测量与评价》中，也会涉及相同的内容，这时，任课老师 B 又会再重复讲解一遍。又譬如，关于教师的职业道德，在《教育学基础》这门课程中，任课教师

---

① 访谈记录编号：C006，访谈国家小数班 H 学员，男，46 岁，2020 年 10 月 25 日。

会讲。在《小学教育专业导论》中也会讲,在《教师职业道德与教育政策法规解读》这门课程中同样会讲。许多内容,甚至连不同任课教师所举事例都是相同的。我觉得这种情况非常普遍,让我们学生既感觉到非常索然无味,又感觉是纯粹在浪费我们的时间。假如学院在课程安排时能注意一下,真正从整体考虑一下,课程设置尽量避免出现这种雷同现象,并且老师们之间能经常沟通一下,大概知道彼此上课的内容,这样,应该就不会出现这种现象了。[①]

以上是一位职前小学教师对于学校课程设置中内容存在交叉、重叠现象的不满。他的观点反映了当前卓越小学教师核心素养培育中课程设置的真实相貌,在职前小学教师中具有极强的代表性。通过调研,笔者发现,在职卓越小学教师核心素养培育的课程设置同样缺乏完整的逻辑体系,看不到其内在的联系性,许多课程完全是一种简单的拼盘,而这种"拼盘式"课程中的"水果"又往往是相同的,导致参加培训的小学教师"食之无味"。这样的课程内容安排弊端是很明显的:一则,极易导致知识碎片化,使小学教师难以掌握系统化的知识,无法形成完整的知识网络。再则,也易导致小学教师产生厌倦情绪,缺乏学习的心理倾向。因而,我们亟须在复杂性思维的视野下重新审视卓越小学教师核心素养培育中的课程设置,利用整体思维、关系思维去指导课程内容的遴选,避免课程内容的重复和雷同,切实提升卓越小学教师核心素养的科学性和实效性。

五、方法论:以机械反映论为基础

从哲学上而言,方法论是任一专门学科中所使用的方法的体系。它是认识世界和改造世界的方法的学说或理论。方法论是以方法为研究对象,探讨方法的形成、变化和发展的规律,研究方法的特点、性质和功能,研究运用方法的原则和方式等具体内容。[②] 而本研究中的方法论主要是指在卓越小学教师核心素养培育中,所使用的方法的体系。它主要关涉"怎样培育"的问题。在方法论上,离身认知以机械反映论为基础,机械反映论认为:"一切知识来源于经验,而经验是对外在于主体的客观世界的'映照'或'表征'(representation)。换言之,知识是外源性的,一切知识,包括有关学生学习和教师的教学方面的知识,都应表征一种独立于主体的客观现实。在知识和实在之

---

① 访谈记录编号:A010,访谈 N 大学教师教育学院卓越小学教师班 G 学生,男,21 岁,2020 年 5 月 12 日。
② 陆明玉.教学论发展的方法论研究[D].重庆:西南大学,2012:28-29.

间应该具有一种一致性(correspondence)关系。任何真实的知识,即真理,都是对那个客观现实的正确的、客观的反映或表征。"①抱持机械反映论,"在教育过程中,学生会被看作是一块白板,教育教学过程就是在这块白板上刻下教师所希望的印记。在教学过程中,注重学生的经验观察和对教师讲课的理解与接受。"②如此一来,教师成为知识的占有者,而学生则成为知识的接受者,师生之间存在明显的界限:在教育教学过程中,教师是主导者,是教学信息的机械传播者,学生则为教学信息的机械接受者,处于"待加工"的位置。这样,学习与教学过程的积极性、主动性就不复存在了。此外,机械反映论还忽视知识的社会文化属性,盲目追求超越社会文化情境的普适性的知识。受到离身认知的影响,以机械反映论为基础的方法论也会对卓越小学教师核心素养培育产生很大的危害。这种不良影响主要体现在培育方式的使用和培育场域的选择上。

(一) 培育的方式: 简单授受

传统的离身认知认为,身心是二元的,人类的认知与学习是不需要身体的参与的,知识可以像倒水一样由一个容器倒到另一个容器中。相应地,在卓越小学教师核心素养培育过程中,知识也可由高校教师或其他专家单向度地传授给小学教师,小学教师在课堂上直接去静听、接受就行了,根本不需要他们去积极地参与和实践。受到这种错误观念的影响,当前无论是职前小学教师培养还是职后小学教师培训,均存在这种机械灌输的方式。下面是笔者调研中的观察日志。

> 这阶段通过随堂听课发现很多老师上课时,很少与学生进行互动和交流,教学方式与 10 年、20 年前无异,完全采取"满堂灌"的方式,只是现在随着现代媒体技术的兴起,"人灌"变成了"机灌"。并且这种灌输变得更便捷、更严重了。尤其给我留下深刻印象的是 L 老师,他在讲《基础教育热点透视》这门课程中的"新课程改革的理念与策略"这一章时,特别对学生强调:"当前,课程改革一个重要的理念就是教与学的方式的变革,即当前我们应改变'教师讲,学生听'的'接受式'教学方法,而代之以'发现式'教学方法。教师在教育教学中应创造各种条件和机会,让学生通过大胆质疑、主动探究、积极合作来自主理解和建构知识,也就是学生应是课堂的主人,教师只应充当学生学习活动的组织者、引导者、帮助者和促进者。"非常可笑的是,他是典型的"说一套,做一套"。因为整节课,都是他一个人在

---

① 叶浩生.教育心理学: 后现代主义的挑战[J].教育研究,2008(6): 53.
② 叶浩生.教育心理学: 后现代主义的挑战[J].教育研究,2008(6): 54.

唱"独角戏",并且他一节课就没有离开讲台,始终像播音员一样,滔滔不绝地讲个不停,而学生或伏于课桌上小憩、或在玩手机、或在做"白日梦",唯独没有与其交流与对话。试想一下,作为一个教育理论课教师尚且如此,可见这种机械灌输的教学方法是多么根深蒂固呀![1]

以上观察日志反映的是当前卓越小学教师核心素养培育过程中,绝大部分相关行为主体在授课时的真实样态。那么,职前小学教师对于教师这种"接受式"教学方法有何看法呢? 以下是笔者在调研期间的访谈节录。

说实在话,我还是挺不喜欢老师上课老是"一言堂"的,因为毕竟我们已经是大学生了,作为大学生,一方面,我们已经有了一定的思想和文化基础;另一方面,我们也有了一定的自主学习能力了。因此,课堂教学应改变那种"老师讲,学生听"的单一模式,多一些师生之间的互动和交流。譬如说,就学习的内容可以组织一些小组合作学习、探究性学习,师生之间、同学之间可以就一些问题进行辩论等。通过师生、生生之间的互动和交流,我认为有许多好处:可以进行观点的交锋,碰撞出智慧的火花,生成有价值的课程资源;可以培养我们自主学习的意识和能力,因为我们毕竟迟早有一天要离开校园的,不能指望老师一直教我们;同时,通过师生之间的互动,我觉得也可以使课堂教学变得生动、有趣,调动我们学习的主动性、积极性,不会使我们感觉课堂好像是外在于我们的,与我们无关的。你想想看,我们都是大学生了,谁不认识字呀,如果老师上课只是在那边一个人讲,那我们自己看书就行了,或者你事先把课录制好,直接放在网络上让我们看就行了。干嘛还要到教室来上课呀?![2]

既然在职前卓越小学教师核心素养培育中,这种"简单授受、机械灌输"的教学方式非常盛行,那么,在职卓越小学教师核心素养培育中,教学方式又怎么样呀? 通过笔者调研发现,在职卓越小学教师核心素养培育的教学方式与职前阶段大体相当。所不同的,只不过是多了些所谓的"沙龙""讲座",但是这些"沙龙"或"讲座"一般也只是专家在"表演"或少数小学教师在"展示",很少有真正意义上的"交流"与"互动"。按道理

---

① 笔者调研期间观察日志,时间: 2020 年 4 月 30 日。
② 访谈记录编号: A009,访谈 N 大学教师教育学院卓越小学教师班 D 学生,女,19 岁,2020 年 5 月 11 日。

来讲,专家、学者在培训卓越小学教师时,应真正培养小学教师"独立之精神,自由之思想",而不是将小学教师培养成缺少独立思考和自主探究能力的"静听者"和"旁观者"。

(二) 培育的场域:脱离情境

传统的离身认知错误地认为,人类的认知与学习就像计算机的信息输入、编码、存储、提取一样,是一种机械的、无意义关联的过程,与具体的场域无关,也就是说,离身认知认为,学习者的身体不需要进入具体的、特定的学习场域就可以开展学习活动。在此观点的误导下,卓越小学教师核心素养的培育通常是脱离情境的。这种情况在职前小学教师培养和在职小学教师培训中均有明显的表征。

具体地说,在职前小学教师培养中,核心素养培育的"去情境化"主要表现为培育活动主要发生于高校的教室中,师范生主要是在听教师给他们讲解一些理论知识。他们整天呆在"象牙塔"内,对于小学真实的教育教学实际并不了解。即使轮到学校安排见习、实习,这些活动也往往流于形式。就见习来说,因为时间太短,每次只有一周时间,根本无法真正充分地接触、了解小学的教育教学情况。而实习现在一般有一学期左右,时间较长,但是,现在许多师范生存在认识的误区。有些学生以为只要将在高校中教师教的内容学会就行了,至于实习无所谓,实践经验等以后真正工作以后,慢慢积累就行了。并且现在许多师范生一到了大四就面临考研、考编的问题,为了多抽出些时间来准备考研、考编,对于实习工作他们往往敷衍塞责,应付了事;有些师范生轮到实习时,只是一开始到实习学校报个到,然而,就假装生病请假,或者直接连一次都不去实习学校,只是请熟人帮开个虚假的实习证明,然后交给自己就读的高校交差;有的师范生虽然认真对待实习,但是,实习学校指导教师对他们却并不进行具体的指导,并且对他们也不太信任,整个实习期间,往往只是安排师范生帮助批改作业、辅导学生自习等工作,根本不让师范生真正备课、上课。可以说,对于绝大部分师范生来讲,实习活动是徒有其名,不具其实的。

那么,在职小学教师核心素养培育的情况又如何呢? 经过笔者调研发现,在职小学教师核心素养培育同样是脱离具体情境的。一般而言,对于在职小学教师核心素养的培育通常是在高校的报告厅或者宾馆的会议室中进行。最常规的做法,就是邀请专家在上述地点作报告、开讲座,学员在座位上静听。当然,对于在职小学教师核心素养培育,承训单位也会安排一些参访一线小学的活动。但是,学员被带到参访学校后,要么是像旅游观光一样,走马观花地看一看小学的校园环境,然后就进入小学的会议室,听小学领导介绍一下本校的办学历史、学校发展定位、办学特色、未来愿景等。偶尔会进入参访小学的课堂,但是,这种课堂一般都是经过精心挑选的,作为"窗口"展示的,并不能代表参访学校的全貌。受训学员很少有机会深度介入参访小学的真实的教育教学活动,因此,他们同样是远离小学教育教学的真实情境的。

卓越小学教师核心素养培育的"去情境化"容易导致以下两方面的不良后果:一方面,易导致教育理论与教育实践的脱节。在核心素养培育中,小学教师虽然学习了一些教育教学理论,但那毕竟只是书本上的,未经实践检验的。这种未经实践检验的理论知识是固化的、外缘性的、缺乏生命力的知识。只有在真实的教育教学情境中,经过实践不断检验、修正的理论知识,最后才能活化、内化为小学教师自己的知识,从而使其焕发出巨大的生命力。另一方面,限制了小学教师学习的空间。在卓越小学教师核心素养培育中,如果小学教师只是被围困于教室、会议室和报告厅,其身体将受到严重的宰制,无法调动自己的各种身体官能去进行充分的学习。

情境学习理论认为,人类的认知与学习是高度情境依赖的。卓越小学教师核心素养培育必须改变这种"去情境化"倾向,使小学教师走进教育教学现场,深入小学的校园和课堂,投身火热、鲜活的教育教学生活,在真实的教育教学情境中形成发现问题、分析问题和解决问题的能力。事实业已证明,教育教学现场既是小学教师形成知识的生态情境,又是其运用知识的绝佳场所。尤其是对于小学教师缄默知识的掌握而言,更是如此。因为缄默知识是难以言传的,只有使小学教师置身于真实的教育教学情境中,通过耳濡目染、潜移默化才能真正习得和掌握。

第三章　卓越小学教师核心素养形成的具身性因素

如前文所述,基于身心二元论,传统认知科学重视信息加工,强调符号与表征,忽视身体和经验,这种"离身"倾向已成为制约认知科学发展的理论瓶颈和现实枷锁,并且在实践中,也对卓越小学教师核心素养的培育带来不容忽视的危害。有鉴于此,我们就很有必要寻求一种新的认知科学来指导卓越小学教师核心素养的培育。而 20 世纪 80 年勃兴于西方,在新世纪又逐渐引起我国学界重视的具身认知理论对于推动我国卓越小学教师核心素养的培育具有极其重要的价值和意义。具身认知理论强调了身体的物理结构和感觉运动系统的经验对心智的塑造作用。它是对传统的离身认知的反叛和扬弃。它认为认知仰仗于身体,扎根于环境。认知、身体和环境构成了有机的整体。因此,本章拟对卓越小学教师核心素养培育中的认知、身体和环境展开讨论,以期更好地促进卓越小学教师核心素养的培育。

一、卓越小学教师核心素养形成中的认知

卓越小学教师在从事教育教学及提升核心素养过程中,认知活动是他们经常从事的主要活动,也是他们培养小学生的主要的目标任务之一。同时,根据具身认知理论,认知也是卓越小学教师在教书育人活动中主要的具身性因素之一。因此,本部分拟就卓越小学教师的认知展开讨论。

(一)卓越小学教师认知的缘起与构成

当前,在教师教育领域,关于卓越小学教师认知的研究已经逐渐成为一种潮流和趋势。同时,随着学者们对其认识的日益深入,人们已经逐步发现,卓越小学教师的认知由多种因素构成。

1. 卓越小学教师认知研究的缘起

在教育领域,人们对教师认知的研究是与人们对教师的看法密不可分的。在20世纪70年代中期之前,教师被看作是课程专家、学科专家所制定的教学方案(计划)的忠实的执行者,教师的任务就是原原本本地使用由他人制定的教学大纲和教学方法来开展教学活动。受到这种认识的误导,教师完全沦为知识的"搬运工",即将固化的知识简单、机械地传输给学生。其时,人们对教师的研究,更关注的是教师外显的教学行为以及由此而产生的学习结果,亦即"过程——产出"范式。诚然,这种范式具有一定的合理性,但是,其缺失也是显而易见的。它把师生、生生之间的复杂关系简单化、抽象化,将纷繁复杂的教学过程简化成可量化的教学行为。同时,教师究竟应拥有何种知识结构完全由专家决定。20世纪70年代中叶,对教师的认识逐渐产生变化,教师外显行为背后的心理活动,即其思维、判断、决策心理过程开始受到关注。其时,教师被视为一个有思想的人,他们对课堂教学能做出理性的决策与判断,对教学环境具有了一定的理性认识,对教与学原则与关系均有了一定的省思。但是,对于教师的研究,其旨趣还在于从有经验的教师身上总结出一些行之有效的思维模式,再将其教给新教师,以便新教师能很快地胜任教学工作。这种对教师与教学的片面认识逐渐受到人们的批判,主要是因为以下因素的影响:其一,认知心理学的急速发展强调思想对行为的影响,相应地,对教师和教学的认识应该对教师的思想世界和认知过程进行一定的探究,而不应只关注教师的外显行为。其二,人们越来越意识到教师在教育教学过程中所起的关键作用,这种作用远非一般人所认识的那样,因此,教师决策及其认知基础开始成为人们关注的焦点。其三,人们逐步认识到,以往醉心于关注可量化的教师行为的偏弊应该予以摒弃,并代之以开展整体性的、质化的方式来审视教师认知。[①] 20世纪70年代中叶之后,尤其是进入新世纪之后,人们更加强烈地意识到教师和教学工作的复杂性和多样性,人们逐渐认识到,仅仅通过教师的外显教学行为还很难正确认识教师和教学。为了对教师和教学有个清晰的认知和把握,我们必须从单纯地研究教师的教学行为,转向关注教师认知,了解教师教学行为背后的所知、所信、所想。而这也正是我们研究卓越小学教师认知的缘起。

2. 卓越小学教师认知的构成

卓越小学教师认知意指卓越小学教师在教育教学过程中不易被觉察到的认识过

---

① 张培.混合方法与语言教师认知研究[J].中国外语,2015(5):87.

程和结构,也就是所知、所信和所想,它涵括卓越小学教师在教育教学中建构信念、形成知识体系和做出教育教学决策的过程。[①] 卓越小学教师认知是卓越小学教师教育教学行为背后的内驱力,卓越小学教师对教育教学工作及其自身的认知直接影响着卓越小学教师的知觉、判断和决策,支配着卓越小学教师的教育教学行为和核心素养的提升,并且对实现有效教学,促进教育教学变革都具有极大的影响。[②]

根据卓越小学教师认知的定义可以看出,其主要由卓越小学教师的信念、知识和决策构成。下面围绕这三个方面分别展开论述。

(1)卓越小学教师的信念

信念通常是指在实践之中形成的,被主体认为是真实的,关于事物本质的解释、评价、结论或者预测,并成为主体行动的指导原则。相较于信仰,信念的对象较为具体,而信仰比信念更具有景仰、敬仰等情感因素。就表现形式而言,信念常常需要经由判断或命题反映出来,它既具有其感性的基础,又具有理性的形式,多在不需要实证也难以实证的超验领域。[③] 而关于教师的信念,学者们从不同的视角进行了界定。有论者从哲学视角指出,所谓教师信念意指教师自身确认并信奉的有关人、自然、社会和教育科学等方面的思想、观点和假设,是教师内在的精神状态、深刻的存在维度和开展教学活动的内心向导。[④] 它是根植于自身教学认知基础上的教学理念,是高度概括的行为指令组成的个人教学思想或理论,是教师个体生命意义的理解与体验。[⑤] 还有论者从心理学视角指出,教师信念是指教师知觉,它具有涵括教师对工作的信念,以及教师在教室之中所反映出来的与其信念相吻合的行为。[⑥] 它是教师对有关教与学的某种理论、观点和见解的判断,它影响着教育实践和学生的身心发展。[⑦] 也有论者从教育学的视角认为,所谓教师信念是指教师在教学情境与教学历程中,对教学工作、教师角色、课程、学生、学习等相关因素所持有信以为真的观点。[⑧] 由此可知,当前学界对于

---

① Borg S. Teacher Cognition and Language Education: Research and Practice [M]. London: Continuum, 2006.

② 张凤娟,刘永兵. 教师认知研究的综述与展望[J]. 外国教育研究,2011(1):39.

③ 魏长领. 信念与信仰的异同[J]. 河南师范大学学报(哲学社会科学版),2007(5):55.

④ 赵昌木. 论教师信念[J]. 当代教育科学,2004(9):11.

⑤ 李家黎,刘义兵. 教师信念的现实反思与建构发展[J]. 中国教育学刊,2010(8):60.

⑥ Kagan D. M. Implications of Research on Teacher Belie [J]. Educational Psychologist, 1992(1):53.

⑦ 俞国良,辛自强. 教师信念及其对教师培养的意义[J]. 教育研究,2000(5):16.

⑧ Pajares. P. R. Teachers' Beliefs and Educational Research Cleaning up a Massy Construct [J]. Review of Educational Research,1992(3):83.

教师信念的概念界定众说纷纭,尚未达成共识。笔者综合学界的主要观点后,认为所谓卓越小学教师信念是指建立于卓越小学教师教育教学认知基础之上的教育教学理念,是卓越小学教师在职前教育或职后培训过程中所形成的个人教育教学思想或理论,是卓越小学教师对个体生命的解读与感悟。卓越小学教师信念具有如下特征:其一,教师信念是一个系统,它处于教师个体信念系统中的某一个层次;其二,教师信念是以"中心—边缘"的方式组织,越中心的教师信念越难改变;其三,中心的教师信念发生改变会造成整个教师信念系统的改变。边缘的教师信念的逐渐变化亦能造成中心信念的改变,继而改变整个教师信念系统;其四,有些教师信念可意识到,并可用语言表述出来,而有些则相反;其五,教师信念内部的信念之间存在着想当然的、假设性的逻辑关系。① 其六,教师信念是关于存在的预设;其七,教师信念是另类的选择;其八,教师信念是含有情感和评价成分;其九,教师信念是情节式储存。②

在教师教育领域,关注卓越小学教师信念具有极其重要的意义。具体地说,主要表现在以下几个方面:其一,教师信念是卓越小学教师人生的精神脊梁。当前正处于社会转型期,这是一个物欲横流、价值多元、信仰摇摆的时代,它考验或诱惑着我们每一位卓越小学教师。卓越小学教师能否坦然、正确地面对这些诱惑而不迷失自我,主要在于他们是否具有良好、坚定的教师信念。因为教师信念是与卓越小学教师的价值观、世界观、人生观紧密相联的。卓越小学教师只有具备了科学、先进的教师信念,他们才能拥有正确的价值观、世界观和人生观。这样,卓越小学教师在职业生涯之中,才能挺直腰杆从事教育教学工作,才能正确处理个人利益和集体利益的关系,从而真正做到以"教书育人"为志业,甘愿为我国的教育事业奉献自己的青春和热血。反之,如果卓越小学教师缺乏理想信念,那么,面对这个瞬息万变、物欲膨胀的社会,就会彻底无所适从,沦为金钱、权利的附庸或帮凶,从而做出与卓越小学教师应然追求格格不入的事情。其二,教师信念是卓越小学教师职业的基本遵循。卓越小学教师在教书育人的过程中,对教学、教师、学生、师生关系、课程等均会产生信以为真的看法和主张,并以此作为职业信条坚决地遵守。可以说,教师信念是卓越小学教师从事教育教学活动的依据和动力。我国教育部于 2012 年 2 月所颁布的《小学教师专业标准(试行)》明确

---

① 林一钢. 西方教师信念研究述评,中国教育改革高层论坛—多元视角中的教育质量问题(论文集)[C].
2005:231-238.

② Nespor, J.. The role of beliefs in the practice of teaching [J]. Journal of Curriculum Studies, 1987(4):
317-328.

规定,作为小学教师应确立如下一些基本理念:(1)师德为先。热爱小学教育事业,具有职业理想,践行社会主义核心价值体系,履行教师职业道德规范,依法执教。关爱小学生,尊重小学生人格,富有爱心、责任心、耐心和细心;为人师表,教书育人,自尊自律,做小学生健康成长的指导者和引路人。(2)学生为本。尊重小学生权益,以小学生为主体,充分调动和发挥小学生的主动性;遵循小学生身心发展特点和教育教学规律,提供适合的教育,促进小学生生动活泼学习、健康快乐成长。(3)能力为重。把学科知识、教育理论与教育实践有机结合,突出教书育人实践能力;研究小学生,遵循小学生成长规律,提升教育教学专业化水平;坚持实践、反思、再实践、再反思,不断提高专业能力。(4)终身学习。学习先进小学教育理论,了解国内外小学教育改革与发展的经验和做法;优化知识结构,提高文化素养;具有终身学习与持续发展的意识和能力,做终身学习的典范。当前,卓越小学教师必须将上述有关教育理念作为自己教育教学工作的根本依据和基本遵循。唯有如此,他们才能真正成为名符其实的卓越小学教师。

其三,教师信念是卓越小学教师文化的重要构件。一般认为,在特定的社会文化背景之中,人们形成自己独特的信念和思想,不管我们是否意识到,它均在影响着我们的生活。我们所守持的信念与态度是我们所处的文化系统的反映,融合于我们的行动之中。相应地,“教师信念是教师在社会文化环境中,经由个体建构和文化信息交互作用而形成的。教师文化由价值观、信念、思维方式、行为习惯等多个层面构成,教师信念是教师文化的核心要素,是教师文化发展的一种重要指令,揭示与理解教师信念是教师文化变革的重要前提。”①因此,要真正发展一种民主、和谐、合作的卓越小学教师文化,就必须高度关注卓越小学教师信念建设。其四,教师信念是卓越小学教师教育教学活动的航标。众所周知,一艘航船在苍茫的大海上航行,倘若没有航标的指引很容易迷失航向。同理,卓越小学教师在开展教育教学活动时,如果缺乏正确的指引,同样,会无所适从,无法科学、高效地开展教育教学活动。教师信念恰恰正是卓越小学教师开展教育教学活动的航标,它为卓越小学教师的教育教学行为示明了方向。教师信念的这种指引作用表现在卓越小学教师行为的全过程之中:在卓越小学教师开展教育教学活动之前,教师信念起着决策作用;在卓越小学教师开展教育教学活动的过程之中,教师信念起到监督作用;在卓越小学教师开展教育教学活动之后,教师信念则起到评价作用。② 其五,教师信念是卓越小学教师实现教育教学创新的基本保障。在我

---

① 肖正德.基于教师发展的教师信念:意蕴阐释与实践建构[J].教育研究,2013(6):87-89.
② 肖正德.基于教师发展的教师信念:意蕴阐释与实践建构[J].教育研究,2013(6):88.

们国家积极推进"双创"计划的背景之下,培养小学生的创新意识和创新能力就显得极为迫切和关键。而要真正能培养出一批具有一定创新意识和创造能力的小学生,作为小学优秀教师代表的卓越小学教师首先应具备一定的创新意识和创造能力。而卓越小学教师的创新意识和创造能力主要表现为教学实践创新。教学实践创新的外在表征是多方面的,诸如教学内容、教学过程、教学方法、教学评价、教学管理等方面的创新。而卓越小学教师的教学实践创新并非是先在的、自明的,而是在职前教育和职后培训中逐步形成的。它是受到多种因素的影响和制约的,但是,教师信念对于卓越小学教师实现教学创新起到关键作用。换言之,卓越小学教师倘若希望实现教学创新,就必须具有良好、坚定的教师信念作指引。反之,教师信念的阙如,将使卓越小学教师沦为庸常和普通,教学创新也将无从谈起。概而言之,教师信念是卓越小学教师核心素养提升的内在动力。俄国教育家乌申斯基曾说过:"所有的教学大纲、所有的教育方法,不管它们多么完美,在未转化为教育理念时,只不过是没有任何价值及意义的文字符号而已。"[①]联合国国际教育发展委员会负责人库姆斯也曾说:"使教师成为卓越教师的,并非是其知识或方法,而是其对学生、自己、他们的目的、意图和教学任务所秉持的信念。"[②]由此可见,教师信念是卓越小学教师专业发展的根本动力。卓越小学教师只有具备良好的教师信念,才能具有宏远的职业理想、高尚的师德修养、强烈的责任感,才会愿意为提升专业知识、专业能力、专业情意,继而为提升核心素养作出不懈的努力。

尽管教师信念对于卓越小学教师核心素养的培育极为重要,但是,当前许多小学教师的信念还不容乐观,已严重影响到小学教师由"普通"走向"卓越",主要表现在以下几个方面:一是僵化的教育教学观念阻碍了小学教师信念的生成发展。当前,虽然教育教学领域已经发生了翻天覆地的变化,对于小学教师提出了极高的要求。但是,一些小学教师的教育教学观念还很落后,很难适应新时代小学教育教学的要求。譬如,有些小学教师还是秉持"师道尊严",认为教师是知识的权威和化身,课堂教学成为教师的"一言堂",小学生沦为"看客"或"听众",教学变成了"教教材";教学评价还是强调其甄别和选拔功能。这些僵化、陈腐的教育教学观念已经成为卓越小学教师形成良好、坚定的教师信念的掣肘和绊脚石。二是实践智慧的弱化,制约了小学教师信念的生成与发展。实践智慧是小学教师在长期的教育教学实践中形成的,它是教育教学经

---

① 阿符钦尼科夫,杨进发.教师的教育信念及其形成[J].山西教育科研通讯,1982(5):26.
② Combs,A.W. New Assumptions for Educational Reform [J]. Educational Leadership, 1988(5):65.

验的积累与体现。然而,由于功利主义的影响,导致一些小学教师过分关注理论知识的习得和掌握,而忽略教育教学实践内蕴的价值和意义,由于对于教育教学实践的重视不够,无法形成应有的实践智慧,从而使其教师信念的生成与发展严重受限。三是固化的制度安排延宕了小学教师信念的生成与发展。相比以前,近年来,我国确实在提升小学师资质量与水平方面已投入了大量的人力、物力和财力,但是,在培养小学教师的制度安排方面还存在一些不尽如人意的地方。无论是小学教师的职业培养制度还是职后培训制度,都还存在一些不利于小学教师专业发展之处。而这样的制度无疑对于小学教师信念的生成及发展是极为不利的。四是消极的社会文化制约了小学教师信念的形成。小学教师信念是根植于特定的社会文化土壤之中的。积极、健康的社会文化有利于促进小学教师信念的形成和发展,反之,消极、落后的社会文化则会迟滞小学教师信念的生成及发展。而在当下,"天下熙熙,皆为利来;天下攘攘,皆为利往"。理性经济人现象还在一定程度上存在着,它造成当前我们社会文化还存在一定的缺失和不足,这种不良的社会文化无疑会对小学教师信念的产生及发展造成一定的阻碍。[1]

当然,导致卓越小学教师信念生成与发展存在许多问题的原因是多方面的。有论者认为,影响教师信念的因素主要可分为个人背景因素和外部环境两大方面。其中个人背景因素具体包括先前的经历与经验、性别、年龄、学科背景及教学经历;外部环境因素则包括教学目标、学校环境、人际关系等因素。[2] 也有论者认为,影响教师信念的因素主要包括已有的信念与认知冲突、情感、信念的强度、学校文化、学校同事等因素。[3] 尽管学者们对于影响教师信念的因素还未达成一致意见,但是,我们不难发现,影响卓越小学教师信念形成的因素是多种多样的。

既然多种因素相互交织导致卓越小学教师信念堪忧,那么,我们就必须采取一定的措施来重建卓越小学教师信念。具体地说,可以选择如下策略。

其一,通过共生体成员之间的互动、交流、对话来形塑卓越小学教师信念。随着人们对优质教育的吁求越来越强烈,加之教育本身的复杂性,单靠卓越小学教师个人的力量是很难胜任教育教学工作的,同样,也很难仅凭其一己之力就能形成良好的教师信念。这一点有学者已明确指出过:"假如说个人信念是微不足道的水滴,那么,集体

① 李家黎,刘义兵.教师信念的现实反思与建构发展[J].中国教育学刊,2010(8):61-62.
② 吴薇.国外大学教师信念研究回顾与前瞻[J].高教发展与评估,2012(1):54-56.
③ 谢翌,马云鹏.教师信念的形成与变革[J].比较教育研究,2007(6):32-33.

信念则是汹涌澎湃的江河。只要世界上还存在教师这一特殊的群体，就必须充分挖掘教师群体信念的力量。"①因此，在教师教育过程中，我们必须将卓越小学教师置于共生体之中，让他们通过交流、对话和沟通，充分利用共生体的集体力量和资源来培育卓越小学教师信念。"意义的生成是主体与主体的相互关系、相互作用、相互影响之中完成的，人的生命提升和自我发展也就是与自我对话、与他人对话、与世界对话的过程。教师信念的生成和完善、教师自身的改变也是教师与自我对话、与他人对话、与世界对话的产物。"②这里的共生体从宏观上讲，主要包括两个部分：一是本校内的相关成员，如本校内的师生、师师、生生等；二是校际间的相关单位，诸如不同小学之间、小学与政府、小学与社区、小学与高校之间等。当然，我们所说的共生体绝不是不同教师或单位成员的简单拼盘，相反，它们是拥有共同愿景和目标、拥有相同的教师信念的个人和单位的聚合。在共生体中，每位成员都愿意为我国小学教育事业的繁荣发展奉献自己的力量，而不会计较个人得失。在利用共生体培育卓越小学教师信念时，特别需要强调小学与高校之间的合作。长期以来，在我国教育领域还存在着教育理论界与教育实践界相互鄙夷、轻视对方的现象，从而导致教育理论与教育实践的相互脱节与抵牾。事实上，小学教师由于长期扎根课堂，非常熟悉和擅长教育教学实践。但是，许多小学教师的教育理论知识却较为贫乏，教育理论素养较低。而高校教师由于长期置身于高校，热衷于高校的"学术研究"，大多具有丰富的教育理论知识，却很少接触一线的小学教育实际，对于教育教学实践较为生疏。正是由于小学教师与高校教师的上述差异，导致他们之间相互对立与排斥。马克思主义哲学提示我们，理论可以指导实践，实践可以进一步深化理论。同理，教育理论与教育实践之间是一种交互作用、双向滋养的关系。因此，在教师教育过程中，小学与高校之间应该通力协作，充分利用彼此的优势，为重建卓越小学教师信念，进而为培育卓越小学教师的核心素养服务。正如有学者所言："教师信念作为教师在教学实践活动中对于人生意义、生命价值的体验，亦亟需在高校与中小学的协作中得以延续和深化，使教师信念对教学价值和行为的影响更为深入和持久。中小学与高校建立协作关系，可使中小学教师获得来自研究领域最先进的理论支持和研究者潜移默化的影响，从而在一定程度上促进中小学教师信念的发展和完善。同时，高校研究者亦能直接、更自然地洞察一线中小学教师的现实和需求，从现实中发现问题，找到问题的根源与解决方法，从而更好地引领教师信念的正态发

① 马莹. 在职教师信念发展的条件与导引策略[J]. 教育理论与实践,2015(8)：41.
② 李家黎,刘义兵. 教师信念的现实反思与建构发展[J]. 中国教育学刊,2010(8)：62.

110

展与完善。"①

其二,通过营造适切的学校文化来形塑卓越小学教师信念。学校文化是教师置身其中,从事教育教学工作的具体环境。它具有"层次性、包容性、延展性、继承性和创新性"。② 一般而言,学校文化是指在学校中,通过长期发展积淀而形成的,以校内师生为主体,创造并形成共识的价值观念、办学思想、群体意识、行为规范等构成的价值体系,是一个学校校园精神与氛围的集中体现。③ 赫尔曼指出:"学校文化是教师、学生和校长所持有的共同信念,这些信念支配着他们的行为方式。"④由于教师在学校的场域中开展教书育人之工作,这样他们就自然而然地与学校文化建立起了紧密的联系。一则,教师信念在一定意义上是校园文化之反映,再则,校园文化对教师信念的形成与发展会产生潜移默化的影响,影响教师的职业生涯,决定着教师的教育教学行为。既然学校文化对于卓越小学教师信念的形成与完善至为重要,那么,我们就应该努力营造和谐、宽松、合作的学校文化。通过这种健康的学校文化来形塑卓越小学教师信念。

其三,通过反思性实践来形塑卓越小学教师信念。反思是一种思维模式,它是依据一切信仰或设想的知识形式的支持性基础与其倾向达成的结论而进行的、主动的、认真的与持续不断的考虑。⑤ "反思不仅是一个积极的思维活动与行为改进过程,而且是一个不断自我监督、自我调节、自我激励、自我强化的过程。"⑥教师的反思是指教师在教书育人的过程之中,将自身及教育教学活动视作意识之对象,从而持续地对自身以及教育教学活动进行积极、主动的计划、调控、检查、评价与反馈之能力。⑦ 班杜拉指出:"经由反思自身的各种经验和他们所知道的一切,他们可以获致有关他们自身与他们周遭世界的一般性知识。"⑧当前,"反思性实践者"已经成为教师应然的角色期待。缺乏必要的反思,教师的教育教学必将陷入肤浅和虚妄的泥淖,其获致的知识和经验必将是狭隘、浅表的,他的教书育人能力也势必停滞不前甚至倒退。研究表明,实

① 李家黎,刘义兵. 教师信念的现实反思与建构发展[J]. 中国教育学刊,2010(8):62 - 63.

② 曹赛先. 大学校园文化建设主体论略[J]. 大学教育科学,2003(3):76.

③ 李家黎,刘义兵. 教师信念的现实反思与建构发展[J]. 中国教育学刊,2010(8):63.

④ 赵中建. 学校文化[M]. 上海:华东师范大学出版社,2004:72.

⑤ Hea-Jin Lee. Understanding and assessing preservice teachers re-reflective thinking thinking [J]. Teaching and teacher education. 2005(21):697 - 701.

⑥ 肖正德. 基于教师发展的教师信念:意蕴阐释与实践建构[J]. 教育研究,2013(6):90.

⑦ 熊川武. 反思性教学[M]. 上海:华东师范大学出版社,1999:257.

⑧ [美]阿尔伯特·班杜拉. 思想和行动的社会基础:社会认知论[M]. 胡谊,林颖,庞维国王小明,等,译. 上海:华东师范大学出版社,2001:29.

践性反思是教师信念形成与完善的关键因素。经由实践性反思,既有利于培养教师教书育人的积极性、主动性、创造性,又利于培养他们的道德情操、仁爱之心、扎实学识,从而提升其生命质量。因此,卓越小学教师在教育教学开始前、进行中及实施后均应该开展积极的反思。他们应该对教育教学哲学、教育教学目标、教育教学内容、教育教学方法、教育教学过程、教育教学评价、教育教学管理、师生关系、学生观等方面进行积极的反思与审视。概而言之,卓越小学教师在从事教育教学活动时,经由持续的反思,超越自我,把握教育教学本真,形成对教育教学的理性认识,从而确立适切的教师信念。

其四,通过经典阅读交流活动,形塑卓越小学教师信念。朱永新先生曾说过:"一部阅读史,就是人类的一部精神发育史。"当前,最可怕的现象就是,"不读书的教师在教学生读书"。在卓越小学教师的教育教学过程中,丰富的教育理论知识是他们信念的重要来源。所以,我们要想培育卓越小学教师良好的信念,就必须设法提升他们的教育理论素养。而提升其理论水平的一个重要途径,就是让卓越小学教师开展广泛的经典阅读。当然,这里的经典阅读从宏观上讲,包括两大方面:一方面,卓越小学教师应阅读"有字之书"。具体包括学科类的经典书籍、教育学和心理学类的经典书籍、其他一些通识性的经典读物。这些经典书籍既应包括由学校统一遴选、指定的书籍,又应包括卓越小学教师出于兴趣爱好的自主选择。卓越小学教师在阅读这些书籍时,一定要做到精读、泛读相结合,并且要做到含英咀华,举一反三。另一方面,卓越小学教师应读"无字之书"即卓越小学教师除了进行普遍意义上的书籍阅读之外,还应该向那些优秀的校领导、教育教学专家、同侪、社会人士等学习,通过与他们的交流、沟通,得到启发,获得教益。卓越小学教师只要能认真研读上述两类书籍,做到内化于心,外化于行,那么,这种理论滋养就足以使他们形成良好的教师信念。

(2) 卓越小学教师的知识

教师知识是促进卓越小学教师核心素养提升及开展有效教学的重要条件和保证。关于教师知识的构成学界仁智互见、莫衷一是。但是,当前学界对于教师知识构成的研究主要是从两个向度上展开的:一是内容知识的层面。譬如,美国斯坦福大学教授舒尔曼认为,教师知识主要由七个方面构成:(1)学科知识,主要指学科的内容知识。(2)学科教学法知识,指为了促进学生理解而使用类比、图示、演示和解释等方法,有效地表征学科知识。(3)课程知识,指对教材和教学计划的掌握。(4)一般教学法知识,指超越于各种学科之上的关于课堂管理和组织的广义的原则和技能。(5)学习者的知识,包括学习者的特征和认知,学习者的发展和动机。(6)教育环境的知识。(7)教育的目的、目标和价值的知识。① 又譬如,格罗斯曼则认为教师知识应包括如下四个方面:一般教学法知识、学科知识、学科教学法知识、情境知识。② 还譬如,塔米尔(P. Tamir)将教师知识分为以下六类:(1)一般的通识教育知识;(2)个人表现技能,包括教师在班级上如何看、说、听;(3)学科知能,即从知识与技能上探讨学科的知识内容;(4)一般教学法,从各学科通用的教学原则与策略来探讨关于课程的知识、学生的知识、教学的知识、评价的知识等;(5)学科特定教学法;(6)教学专业基础的知识与技能。③ 再譬如,科克伦等人将教师知识分为四个方面:学科的知识、教学的知识、学生的知识和环境背景知识。④ 二是实践性知识的层面。这方面研究的首倡者是美国的课程学者施瓦布。他曾提出了"实践性样式"这一概念。⑤ 埃尔巴兹也对教师实践性知识进行了积极的探索。他认为,教师的实践性知识包括以下五种:(1)自我知识;(2)教学环境知识;(3)学科内容知识;(4)教学知识;(5)课程发展知识。⑥ 与埃尔巴兹的"实践性知识"类似的是拉夫提出的"情境知识"。他认为,知识是实践者在对他们所工作的具体环境的回应中发展起来的,教师的工作环境与其回应环境方式的不同则形成了教师知识的不同。⑦ 由上不难看出,当前对于教师知识的构成众说纷纭,尚未形成共识。但是,笔者更倾向于认同我国现在大多数教育学教材上对于教师知识的分类,即将其分为以下四类:通识性知识、本体性知识、条件性知识和实践性知识。这四类知识在前文已详细述及,故在此不赘。

一般认为,卓越小学教师知识具有如下特点:其一,整合性。卓越小学教师知识的整合性是指卓越小学教师所具有的知识是以整体、综合的形式存在的。尽管我们从学理层面可以将教师知识分成多种类型,但是,这些知识并非是简单的拼盘式存在,相反,它们是相互交叠的有机统一体,它们往往是跨越学科、跨越领域的存在。卓越小学

① L. S. Shulman, "Those Who Understand: Knowledge Growth in Teaching", Educational Researcher, 1986,15(2): 4-14.

② 邹斌、陈向明. 教师知识概念的溯源[J]. 课程·教材·教法,2005(6): 86.

③ Tamir, P. Subject matter and related pedagogical knowledge in teacher education [J]. Teaching & Teacher Education,1988,4(2): 99-110.

④ 范良火. 教师教学知识发展研究[M]. 北京:教育科学出版社,2003: 16.

⑤ [日]佐藤学. 课程与教师[M]. 上海:华东师范大学出版社,2003: 388.

⑥ Elbaz, F. The teacher's "practical knowledge": Report of a case study [J]. Curriculum Inquiry, 1981, (1): 43-71.

⑦ 徐碧美. 追求卓越[M]. 北京:人民教育出版社,2003: 71.

教师的知识正是以这样一种整体的方式为培育小学生核心素养服务,同时,也为构成卓越小学教师的核心素养服务。其二,情境性。卓越小学教师知识的情境性主要表现在以下方面:一是不存在超越时空的、放之四海而皆准的、亘古不变的普适性教师知识。相反,卓越小学教师的知识具有鲜明的境域性特征,它是随着场域的变化而改变的。二是卓越小学教师知识的情境性还表现为一种实践智慧。卓越小学教师之所以能在众多的小学教师中脱颖而出,成为小学教师中的翘楚,就在于他们所掌握的知识不是僵死、固化的知识,而是他们在职业生涯中,能努力地实践,积极地反思,根据教育教学的实际情况,灵活地使用所学的知识。换言之,卓越小学教师此时的知识已经内化、上升为其实践智慧了。其三,德性。卓越小学教师知识的德性具有以下几层含义:一是卓越小学教师并非只是用所掌握的知识来发展小学生的认知,使小学生掌握一定的知识与技能,而是立足于"全面发展的人",使小学生在认知、情感、态度、价值观、社会性、身体素质等各方面均得到发展。二是指卓越小学教师应有强烈的责任感和使命感,愿意为培养德、智、体、美、劳全面发展的小学生而积极、主动地学习教师知识和技能。三是指卓越小学教师应使用所掌握的知识,在教育教学中,公平、合理地对待每一个小学生,将"公平、正义"的种子从小就撒播在小学生的心田,从而为促进社会的发展与进步而努力。[①] 其四,行动性。行动性是指卓越小学教师掌握的知识不应是脱离教育教学实践的"宏大理论",而应是根源于小学教育教学实践的经验的累积,并且是为了改进小学教育教学实践服务的。在职业生涯中,卓越小学教师只有不断地躬身小学教育实践,积极地行动起来,运用所掌握的知识去发现问题、分析问题并解决问题,这样,他们所掌握的知识才能得以不断地内化和活化,否则,那些知识只是外缘性的、固化的知识。

毋庸置疑,教师知识是卓越小学教师之所以"卓越"的根基,卓越小学教师只有拥有丰富的知识,方可真正提升核心素养,胜任教书育人之使命。但是,反观当前的小学教师现状,可以发现,有些小学教师所拥有的知识并不理想。具体表现如下:知识陈旧、封闭、线性化和单一化,缺乏正确的教学理念,心理学知识和教育情境知识较为匮乏,关于学生和学生学习的知识不足;[②]课程知识缺乏,课程管理知识不足,评价知识单一;教师的整合知识能力低,新知识提升能力差,缺乏现代化教学技术知识和方法;

① 张光陆.学生核心素养视角下的教师知识:特征与发展[J].课程·教材·教法,2018(3):64-65.
② 施良方,等.教学理论:课堂教学的原理、策略与研究[M].上海:华东师范大学出版社,1999:384.

教学道德伦理知识需要改进,等等。① 为了改变卓越小学教师知识结构不良的情状,可以采取如下措施:

其一,努力构建卓越小学教师的实践性知识。教师实践性知识是指教师在面临实现有目的的行为中所具有的课堂情景知识以及与之相关的知识,更确切地说,它存在于卓越小学教师日常教育教学实践之中。这种知识既来自卓越小学教师个人经验的积累、体悟,群体之间的沟通、协作,也来源于对教育教学理论的理解、应用及拓展。卓越小学教师的实践性知识属于"个人知识"。"个人知识"可分为"显性知识"和"缄默知识"两种类型。所谓"显性知识"是指能够用书面文字、图表、数学公式来展示的知识。而"缄默知识"亦称为默会知识、隐性知识,是与显性知识相对的一种知识,这种知识是未被作为"焦点意识"而感知的、未被精确化的、无法被系统表述的、在行动中起"支援意识"作用的知识。② 缄默知识对人类的认知与学习具有极大的作用。它是人类的认识基础和行动指南。它能科学地揭示人类的认知规律和思维方式。对于卓越小学教师而言,缄默知识占据其知识的主导地位,而显性知识则占比较小。实践性知识反映出卓越小学教师在"生活世界"中的实践机智,是他们在长期的教育教学中形成的实践智慧。它在卓越小学教师的职业生涯中起着极其重要的作用。一是虽然它以潜在的方式存在着,难以被觉知,但是,却能对教师接受的外界信息起筛选和导引作用;二是它起到价值引领和行动指南之功用,影响着教师的思维方式、行为习惯及教书育人活动;三是它是卓越小学教师拥有实践智慧,成就"卓越"的关键,也是能真正解决教育教学中实际问题的知识。③

其二,实现知识共享,促进知识增值。"知识共享"是指组织或组织间在一定的内、外部条件下,个体间经由各种渠道进行沟通和交流,从而达到知识传递、增长或创新的效应。知识共享主要具有如下特点:一是知识共享是知识提供者和接受者之间沟通、交流、对话达到共享的双向过程;二是知识共享既是分享和占有知识的过程,又能产生知识增值与创新效应;三是知识共享是一个复杂过程,需要一定的内、外部条件,如个体意愿和沟通平台等。④ 卓越小学教师知识共享是指卓越小学教师与学习共同体等通过口语、书面、电子等途径转移或传播、分享知识的活动过程。知识共享既是卓越小

① 张喜萍等.以基础教育课程改革为背景的教师知识结构优化途径探讨[J].教育研究,2008(8):86.
② [英]迈克尔·波兰尼.科学、信仰与社会[M].王靖华,译.南京:南京大学出版社,2004:131.
③ 王会亭.教师实践性知识管理[J].现代教育管理,2011(12):97.
④ 陈世平,胡艳军.高校教师共享的影响因素和应对策略[J].广州大学学报(社会科学版),2012(7):69.

学教师的个体行为,又是卓越小学教师及相关共同体知识的构建与更新;不但促进卓越小学教师个体的专业发展,而且是形成教师文化的途径和动力。[①] 当然,卓越小学教师的知识共享主要是"隐性知识"的分享,它对于知识共享的双方都很重要。对于卓越小学教师而言,知识共享可以使他们在自我呈现和他人诘问的过程中对这些知识进行持续的修正和完善。而隐性知识的分享则使那些知识和经验相对匮乏的小学教师减少了试误和重新学习的时间,提高其在教育教学情境中解决复杂问题的能力,加速了教师的专业成长。[②] 总而言之,通过知识共享,卓越小学教师能够互相分享彼此的知识、技能与经验,使每一位卓越小学教师知识日臻丰盈,技能日益娴熟,智慧日趋提升,从而使其核心素养得以涵养和培育。影响卓越小学教师知识共享的因素主要有:知识特性;个体的动机、意愿和能力;组织结构与环境;评价与激励机制。[③] 我们可采取如下措施促进卓越小学教师的知识共享:一是增加卓越小学教师知识分享的"对称性"和"回应性",做到"礼尚往来";二是建立卓越小学教师之间彼此信任、情感亲密的人际关系;三是改革过于强调竞争的制度设计,推动教师之间的合作;四是建立能够促进卓越小学教师知识共享的机制,用外力推动知识共享。[④]

其三,进行知识管理。知识管理的理念肇始于20世纪八九十年代的企业管理领域,随着时间的推移,它已经成管理学、信息科学及认知科学的交叉学科。它意指"发现、选择、组织、提取、呈现信息的系统过程,涵盖了对信息、知识进行收集整理、存储、新知识的产生、显性知识与隐性知识的相互转化、知识资产的形成与运营等一系列过程。"[⑤]在知识管理中,组织中群体或个人对知识的识别能力、制定奠基于知识之上的激励方案的能力、实施分享知识的策略的意识与能力都极为重要。由知识管理的内涵,不难归纳出知识管理有四个典型的特征:(1)它不是一蹴而就的,而是一个循序渐进的过程。一般通过创生、存储和应用各种知识来提高绩效。(2)知识管理凭借各种外在资源将某些知识在适当的时间传递给特定的个体,从而达到知识传递的最佳效果。(3)它特别强调知识的分享。组织中每个人拥有的知识具有明显的异质性特征,知识只有通过在组织成员之间的交流与共享方能真正实现价值增值。(4)它具有融通

① 石艳.教师知识共享过程中的信任与社会互动[J].教育研究,2016(8):107-116.

② 周成海.教师知识分享:困境与出路[J].中国教育学刊,2006(11):63.

③ 陈世平,胡艳军.高校教师共享的影响因素和应对策略[J].广州大学学报(社会科学版),2012(7):70-71.

④ 周成海,孙启林.教师知识分享意愿低落的成因与应对[J].教育发展研究,2006(10A):34-35.

⑤ 林榕航.知识管理原理[M].厦门:厦门大学出版社,2005:18.

性的特征。它不仅关注知识增值的各种外在条件与策略,而且强调个体的性格特征、知识基础、文化背景以及社会环境对个体的知识行为的影响。^① 当前,随着教育教学及信息社会的迅速发展,知识管理已逐渐进入教师教育领域。正确进行知识管理,对于卓越小学教师知识的占有和活化具有重要的意义。在卓越小学教师核心素养培育的过程中,可以采取如下措施来进行知识管理:一是采用认知学徒制的学习模式,二是开展案例研究,三是加强教学实践反思。四是进行教育叙事研究。^②

其四,创新校园文化,促进卓越小学教师知识的生成与发展。长期以来,在传统的知识观的宰制下,许多小学教师总是醉心于追寻那种能够"包打天下"的普遍性知识,而对知识的个体性认识不足。事实上,对于教师而言,尤其是对于卓越小学教师而言,个人知识才是真正有效、有利于解决真实教育教学问题的知识。因此,在教师教育过程中,我们必须充分尊重每一位教师,坚信每位教师都是与众不同的个体,努力调动教师的积极性、主动性和创造性,充分发挥他们的聪明才智,使他们能生成带有个人印记的"个体知识"。当然,我们强调卓越小学教师个人知识的重要性,并非是否定卓越小学教师之间的合作与交流。事实上,二者是并不矛盾的,建立富有特色的学校文化恰恰更有利于卓越小学教师个人知识的生成与发展。正如奥地利裔英国经济学家、政治哲学家哈耶克(F. A. Hayek)所言:"应该努力营造一种富有特色、合作共享的学校文化。一方面,这种文化可使受个人知识主导的教师的个人行为被规约于一定的范围之内,从而使教师个体的行动具有了一定的相同点,所有教师能够依凭共同遵守的行为模式弥补自己的无知;另一方面,所有教师亦能够通过拥有的知识来面对具体的情境。换言之,在这种学校文化之中,教师的个体知识可以在交互活动中得到充分的激活和展现,但同时也不会破坏已经形成的习俗及规范。所以,一则,应遵守教师长期在教书育人过程中形成的惯习和行为方式,其中凝结着许许多多教师的智慧。一则,也应该创新教师交流沟通方式,丰富教师文化,教师之间有更多、更能实现对话的交流方式,使生成教师知识,涵养教师智慧成为可能。"^③

(3)卓越小学教师的决策

卓越小学教师核心素养的培育本质上是促进"人"的发展。对卓越小学教师做出不同的"人性"假设,直接影响了教师教育的未来取径。当前,对于卓越小学教师的发

---

① 王会亭.教师实践性知识管理[J].现代教育管理,2011(12):97.
② 王会亭.教师实践性知识管理[J].现代教育管理,2011(12):98-99.
③ [英]哈耶克.致命的自负[M].冯克利,等,译.北京:中国社会科学出版社,2000:90.

展具有三种典型的"人性"观：①一是"技术人"，即把卓越小学教师看作是拥有特定知识和技能的人。持这种观点的代表人物有 20 世纪 80 年代的伯利纳及 20 世纪 90 年代的格莱塞；二是"情感人"，即把卓越小学教师看作是身处特定情境之中，拥有复杂情感的人。持此观点的代表人物主要是 21 世纪的亚历山大。三是"决策人"，即将卓越小学教师看作在实际情境中不断面对选择并做出决策的人。决策绝不是领导人、管理者的专利，其实，每位教师在日常的教书育人工作中均面临着各种各样的"即时决策"(in-the-moment decision making)。倘若希望揭示卓越小学教师走向"卓越"之奥秘，从而切实提升卓越小学教师的核心素养，就必须探明卓越小学教师在职业生涯之中是怎样做出决策的，导致决策的内在动因是什么。卓越小学教师并非是知识、技能、兴趣和动机等因素简单叠加的产物，而是各种因素通过卓越小学教师的"即时决策"实现交互作用的结果。

那么何谓"决策"呢？决策是人们日常生活中极其常见的一种活动。它指人们在改造客观世界和主观世界的过程中，以对事物发展规律及主客观条件的认识为依据，寻求并决定某种最优化目标和行动方案。从不同的视角，可以将决策分为不同的种类。按性质分，有规范性决策和非规范性决策；按范围分，有宏观决策和微观决策；按主体分，有集体决策和个人决策；按过程分，有突破性决策和追踪性决策；按目标分，有单目标决策和多目标决策。它是一个系统的、完整的、动态的过程，其内容包括决策前的准备活动、决策方案活动和方案决策后的实施活动。它与决定不同。决定往往指针对某一个或某些问题做出口头或书面的处理意见，亦指所定的事项。而决策是指决策者制订、选择和实施行动方案的整个过程。②众所周知，教学是小学的中心工作，也是卓越小学教师的主要任务。因此，卓越小学教师的决策主要表现为教学决策。所谓"教学决策"是指教师为了实现教学目标与完成教学任务，凭借自己的信念、知识和不断形成的实践性认识，经由对教学实践的预测、分析和反思，从而确定最有效的教学方案等一系列发挥教师主观能力的动态过程。它的本质是强调教师不应是教育教学方案的简单消费者和被动执行者，而应是有独立思想和头脑的主动的决策者。教师的教学决策不是教师的率性而为和随心所欲，而是以自己的信念、知识及实践智慧为根基

---

① 吴艳茹. 基于教学决策理论的教师专业发展[J]. 教育科学研究, 2012(5)：68-69.
② 辞海编辑委员会. 辞海. [M]. 上海：上海辞书出版社, 1999：1046.

的。教师的教学决策通常由计划决策、过程中的互动决策和评价决策等几方面构成。① 可以进一步从以下几点来理解教师的教学决策的内涵：一是教学决策是决策的一种类型；二是教学决策的主体是教师而非其他人员；三是教学决策需要基于一定的教学情境；四是教学决策是为了实现一定的教学目标而采取的教学行动；五是教学决策是教师的一种理性的教学行为。②

由前文对教学决策的内涵界定不难看出，它对于卓越小学教师核心素养的培育及提升教育教学质量具有极为重要的价值。但是，反观当前的教学实践，不难发现，当前许多小学教师的教学决策现状还不容乐观，主要表现如下：一是，许多小学教师不是基于教学现状，而是基于已有的、固化的经验进行教学决策。这种教学决策常常因脱离教学实际，而对教学目标的确定、教学内容的遴选、教学方式的采用等做出错误的认知和决定，最终导致教学决策陷入主观随意的泥淖。二是，许多教师未能根据教学情境的变化适时调整教学决策。众所周知，教学是一项复杂的系统工程，教学情境也是不断动态变化的。长期以来，由于受到固有的教学思维和教学惯习的影响，许多小学教师在教学过程中，往往更关注教学预设，而对教学生成重视不够。他们更习惯于在课堂中上演"教案剧"，而不知教学更应是一首"教育诗"。因此，在教学过程中，他们不能根据教学情境的变化来调整教学决策预案，从而使教学决策变得程式化、机械化。三是对教学评价反馈重视不足，导致难以做出正确的教学决策。要想使教学科学、高效，必须在教学前、教学中和教学后做出一定的教学预测与评估。然而，长期以来，由于深受"分数至上"和"升学主义"的影响，教师主动评估自身教学行为以改善教学效率的现象极为少见。因为缺少了必要的教学反馈，所以，教师在教学中往往很难做出准确的教学决策。四是"给予型"的教学思维方式导致教学决策的失当。思维方式是影响教学决策的一个重要因素。长期以来，在应试教育的影响之下，许多小学教师形成了一种"给予型"教学思维方式，即他们在教学决策时，往往过分聚焦于小学生对知识的刻板识记和简单模仿，而对于情感态度价值观及过程、方法等极少关注。具有这种思维方式的小学教师在教学过程中表现出拼凑性和极端线性、迫降性和随意性的倾向。思维方式的拼凑性是指教师在对教材信息进行选择和转化时，其决策思维的立足点是把教材提供的所有信息采取简单加减法的方式拼凑和堆积起来；思维方式的极端

---

① Shavelson R J. Review of Research on Teachers' Pedagogical Judgments, Plans, and Decisions [J]. Elementary School Journal. 1983,83(4)：392 – 413.
② 何杰. 论教师教学决策的内涵、取向及其教育学意蕴[J]. 当代教育科学，2010(21)：31 – 32.

线性化是指教师在课前计划阶段对教材信息进行解读和选择的决策过程中,习惯性地按照教材的呈现方式线性罗列信息的思维方式;迫降性是针对学生的思维性而言的,指处在思维高处的学生由于教师的某个交互决策而急速下滑到思维低处的感觉和状况;随意性是不假思索地进行决策,对事件的判断缺乏因果关联,是对当即发生事件的简单应付。①

为了克服卓越小学教师在教学决策中出现的问题,可以采取如下措施:其一,涵养实践智慧,强化教学决策反思。在真实的教学情境中,教学决策往往并非是一个"停下来—分析—权衡—决策—行动"的过程,相反,它常常是一种当机立断的行动。这种行动本质上是实践智慧的反映。而要想能在变动不居的复杂教学情境中做出合宜的教学行动,小学教师在日常教育教学工作中,就应去认真积累教学经验,努力涵养自身的教育智慧。同时,应以一种系统思维来观照教学,从"课前—课中—课后"这一全程的视角来反思教学,从而做出科学的教学决策。其二,构建教学共生体,加强群体决策。教师个体积极、主动的投入和努力在教学决策中固然是重要的和必不可少的,但是,我们必须清醒地意识到,教师个体的力量毕竟是微不足道的,单个教师的知识、思维和智慧是有限的,他(她)的教学决策常常会沦为偏狭、片面和虚妄。因此,教师在职业生涯中,应努力构建教学共生体,在共生体中,大家就教学中遭遇的问题展开热烈的讨论,认真的研判,做到集思广益,取长补短,形成集体智慧,进而利用集体的力量和资源做出适切的教学决策。② 正如帕尔默所说:"倘若我希望教得好,就务必去探究自己的内心世界。然而,我或许会迷失自我、蒙蔽自我及故步自封。所以,我亟需一种同事之间相互切磋、对话的共同体的指引——因为这种共同体能使我克服教学的磨炼,拥有可资利用的集体智慧。"③其三,杜绝主观随意,利用大数据技术进行教学决策。当前,我们处于信息社会,云计算、物联网、人工智能、大数据等技术迅速发展。利用大数据开展教学决策的条件已经具备。"教育大数据对信息的整合、预测及内在的理性价值追求,可以实现教学设计的数据引导与科学预测、教学互动的即时决策与个性引导、教学评价的系统评估与有效反馈。它是实现教学决策合理化、科学化的有效方式。使用大数据进行教学决策的具体做法主要有:整合优化教育系统、提供政策支持与数据

① 杨豫晖,宋乃庆.教师教学决策的主要问题及其思考[J].教育研究,2010(9):87.
② 黄小莲.教学决策水平:教师专业成长的标志[J].课程・教材・教法,2010(3):83-84.
③ [美]帕克・帕尔默.教学勇气——漫步教师心灵[M].吴国珍,等,译.上海:华东师范大学出版社,2014:154.

质量标准、培养提升教师数据素养、将数据教育纳入教师培养培训体系等。[①] 其四,应用伦理规约,确保教学决策的正当性。教学决策并非是一项价值中立的实践活动。事实上,它是价值负载的。换言之,教学决策是教师价值观、理念信念、情感态度等在教学活动中的集中反映,因此,教学决策难免会出现一些伦理道德失范、侵害学生权益的现象。因此,教学决策迫切需要经由发挥伦理的调节功能与规约作用来彰显一定的伦理精神,即教学决策亟须以伦理道德为基本遵循和根本依据,实现伦理价值的复归,从而切实提升教学决策的专业水平。具体地说,可通过增强教师的专业道德信念、提升教师的道德能动品质、完善教学决策的外在伦理条件、营造积极的教学心理环境等措施来实现。[②] 其五,发挥情感的积极作用,保证教学决策合乎情理。长期以来,人们往往认为教学决策是一种纯理性的认知过程。由于教学决策对于理性的过分强调,导致教学决策容易沦为一种冰冷的、缺少人文精神和情感关怀的机械运动。它“目中无人”,将学生视为无生命、待加工的“产品”。事实上,在教学决策过程中,由于情绪、意志、个性倾向等非理性因素的卷入,使教学决策充满了情感色彩,拥有了情感基因。也就是说,教学决策是一项充盈着情感的活动,教师情感居于教学决策的核心,是教学决策有效性的根本保障。[③]

(二)卓越小学教师认知的产生与类型

卓越小学教师的认知是在特定条件下产生的,并且从不同的角度,可以将其分为不同的类型。这些不同类型的卓越小学教师认知方式又表现出一定的独特性。

1. 卓越小学教师认知的产生

廓清卓越小学教师认知的起源,对于正确理解和把握卓越小学教师的认知,从而培育其核心素养,继而促进卓越小学教师实现高效教学,具有至为重要的意义。通过爬梳已有相关研究成果,关于卓越小学教师认知的产生,学界主要形成以下三种观点。

其一,社会文化论。社会文化是卓越小学教师认知产生的基因和密码。卓越小学教师的认识既来源于特定的社会文化,同时,它也是一定的社会文化的反映。在人类教育史上,维果茨基就持“社会文化”理论。该理论是建立在对简单性思维批判的基础之上的。它摆脱简单性思维束缚的始点则是对于认知和心智的重新认识,它强烈反对

---

① 钟婉娟等. 教育大数据支持的教师教学决策改进与实现路径[J]. 湖南师大教育科学学报,2017(5): 69.
② 凌鹏飞. 教学决策的伦理诉求及其实现条件[J]. 中国教育学刊,2017(6): 46.
③ B, Harris, Supporting the Emotional Work of School Leaders [M]. London: Paul Chapman Publishing, 2007: 32.

121

信息加工理论和身心二元论,强调卓越小学教师的认知和心智都是根源于社会文化之中。一方面,认知和心智具有文化性。主要表现如下:一是认知的产生与发展由其所使用的文化工具所决定。倘若缺少了认知和心智的使用工具,认知和心智将不复存在。二是认知和心智内容由文化符号所内含的意义构成。语言、文字、数学符号、科学概念等构成了文化符号。卓越小学教师的认知和心智活动之所以能具有意义,就是有赖于一定的文化符号所表达的意义。假如缺少这些文化符号赋予的意义,卓越小学教师的认知和心智活动将沦为空谈。三是卓越小学教师的认知和心智产生和发展与一定的文化生活紧密相依。卓越小学教师的认知和心智活动本质上是一种文化活动。因为他们之所以要发展心智和认知,主要还是为了更好地传播、保存和创新文化。因此,卓越小学教师的认知和心智与文化活动是紧紧地联系在一起的。另一方面,认知和心智具有社会性,社会性是"人之为人"的根本属性。卓越小学教师的认知和心智既然内蕴于文化之中。而文化通常并非少数个体的专利,而是一定范围内社会成员共享的结果。因此,卓越小学教师的认知和心智活动也必然建立在社会境遇之中。这就提醒卓越小学教师在职业生涯之中,为了使自己的认知和心智得到发展,就不能偏安一隅、离群索居,而必须与同事、学生、校领导、家长、社会人士等进行合作、交流与沟通。[①]

　　其二,活动建构论。卓越小学教师的认知和心智不仅是社会文化的产物,而且是卓越小学教师在原有知识、经验的基础上,通过积极从事各种活动,而不断地自主理解和建构的产物。这种观点的源头来自于皮亚杰和列昂节夫的相关理论。皮亚杰认为,主客体的形成,客体之所以可以被认识,人类的认知和心智之所以产生与发展,均仰仗于活动。他认为,身体活动既是理论研究的提前,又是正确理解人类的认知和心智形成与发展的切入点。他认为,无论经验论还是唯理论都具有很大的缺失和不足,最基本的认知结构不是知识结构,而是动作结构。所以,只有个体的动作活动才真正地揭示了人的认知和心智的形成与发展。列昂节夫认为,个体的认知和心智的发展对于活动具有极大的依赖性。他曾指出:"直接形成个体认知和心智的是活动本身,是这一活动真实过程的发展和变化。也就是说,个体的外部实践活动和内部的思维活动的发展是认知和心智形成和发展的根源和依据。"[②]由上述观点不难看出,卓越小学教师的认知是其在职业生涯之中,通过参加各种活动,在已有知识、经验的基础上,不断理解、建

① 毛齐明.略论"社会文化—活动"理论视野下的学习过程观[J].外国教育研究,2011(6):2.
② 朱赤.皮亚杰和列昂节夫"活动内化"思想的比较[J].教育研究与实验,1989(2):55.

构的产物。换言之,倘若希望卓越小学教师的认知和心智得以形成和发展,就决不能将其内心活动与外在行为相互割裂开来,相反,卓越小学教师的认知是二者沟通的桥梁和纽带,它具有鲜明的实践性。

其三,复杂系统论。复杂系统理论发端于 20 世纪中叶。它起源于生物学、物理学和数学等领域,嗣后,它又扩展至语言学、教育学、政治学等学科领域。该理论认为,卓越小学教师的认知是一个复杂的系统,它主张卓越小学教师的认知系统由多个部分组成,各部分之间相互作用和影响,共同作用使得认知系统产生变化。该理论还认为,卓越小学教师的认知与外部环境具有紧密的联系,就犹如生态系统的生物链,各个组成部分在一个共同生态链里存在和发展。复杂系统理论认为,卓越小学教师认知具有灵活适应性,能根据外部环境的变化而迅速变化。同时,复杂系统理论也认为,教师认知的各个组成部分不是杂乱无章的简单叠加,而是具有内在的组织性和规律性。① 特别需要指出的是,在复杂系统理论的观照下,开放性是卓越小学教师认知的突出特征。这种开放性主要包括认知广泛性、感知敏锐度、思维发散性、求新内驱力、信念合理化、抗认知闭合六个方面。其中,认识广泛性体现了卓越小学教师认知或学习内容范围的广泛性和不同内容领域间的渗透性;思维发散性体现了卓越小学教师思维是否具有灵活、变通、发散、流畅等特点;感知敏锐度体现了卓越小学教师对外部信息是否具有敏感性或洞察力,尤其是对变化信息的敏感性;求新内驱力体现了卓越小学教师追求变化和创新的内在动力;信念合理化体现了卓越小学教师对已有经验、信念冲突信息的处理方式与态度;抗认知闭合体现了卓越小学教师的结构偏好和对模糊的容忍度。②

2. 卓越小学教师认知的类型

俗话说:"世界上没有完全相同的两片树叶。"同样,世界上也不存在完全相同的两位小学教师。因此,卓越小学教师的认知方式也存在一定的差异性和独特性。卓越小学教师认知方式主要包括以下几种类型。③

(1)场独立—场依存型认知方式。这两种认知方式最早由美国心理学家威特金(H. Witkin)提出。具有场独立型认知方式的人,对客观事物做出判断时,往往以自身内部为参照标准,不易受到外部因素的影响和干扰;在认知方面独立于他们的周围背

① 孙军,张军.语言教师认知研究:本体论、认识论和方法论视角的启示[J].外语学刊,2019(2):76.
② 徐群等.中小学教师认知开放性与师范教育改革[J].江苏师范大学学报(哲学社会科学版),2014(6):145.
③ 李勇,冯文全.论教师认知方式与教学模式的选择[J].陇东学院学报(社会科学版),2004(1):72.

景,倾向于在更抽象的和分析的水平上加工,独立对事物做出判断。具有场依存型认知方式的人,对物体的知觉倾向于以外部参照作为信息加工的依据。他们的态度和自我知觉更易受到周围的人们,尤其是权威人士的影响和干扰,善于察言观色,注意并记忆言语信息中的社会内容。相应地,具有场独立型认知方式的卓越小学教师通常可以用自己的标准对外部的教育信息做出独立的选择,一般不容易受到小学教育的大环境和课堂教学的小环境的影响和制约。具有场依存型认知方式的卓越小学教师,常常更多地使用外部标准来选择、组织各种教育信息,易受到学校教育的大环境和课堂教学的小环境的影响和干扰。

(2) 沉思型与冲动型认知方式。具有沉思型认知方式的卓越小学教师,在遇到一些教育教学问题时,通常会经过一定的调查研究,在此基础上,采取一种较为审慎的方式去分析问题存在的关键致因,并采取较为稳妥的方法来化解面对的各种教育教学难题。在教育教学过程中,他们通常极为沉稳,极少武断和鲁莽。而具有冲动型教学风格的卓越小学教师,在遭遇一定的教育教学问题时,他们往往缺少周密的调查和理性的省思,往往出于一种激情,快速地下结论,并采取相应的行动。这种认知方式由于情感有余、理性不足,所以,往往会带来较多的失误。

(3) 心理表象偏爱。心理表象偏爱认知方式反映了学习者在学习过程中表征知识和思维的表征倾向不同。学习者对信息的表征倾向不同,存在语词表征占优和视觉或形象表征占优的情况。有论者将人的心理图像形式划分为三种:一是以图形、文字呈现于脑海的视觉图像;二是以声音呈现的听觉图像;三是以视觉图像和听觉图像结合的混合图像。除了视觉和听觉图像之外,也有论者提出了动觉型认知方式。① 相应地,视觉型的卓越小学教师往往喜欢利用实物、教学挂图、头饰、手偶、简笔画、图表、视频等视觉性刺激来呈现信息或进行学习。听觉型卓越小学教师较为擅长语言表达,习惯于模仿语言,擅长用语言来阐释知识,并且在教学中非常注意倾听学生的心声,同时,也关注对于小学生倾听技巧与能力的培养。语词表征型的卓越小学教师擅长以语义来传授知识与经验,他们更精于对语义复杂材料的教学。

(4) 辐合型与发散型认知方式。辐合型认知方式是指个体在解决问题过程中往往表现出辐合思维之特点,反映为搜集或综合信息与知识,运用逻辑规律,缩小解答范围,直到找到最适当的唯一正确的解答。而发散型认知方式则是指个体在解决问题过

---

① 谭顶良. 学习风格[M]. 南京:江苏教育出版社,1995:56.

程中通常表现出发散思维之特点,反映为个人的思维沿着许多不同的方向扩展,使观念发散至各个有关方面,最终得到多种可能的答案,而非唯一正确的答案,所以,极易形成富于创新的观念。一般而言,具有辐合型认知方式的卓越小学教师,在面对教育教学问题时,通常能聚集于某一方面,进行较为深入的、单向度的思考,他们通常更关注标准答案和小学生整齐划一的表现。而具有发散型认知方式的卓越小学教师,在教育教学过程中,当遭遇问题时,他们通常能打开自己的思维,由点及面,从不同维度、不同视角来审视、省思问题,他们的认知具有较大的灵活性,同时,他们在教育教学中,能表现出较好的教学创新性。此外,他们也常常鼓励小学生大胆质疑,主动探究,不同的小学生在课堂教学中能有独特的表现,也就是说,他们更看重小学生异质性的表现,这样更有利于培养小学生的创新意识和创造能力。

(三)认知在卓越小学教师核心素养形成中的价值

教师认知研究是针对教师知识、信念、决策中的某一方面或几方面的研究。这种研究可揭示教师外显行为背后的认知、心理等内隐的因素,使人们既"知其然",也"知其所以然",从而更好地理解教师和教育教学。具体地说,认知在卓越小学教师核心素养培育过程中具有如下价值和意义。

其一,有助于提升教学效能,促进高效教学。随着社会的进步和人们对于高质量教育的召唤,提高教师的教学效能,实现高效教学日益成为教师的追求,尤其是对于小学教师中的优秀代表——卓越小学教师,这种吁求更为强烈和急迫。在此背景之下,倘若我们还是只从外部去审视教师和教学,仅满足于研究师生互动、课堂提问、教师教学语言等因素,显然是浅表的,难以触及问题的本质。我们聚焦于教师认知研究,超越了可观察的教学行为层面的研究,探讨了行为背后教师认知的缘起、构成、产生、类型及其与教学的相互作用,剖析了造成教学困厄的教师认知因素,譬如,教师信念的缺失、教师知识的匮乏,教学决策的失当等。这样就从外围深入了核心,真正揭示了教学行为的本质,从而使教学更加合目的性和规律性,切实提升了教师的教学效能。

其二,有助于促进教师教育改革,加速卓越小学教师核心素养的发展。卓越小学教师的认知研究开创了教师教育研究的新篇章,为重新审视和理解卓越小学教师提供了全新的视域,同时,也为教师教育和卓越小学教师核心素养提升提供了新思路。我国传统的教师教育更多的是一种"给予式"教育,即在职前教育和职后培训之中,培养和培训单位往往更关注使教师掌握必备的教学知识和教学技能,但却对认知在教师学习和核心素养提升中的作用认识不足,重视不够,教师在职前教育和职后培训之中自身的主动性、积极性未能得到充分的调动，完全处于消极、被动的境地。而教师认知研究可以改变上述不良情状。通过研究教师认知，我们可以充分了解支配教师外显行为的认知和心理因素，揭示教师认知规律，探明教师实践智慧之实质与成因，促进教师隐性知识显性化，完善教师知识结构，培养教师的理想信念，提升教师决策意识和能力。这一点已有学者明确指出过："教师认知研究可以使我们更好地理解教师成长的内在规律及影响教师专业成长的关键致因；可以使我们把教师或准教师的先前经验合理地融入教师教育课程之中，用教学中存在的真实问题作为课程的突破口，同时用针对教学问题所做的研究作为课程讨论的焦点，用教学问题关涉的相关理论作为课程的导引，再用案例教学、观课议课、模拟教学等方式相配合。这种教师教育模式使教师或准教师从正确理解自己的信念、知识、决策、经验等开始，经由观察其他教师的教学行为，诊断、反省自己的教学，并经由自我监控来弥补个体认知的缺失，达到改变认知之目的，继而产生行为上的改变。如此一来，教师或准教师将不再是被动的接受者，不再是简单地接受知识的机械传授或技能的简单训练，而是作为积极的参与者深度介入教师教育课程，充分利用自身的认知因素投入教学互动，在重新调整认知、构建认知和行为系统、达到新的平衡中实现发展。"①概而言之，认知对于促进教师教育方式的变革，继而促进卓越小学教师核心素养的提升具有至为重要的价值。

其三，有助于促进课程与教学改革向纵深发展。我国在新世纪之初开始了新中国成立以来的第八次课程改革。尽管这次新课程改革步伐之快、力度之大是以往历次的课程改革所难以比拟的，并且在客观上也取得了一定的成绩。但是，客观地说，这次课程改革离我们预期还相差甚远，课程改革所预设的许多目标还远未达成。之所以本次新课程改革问题丛生、效果不彰，原因固然是多方面的。但是，其中最重要的原因在于我们的课程改革还是更多地停留在改变课程内容、教材、教学方法等显在的技术层面，而对课程改革的实施者——教师的认知和心理关注不够。实际上，课程目标的甄定、课程内容的遴选、课程实施方式的择取，一切课程与教学领域的突破和创新均有赖于教师的配合与施行。教师是课程与教学改革的生力军，也是决定课程与教学改革成败的主要因素。倘若教师没有确立与新课程改革相契合的教育教学理念，缺乏研究、开发与实施新课程的知识与技能，面对新课程改革中出现的问题不能做出科学的决策，那么，课程与教学改革必将原地徘徊，难有起色。教师认知研究可以转向教师外显行

① 裴淼.教师认知及其在第二语言教育领域中的研究[J].教育研究与实验,2009(3)：35.

为的背后,深刻揭示教师对教学改革的理解、认知和困惑,有助于帮助教师树立正确的教学观念,完善知识结构,确保课程与教学改革的思想和理念在实践中得以落实。①

二、卓越小学教师核心素养形成中的身体

身体是我们"最熟悉的陌生人"。诚如古希腊德尔菲神庙上的名言"认识你自己"给我们留下的启示——认识这个世界首先要从身体开始。同样,在卓越小学教师核心素养培育过程中,也首先必须对身体有一个清晰的认知和把握。下面拟从以下几个方面对"身体"展开讨论。

(一) 身体的涵义

尽管"身体"是一个极为常见的词汇,但是,对于这个词汇的实质意涵,我们却未必真正理解。事实上,对于它可以从多角度去进行理解和探讨。②

1. 身体是指人的生理性、物质性的躯体或肉体

这是对身体最常见、最经典的理解。它是作为心理、心灵、精神、意识、思想等的物质基础与其相对应,有时候甚至不包括代表精神和意识的头部。譬如,东汉许慎在其《说文解字》中指出:"身,躯(躬)也。象人之形。"③又譬如,我国的权威工具书《辞海》中对"身"的解释,其中一项是"躯体……亦特指头颈以下的部分"。④ 再譬如,《现代汉语词典》中对"身体"一词的解释为:身体是一个人或一个动物的生理组织的整体,有时专指躯干或四肢。还譬如,《汉语大词典》中对"身"的解释,其中一项是"人或动物的躯体",这种解释又细分为三层意思,即"整个身体、颈以下大腿以上的部分、头以外的部分"。⑤ 在英语中,与"身体"一词直接相关的是"body",按照《韦氏英语国际词典》的解释,"body"主要有三种含义:一是人或动物的全部物质存在;二是死的人或动物;三是生物或物体的核心主体。⑥ 也就是说,英语中的"body"更强调生物学意义上的身体内涵,而缺少了丰富的意蕴。这主要是受西方以柏拉图、亚里士多德、笛卡尔等为代表的身心二元论思想的影响。

① 张凤娟,刘永兵. 教师认知研究的综述与展望[J]. 外国教育研究,2011(1):43.
② 李政涛. 身体的"教育学意味"——兼论教育学研究的身体转向[J]. 教育理论与实践,2006(11):8.
③ 许慎. 说文解字[M]. 北京:中华书局,1998:170.
④ 辞海编辑委员会. 辞海(缩印本)[Z]. 上海:上海辞书出版社,1990:2217.
⑤ 汉语大词典编辑委员会. 汉语大词典[Z]. 上海:汉语大词典出版社,1992:1802.
⑥ Philip Babcock,Merrianm-Webster editorial staff. Webster's Third New International Dictionary of the English Language [M]. Spring filed Mass:C and C. Merriam Co,1976:246.

2. 身体是指社会性、历史性、文化性的存在

这种身体观意识到身体并非单纯地只是人的肉体或躯体。身体是处于社会历史文化中的机体。身体中蕴藏着社会文化和历史对个人的影响，也蕴含着个人对社会文化和历史的影响，并且这些影响都是在社会文化和历史变迁中达成的。所以，身体反映出来的既是物质性的肉体，更是具有特定社会文化和历史境遇的独特存在。[①] 这种观点集中地体现在马克思的相关思想体系之中。费尔巴哈颠覆了传统意识哲学中失真的身体，给身体以大致的现实描叙，他说："身体是属于我的存在，并且身体中的一切皆为我自身，为我所具有的独特本质。"[②]然而，马克思认为，费尔巴哈专注于反对人的抽象性，然而，其理论最后沦为了"本质主义"的代名词，因为他仅是对身体进行了大概的阐释，但并未使其拥有生命活力，是脱离社会现实来进行的纯理性思辨。而马克思在承认了身体作为生命之身的生物学基础上，又指出："人的本质并非是单个人所固有的抽象物，在其现实性上，它是一切社会关系的总和。"[③]社会性是人之为人的本质属性，社会之身便是现实性的集中反映，因为所有人皆是社会所有物，他不可能脱离社会而独立存在，身体一定与社会秩序、社会关系、社会形式发生关系。人的意识也是经由社会实践来获得的。马克思同时认为，人的身体必然是"历史之身"。历史是由人类所创造的，创造历史的人的身体必然具有"历史性"。身体在历史中存续和活动。一则，身体应从事生产劳动，再则，又要受到"肉体组织"及自然因素之制约。所以，"身体"之历史性应阐释为历史性的身体与身体的历史性的共生体。也就是说，人作为书写历史的主体，他一则锻造着历史的内容，再则又为历史的内容所规定，此处历史的内容亦是人的历史性反映，它由人类生活其间的社会与自然环境、先在的社会生产力水平以及社会组成形式等构成。身体的"文化性"主要体现在人是文化性的存在。文化原本是由人创造的，任何一个人都生活在特定的文化之中，其本身就构成了独特的文化。身体并非只是拥有自然属性的自然之身，事实上，身体也是文化的身体、社会的身体。身体本身就蕴含了丰富的文化色彩，不同的肤色代表着不同的种族国别，不同的服饰反映出不同的文化特征，不同的行为举止反映出不同的态度立场，不同的着装发型折射出迥然相异的性格爱好……身体及其活动方法既体现出一定的文化，又受到特定文化的影响和制约，身体的各个部分的功能及其运作过程，均受到社会文化环境的极大影

① 蒲凡.学校教学中身体的回归研究[D].重庆：西南大学硕士学位论文,2019：15-16.
② 费尔巴哈.费尔巴哈哲学著作选集[M].荣震华,译.北京：北京商务印书馆,1984：169.
③ 马克思,恩格斯.马克思恩格斯选集(第1卷)[M].中共中央翻译局译.北京：人民出版社,1995：60.

响和约束。[①] 相应地,自古以来,教师就是文化的象征和代表。一方面,教师通过教书育人活动,来传承、保存和创新文化,使人类文化得以薪火相传,生生不息。另一方面,任何一位教师都生活在特定的社会文化之中,深受社会文化的浸染与影响,从而使其深深地烙上"文化"的印记。综而论之,身体之存在,并非只是"为我的存在",而更多是"为他人的存在"。如此一来,身体就内蕴着丰富的历史意义,同时是社会的历史和文化的身体。

3. 身体是各种意义的扭结和发生场

作为生活中的常见词汇,"身体"已成为当下的一个高频词而备受关注。每个学科都在试图凭借身体,构建自己的理论。譬如,教育学认为,传统的教育对学生在时空方面有诸多的框束,认为身体是教育的对象,需要充分解放学生的身体。心理学则逐步由传统的认知科学转向"第二代认知科学"——具身认知。具身认知更是高度重视身体在认识和环境互动中的价值和意义。社会学则探讨了权力在身体上的运作及身体是怎样被规训的和反映社会不公正的。哲学上对身体的关注,则以尼采最为令人注目。他首先提出"一切从身体出发"。通过身体,结束了意识的一统天下及身心二元境地,确认身体是人们获致知识的依据和基石。身体在不同的学科、不同的场域中具有迥然不同的意义,而这些不同的意义皆汇集于身体,使其成为不同意义的集合体。

4. 身体是认识世界的媒介和自我展现的窗口

事实上,我们首先是经由我们的感官来认识外部世界的,世界经由刺激作用于身体感官,使人类获得感受和体验。也就是说,我们对于日常生活的感知来自我们的身体。譬如,当我们从远处看到一个苹果园时,尽管只看到其中的十几棵苹果树,但是,我们对苹果园已经形成了一种整体性的感知,我们已经可以在头脑中形成苹果园的整体样态,树冠的姿态,苹果的大小、颜色、味道。这种整体性认知的获得并非是单纯地通过意识形成,而是来自于长期积累的身体经验,也就是说,我们曾经有过与苹果园接触的身体经验,譬如,我们曾经在家乡的苹果园生活过十几年,关于苹果园的相关影像早已融入我们的血液之中,给我们留下了沦肌浃髓的印象。反之,如果离开了身体,我们就不可能很好地感知外部世界。当然,我们认为身体是认识世界的媒介,并非否定人类的理性意识和思维的作用。实际上,辩证唯物主义示明,感性经验是人们在改造世界的实践中获得的对客观事物的感性认识,它是认识的开始;感性认识只有能动地

---

① 费多益. 从"无身之心"到"寓心于身"——身体哲学的发展脉络与当代进路[J]. 哲学研究,2011(2):79.

飞跃到理性认识,才能全面、深刻地反映事物的本质和规律。

由上可知,身体是认识世界的媒介,同时,我们就必须意识到身体又是我们自我展现的窗口。我就是我的身体,身体的嵌入即是自我的嵌入,身体之呈现即是自我之呈现。换言之,身体从根本上说就是自我。你有什么样的身体,就有什么样的自我。① 身体是现实世界与个体内在的自我世界的桥梁和纽带。同时,通过身体及其活动可以向外部世界展示我们的自我世界。个体的生命情状、精神状态是内隐的,我们无法直接观察到,但是,它们可以通过身体去认识和把握。也就是说,个体的情绪特征、性格特征、个人形象、职业身份、所属社会阶层均可以通过身体向外部世界展示,并为人们所知晓和认识。譬如,在个性情绪特征方面,当一个人痛哭流涕时,说明他极为伤心难过;当一个人开怀大笑时,说明他较为高兴开心;当一个人双手颤抖,语无伦次时,反映出他较为紧张;当一个人手舞足蹈时,说明他满心喜悦。再譬如,当一个人说话火急火燎、嗓门超大说明他大大咧咧;当一个人衣着暴露出格,说明他较为开放时尚。又譬如,当一个人穿着警服,说明他是警察;当一个人戴着党徽,说明他是党员。还譬如,当一个人身着名牌,住着豪宅,开着豪车,说明他跻身上流社会;当一个人衣衫褴褛,沿街乞讨,说明他属于弱势群体。正是因为身体是我们向外部世界敞开的过程,他人正是首先通过我们的身体来认识我们的,因此,为了将我们美好的一面展现给他人,我们就必须以身体为切入点,进行自我规划和设计,加强身体管理。

5. 身体是一种整体的生命存在

"身体不只是生物性的肉体,它是身与心、感性与灵性、自然与价值及生理、意识和无意识,且在时空中动态生成、展现的生命整体。"②其实在人类早期,身心二元论出现之前,人类的身体便是灵肉一体的,身体与"我"被同等对待,认为身体和我如影随形,不可分离。彼时,我就是我的身体,而并非是我拥有一个身体,我就是身体本身。当然,根据马克思的观点,作为一种整体性生命存在的"身体"具有时间上的可终止性和空间上的被抛入属性。既然身体是一种整体性的生命存在,这就要求我们在教育教学过程中,将身体视为师生生命的整体,一方面,我们必须清醒地意识到,身体是师生生命存在的基础,也是教育教学得以顺利进行的前提;另一方面,通过师生的表现、穿着、体态语、动作节律等外显行为可以感知教育教学活动对于学生产生的影响。此外,我们必须充分利用师生感官感知产生的体验和经验去与教育世界建立密切而广泛的联

---

① 闫旭蕾. 教育中的"肉"与"灵"[M]. 南京:南京师范大学出版社,2007:9.

② 周与沉. 身体与修行——以中国经典为中心的跨文化观照[M]. 北京:中国社会科学出版社,2005:3.

系。也就是说,在教育教学视界中的身体,是灵与肉、感性与理性、物质与意识高度融合的完整的生命体,其涵括了师生在动态的教育教学过程中产生的教育教学体验,同时,身体也是被各要素建构但也能充分展现个体主体性的身体。[①]

尽管当前对于"身体"内涵的认识,人言人殊,但是,笔者比较认同,将"身体"看作是一种整体性的生命存在物。相应地,本研究中所提及的"身体"均是这个意义上的"身体"。

(二)身体的特征

在理解了"身体"内涵的基础上,对于身体的特征,我们也必须有一个清晰的认知和把握。作为一种形与神、灵与肉的结合体,身体具有以下特征。

1. 自然性

自然性是身体最为重要的属性之一。人是自然界的一部分。人的身体自然而然就具有内禀的自然性。人的身体的自然性是指"人与动物祖先的动物性具有一定历史联系,然而却融入了文化基因的、在人之实体性存在中反映出的内含自然特征的人之属性"。人与社会均是在自然界中产生的,并且,从一般的程度上而言,人和社会即为不断变化的自然界之一部分。这一点马克思曾指出过:"历史本身就是自然史的,即自然界成为人这一过程的一个现实部分。"[②]换言之,人类社会之历史即是自然界成为人的过程的现实反映。马克思在《1844年经济学哲学手稿》中曾说过:"人既是自然存在物,又是人的自然存在物,即,为自身而存在的存在物,因而是类存在物。他应该不但在自身的存在物之中,而且也在自己的知识中确证自身。……历史是人的真正的自然史。"[③]人的自然性并非是指人性等于自然性,而是意指人的各种属性是自然界发展的结果。人之所以能实现从四足爬行至直立行走,从猿至人的变化,就是在自然中通过劳动而实现的。人的自然属性表明人与动物之间有一定的相似性。譬如,我们饿了想吃东西,冷了要穿衣服,渴了需要喝水,到了一定年龄,有性的欲求,等等。对人的身体的自然性的确认在人类的认识发展史上无疑具有极大的进步意义。因为在此之前的相当长的一段时间内,宗教神学认为人是上帝创造的,人是神的产物;资产阶段上升时期,许多学者则认为人的各种属性是天赋的。承认人的自然性无疑是对"神启论"和

① 蒲凡. 学校教学中身体的回归研究. [D]. 重庆:西南大学硕士学位论文,2019:16.
② 马克思,恩格斯. 马克思恩格斯全集(第42卷)[M]. 中共中央马克思恩格斯列宁斯大林著作编译局,译. 北京:人民出版社,1979:128.
③ 马克思,恩格斯. 马克思恩格斯全集(第42卷)[M]. 中共中央马克思恩格斯列宁斯大林著作编译局,译. 北京:人民出版社,1979:169.

"天赋论"的反动和批判,其进步意义是不言而喻的。当然,我们在承认人的自然属性的同时,一定要注意到人的自然性与动物的自然性的区别:前者并非一种纯粹的自然性,而是具有文化基因的自然性。人的自然性是指"作为人的实体存在的基础的自然性,它与人所特有的社会性是紧密联系的"。也就是说,人的自然性与人的社会性是水乳交融、不可分割的统一体。"倘若我们在论及人的自然性时,将其与人的社会性相割裂,这种'自然性'仅是一种抽象性的概念,仅具有单一的学术意义,并且这种意义是微不足道的。"①同时,身体的自然性也说明,身体在时空上均具有内在的发展规律,譬如,人的发展具有顺序性、阶段性、不均衡性和个别差异性。这些规定是不以人的意志为转移的真实存在。总而言之,根据身体的自然性特征,在教师教育中,一方面,我们应遵循卓越小学教师自身的发展规律,去科学地促进其核心素养的提升;另一方面,我们应尊重卓越小学教师身体的自然性,对于卓越小学教师在核心素养形成过程中身体内部的欲望和冲动,只要是合情合理的,都要尽量去满足,而不是一味地去禁止或压制。

2. 主体性

主体性是身体的另一个重要特征。一般认为,主体是实践活动中有意识和主观能动性的人,客体存在于主体之外,是人的一切活动对象。现象学大师梅洛·庞蒂曾说过:"我已有这种经验,我的身体作为一个自然主体、作为我的整个存在的一个暂时形态,我就是我的身体。唯有身体主体方能表达主体之完整性。人类行为及意识活动来源于身体,是身体的机能。"②具体地说,身体的主体性主要表现在以下几个方面:其一,人的身体具有能动性。也就是说,人不同于其他动物,人是有血有肉、有思想、有灵魂的活生生的存在物。人不是消极、被动地接受自然界或他人所改造的。相反,人可以运用自己的智慧、意识和思维对于内外部刺激做出积极的、适切的应对或回答。而人的智慧、意识和思维又是存在于身体之中的。所以,能动性不是主观的,而是身体的。事实上,身体的能动性是与我们如影随行的。只不过是因为太常见,所以,往往被我们忽略罢了。譬如,当我们遭遇地震时,我们会不假思索去冲向室外可躲到桌子底下,以避免受到伤害,而不是坐以待毙;当我们经过一条泥泞的小路,为了防止滑倒,我们往往不用思考,就会身体前倾,步伐变慢,来使身体保持稳定。其二,人的身体具有唯一性。俗话说:"世界上没有完全相同的两片树叶。"同样,世界上也没有完全相同的

---

① 朱寿兴. 人的自然性和美的自然性问题[J]. 马克思主义美学研究,2003(6):170.

② 梅洛·庞蒂. 知觉现象学[M]. 姜志辉,译. 北京:商务印书馆,2001:257.

两个身体。人的身体具有唯一性和独特性。"正是由于身体为个人占据了一个他人无法分享的、唯一的、不可替代的存在位置",①因此,人与人之间才有所不同,人的主体性才得以存在。倘若没有身体的分殊,那么世界上,人与人之间将完全相同,难以辨识。其三,人的身体具有创造性。人的身体的创造性从人类的进化史上即可得到明证。人之所以能从猿进化为人,其中一个重要因素,就在于人能够发明创造并使用工具。当然,人的身体的创造性在文学、艺术、科学等领域都表现得非常明显。事实上,许多文学作品、艺术作品、交通工具、通讯工具、武器设备等本身在世界上是并不存在的。而正是由于人的身体具有一种创造的潜能和冲动,一些文学家、艺术家、科学家等行为主体,充分发挥他们的创造性和想象力,形成了一些广为世人称道的文学作品、艺术作品或其他物品。可以说,正是因为人的身体的创造性,才使得我们这个世界变得色彩斑斓、丰富多彩。身体的主体性启示我们,在卓越小学教师核心素养培育过程中,一方面,我们要创造各种条件和机会,充分调动卓越小学教师提升核心素养的主动性和积极性,而不是由专家学者去替代其发展。另一方面,我们应充分尊重每位卓越小学教师的独特性,充分调动、激发每位卓越小学教师创造的激情,使他们的职业生涯充盈着创造的乐趣,从而远离日复一日的重复性劳动。

3. 整全性

身体不仅涵括人的动物性、肉体性、欲望性、自然性,而且内蕴着内在于人的精神性、灵性和神圣性,同时,上述因子是彼此交叠、水乳交融的,共同构成了现实的身体。在我国古代哲学中,"体"包含了血肉形躯和精神心思,"身"包括了形体、心灵、自我和生命等含义,同时,尤其强调心灵的德性和情意等因素,身体具有统摄形、气、身的活泼的整体性,反映出了古人的和合智慧。② 事实上,在哲学史上,尤其是西方哲学史上,许多哲学家对于身体的整体性均进行过一定的探讨。譬如,费尔巴哈曾从人与自然、人与社会、人与意识三个角度对人做了整体性思考,他认为,人是包含自然属性、社会属性和精神属性的完整的人。但是,他又认为,虽然人是由多重属性构成的一个有机整体,但是,其中,自然属性处于最低层,属于基础部分,社会属性处于中介地位,居于最高层次的则是精神属性。它们之间具有较为紧密的关系,较低层次属性是较高层次属性的基础和前提,较高层次属性将较低层次属性包含于自身之中。譬如,他认为,人

---

① 郭祥超.教师专业发展:身体哲学的视角[M].北京:教育科学出版社,2012:41.
② 郭祥超.教师专业发展:身体哲学的视角[M].北京:教育科学出版社,2012:44.

之思维无法离开生命与血肉的感性存在,然而,思维属性又高于自然属性。① 马克思则认为,身体的在场是以"需要"和"自然"为标志的,而"需要"和"自然"是人的感性对象性活动的结果,它们不仅涵盖了自然性,而且包含精神性,也就是说,身体是人的整全性的存在方式。② 胡塞尔所提及的"意向性"身体,同样其中既含有身体的肉体性,又包含了身体的精神性、意识性,也体现了身体的整体性。梅洛·庞蒂也曾指出:"我们身体的各个部分以独特的方式相互关联着:它们并非各自独立的开展,而是相互包含着……我是在一种不分离的状态下拥有我的身体的,而我就是透过一个身体图式(body schema)知道我每个肢体和器官的位置……。"③概言之,身体是"物质、精神、文化和信息等所构成的生命整体。观照人之生命整体,促进人的整体性发展,是教育教学最为重要的任务之一"。④ 相应地,尽管卓越小学教师的核心素养可以细分为职业道德、知识基础、自主学习能力、实践创新能力、交往与合作能力、科研能力、教学能力等内容,但是,我们必须清醒地意识到,每一个卓越小学教师都是一个整体性的生命存在体,我们之所以将卓越小学教师核心素养的内容细分为不同的内容,只是从理论上,出于研究的需要而提出来的,在真正的教师教育中,我们必须用整体思维、系统思维去关照、审视卓越小学教师,从有利于培养身心整全发展的卓越小学教师之视域去找寻培育其核心素养之有效路径。

4. 实践性

实践性是身体的又一个典型特征。身体的实践性其实从"身体"一词的本意中即可得到体现。根据后汉时期的词典《释名》中解释:"身,伸也,可屈伸也。""身"即"伸",具有伸展、扩展之义,身体在此处是一个包含了伸展、体验、实践的动词。身体的实践性不仅可以从词义上得到说明。事实上,许多哲学家也认为身体意味着实践、体验。古希腊三哲之一的亚里士多德是首先将实践从日常生活的常识性概念提炼成为哲学范畴的人。在其论著《形而上学》《物理学》《尼各马可伦理学》中,他把人类的行为活动称为实践。他将人类全部的思想分为实践的、创制的和思辨(理论)的。⑤ 在他看来,理论关注的是存在的问题,实践关注的则是涉及伦理道德方面即善的问题,仅有与人

① 程平. 论费尔巴哈对人的整体性考察及其局限性[J]. 巢湖学院学报,2005(4):13-15.
② 张文喜. 自我的建构与解构[M]. 上海:上海人民出版社,2002:159.
③ Merleau-Ponty, M. Phenomenologie de la Perception [M]. Paris:Gallimard,1945:114.
④ 王爱玲. 课程改革的重要问题:关注人的整体性发展[J]. 教育研究,2009(7):40.
⑤ [古希腊]. 亚里士多德. 形而上学[M]. 苗力田,译. 北京:中国人民大学出版社,2003:120.

相关的,并且经由人之活动改变的世界方为实践的。马克思同样认为,人的身体具有实践性。他认为,实践的内涵包括以下五个方面:一是实践是一种政治感性活动。二是生产劳动是其最基本的含义。三是实践包含着价值性。四是实践包含着一定的总体原则。即要在全部的社会历史运动的基础上对人类的活动进行全面的、整体的理解,在实践活动中使人的发展具有全面性和总体性。五是实践是人的生存方式。① 吉登斯认为:"身体是一种实践模式,也是一个行为系统。"②特纳认为:"身体是一套社会实践模式、一种体现、一个行为系统,人经由身体展示、控制、建构自我。"③梅洛·庞蒂认为,身体是能在,表征着人的活动及能力,身体作为能在是人这一能动者体现出来的存在,反映不仅是一种自我规划,而且是一种社会规划。客体的统一并非在思想中形成,而是被经验为"我"的身体的统一的相关物。身体无法被还原为身体表象,我们必须回归到实际的身体经验。④ 布迪厄也认为:"实践不是心理状态,而是身体状态。实践感是世界的准身体意图,它是世界的内在性,世界由此出发,将其紧迫性强加于我们。它是对行为或者言论要做的或者要说事物进行的控制。"⑤综而论之,无论是从词源学上,还是从一些哲学家的身体观中,我们都不难发现,身体并非是一种纯粹的理性存在物,而是一种关涉情绪、情感、体知、体悟的实践过程和状态,理性和逻辑认识在身体中仅仅是派生的。具体到教师教育领域,在卓越小学教师核心素养培育过程中,我们要充分认识和尊重身体的实践性,不能仅满足于"坐而论道",不能仅仅限于对卓越小学教师核心素养培育作理论上的推演和设想,相反,我们应"起而行之",创造各种条件和机会,充分调动卓越小学教师的身体,让卓越小学教师在教育教学中去多实践、经历和体验,通过身体的多样性活动来提升自身的核心素养。

(三)身体在卓越小学教师核心素养形成中的价值

罗兰·巴特曾说过:"正像乳房是产生乳汁的机器一样,身体也是产生整个人类文明的机器。身体中永远流动的欲望常能激发出惊人的强力,推动着人的积极的生产活动。"⑥由此可见,身体具有极其重要的作用。具体地说,身体在卓越小学教师核心素

---

① 王罕哲.马克思的实践概念与亚里士多德的实践概念的比较研究[J].求索,2015(9):62-63.
② [英]安东尼·吉登斯.现代性与自我认同——现代晚期的自我与社会[M].赵旭东,王文,译.上海:三联书店,1998:111.
③ 郭祥超.教师专业发展:身体哲学的视角[M].北京:教育科学出版社,2012:47.
④ 杨大春.感性的诗学:梅洛·庞蒂与法国哲学主流[M].北京:人民出版社,2005:213.
⑤ [法]皮埃尔·布迪厄.实践感[M].蒋梓骅,译.南京:译林出版社,2003:101-105.
⑥ 张之沧.论身体教育的迫切性[J].体育与科学,2005(4):7.

养的培育过程中,具有如下价值:

其一,身体是卓越小学教师学习的基础和出发点。卓越小学教师核心素养不是先在的、自明的,相反,它的形成是一个循序渐进的过程。卓越小学教师要想切实提升核心素养就必须进行持续的学习。而卓越小学教师要想顺利地开展学习活动,身体则发挥着基础性的作用。一方面,从浅表的层面上讲,"身体是革命的本钱"。离开了健康的身体,学习活动将沦为无源之水、无本之木。如此一来,卓越小学教师核心素养的培育与提升必将沦为空谈。另一方面,从认知科学的视角而言,当下勃兴的具身认知理论也业已示明身体在人类的认知与学习中的作用是构成性的、始源性的。具身认知理论认为,身体参与了认知,影响了思维、判断、态度和情绪等心智过程;我们对于客观世界的知觉依赖于身体作用于世界的活动,身体的活动影响着关于客观世界表象的形成;意义源于身体,抽象的意义有着身体感觉——运动系统的基础;身体的不同倾向于造就不同的思维和认识方式。① 由此可见,在人类认知和学习过程中,身体决不能缺位。换言之,"认知并非与身体无关,而是形成于身体的动作经验中。从本质上讲,认知是一种身体经验,而这种经验源自有着一定物理结构和运动能力的身体;离开了这个身体,认知就无从谈起。作为认知过程的知觉并未脱离身体,而是存在于知觉引导的行动中,与身体运动水乳交融、浑然一体"。② 进而言之,身体主要是通过以下五方面的内容对认知与学习活动施加影响的:(1)身体解剖学结构。人类独特的身体解剖学结构在最基础的层面限定了人类如何认知、如何形成概念或表征知识,在认知过程中发挥着因果甚或构成性作用。(2)身体感知觉。具体的身体感知觉体验影响抽象的认知加工判断,而抽象的认知或情绪亦可激活或促发相应的身体感知觉,二者有着双向的互补作用。(3)身体行为活动。与身体相关的行为活动,动作方式等在认知过程中起着因果或建构性作用。(4)身体环境。身体是嵌入环境的。环境对身体或情绪的影响是以一种间接的方式进行的。(5)身体图式。身体实际体验的反复发生即可形成经验或表征,从而以离线的形式作用于认知加工,其中就包含了身体图式、身体意象等。而概念隐喻、具身模拟则使上述身体对认知和学习影响的途径成为可能。③ 相应地,卓越小学教师的学习必然是一种具身学习。离开身体的参与,卓越小学教师的学习

---

① 叶浩生."具身"涵义的理论辨析[J].心理学报,2014(7):1032.
② 叶浩生.身体的教育价值:现象学的视角[J].教育研究,2019(10):45.
③ 翟贤亮.从具身认知的基本属性到边界条件:祛魅与新立.[D].长春:吉林大学博士学位论文,2018:21
　－23.

只能是一种不切实际的呓语,这样一来,卓越小学教师核心素养的形成也就沦为虚妄。

其二,身体预示了卓越小学教师核心素养形成的可能性。卓越小学教师核心素养的形成是多种因素相互交织的产物,它不是一蹴而就、简单线性的过程,而是充满了不确定性的复杂过程。而身体则预示了卓越小学教师核心素养形成的可能性,这主要是因为身体保证了卓越小学教师核心素养形成过程不确定性中的确定性。"教师作为身体为自身的不确定性奠基,同时又成为教师自己的不确定性中的确定性的坚实基础。因为教师身体表征着教师在教育世界中所占据的位置,其众多特征注定了是相对确定的,因而教师核心素养的形成也是相对确定的。卓越小学教师核心素养形成的相对确定使其能够被人把握和理解,使认识卓越小学教师核心素养的形成机理成为可能。卓越小学教师核心素养形成中的确定性反映为其内容和边界是相对确定的。其内容和边界既具有有限的确定性,又具有不确定性。卓越小学教师身体的内容恰恰构成了其核心素养形成的内容。这些内容具有涵盖灵与肉、情感与理性、时间与空间、存在经验与特定意义、思维与认知、情感与意志、道德伦理与精神修养、规训、社会历史与文化等。"①卓越小学教师的身体为卓越小学教师核心素养的形成规定了疆界,划定了范围,同时,也为卓越小学教师核心素养的形成提供了可能性。反之,如果离开身体的支持,卓越小学教师核心素养的形成与培育就会变得极为抽象和空洞,让人摸不着边际,从而迷失方向。

其三,身体影响并反映着卓越小学教师核心素养的培育效果。一方面,身体可以影响卓越小学教师核心素养的培育效果。罗兰·巴特曾说过:"我和你不同,就是因为我的身体和你的身体不同。"②换言之,人与人之间的差异并非仅体现在思想、精神、观念、教养等层面,而是主要反映在身体的差异上。具体而言,人们的身体差异既反映在不同的个体拥有不同的肉身,譬如,高、矮、胖、瘦、美、丑、肤色的不同,又体现在不同的个体身体功能往往存在差异,譬如,有的人视觉敏感、有的人听觉敏感、有的人则触觉敏锐。同样地,不同的卓越小学教师也常常因为身体上的不同,导致他们在思想、观念、知识基础、教学风格、教学能力、师德修养等方面存在一定的差异。卓越小学教师的上述差异客观上就会影响到对其核心素养的培育效果。因此,要切实提升卓越小学教师核心素养,我们就必须认真研究卓越小学教师的身体,尊重他们的身体差异,做到因材施教,这样才能真正科学、高效地培育卓越小学教师的核心素养。另一方面,身体

---

① 郭祥超.教师专业发展:身体哲学的视角[M].北京:教育科学出版社,2012:67-68.

② Roland Barthes. Roland Barthes by Roland Barthes (Hill and Wang),117.

又能反映卓越小学教师核心素养的培育效果。卓越小学教师身体的发展具有未完成性和潜在的可能性。事实上，卓越小学教师核心素养形成的过程，也是其身体发展逐渐走向完善的过程。在教师教育过程中，如果我们发现卓越小学教师身体发展极不完善，我们就可以推测出其核心素养远未形成，反之，当我们发现随着时间的推移，培育措施的持续跟进，卓越小学教师的身体发展已经逐步趋于完善，内在于卓越小学教师身体的自然性、社会性、欲望性、精神性、神圣性和灵性已经达到高度的和谐和共契，也就是说，卓越小学教师身体已经达到较为整全的样态，这就表明卓越小学教师核心素养业已形成。

其四，卓越小学教师核心素养的形成过程根植于身体体验和活动之中。当下在教师教育领域，人们往往更多地关注卓越小学教师核心素养的实然状态，而对于卓越小学教师核心素养的形成过程却重视和研究不够。事实上，要想切实提升卓越小学教师核心素养，就必须充分重视对其形成过程的研究。从身体视角审视，我们不难发现，卓越小学教师核心素养形成的过程主要是源自于卓越小学教师的身体体验和实践。身体意味着体验和实践。梅洛·庞蒂认为，身体是体验的身体，身体"既并非是虚幻抽象的存在，也并非是作为认识和实践对象的对象化存在，而是非实体性的现象场或意义发生场"。[1] 经验的身体是产生意义的重要来源。身体作为一种变动不居的自我建构者经由持续体验着世界而存在。相应地，卓越小学教师核心素养的形成过程，也就是其通过自己的身体不断地体验、经历和实践的过程。"作为感性对象性活动的卓越小学教师身体意味着体验式的行为，关注对教育和发展意义的体验。教师身体作为教育和发展实践过程中体现出来的介入教育世界的能在，表征着教师的原初直接性活动及其能力，并非纯粹理性的存在，而首先是情感、情绪、体知、体悟的状态和感官方面的活动，直接展现为衣着服饰、动作姿态、面部表情等身体表达。"[2]卓越小学教师核心素养形成的机理提示我们，在教师教育过程中，我们不能仅满足于让卓越小学教师整天坐在书斋或办公室中，只满足于学习一些专家、学者的"宏大理论"，相反，我们必须充分重视他们的身体，创造各种条件和机会，让他们能充分地调动自己的身体，在教育教学实践之中去多体验、多感悟、多实践。唯其如此，方可真正提升其核心素养。

---

① 郭祥超.教师专业发展：身体哲学的视角[M].北京：教育科学出版社,2012：12.
② 郭祥超.教师专业发展：身体哲学的视角[M].北京：教育科学出版社,2012：80.

三、卓越小学教师核心素养形成中的环境

人是不可能脱离环境而存在的。同理,卓越小学教师的核心素养不可能形成于真空之中,相反,它总是在特定的环境之中,经过不断的发展、完善而形成的。因此,本部分拟对卓越小学教师核心素养培育中的环境进行讨论。

(一)环境的涵义与构成

研究"环境",首先应从其概念入手,在把握其涵义之后,再了解其构成,这样就为对其进行全面、深刻的理解与认知提供了条件与可能。

1. 环境的涵义

环境是一个日常生活中极其常见的词汇,然而,究竟什么是环境呢? 事实上,细究起来,环境的涵义极为复杂,从不同的视角,可以对其做出不同的界定。从哲学的视角而言,环境是指我们研究的主体周围的一切情况和条件。对于人来讲,环境指人生活于其中,并影响人的一切外部条件的综合。这个外部条件的综合,包括人在社会生活中的条件和社会关系的综合,也包括人们赖以生存的自然条件的综合。[①] 从社会学的视角而言,环境是从物质上、精神文化上或制度上影响人们并使之感受其力量而力求与之相适应的周围境况。人们周围的境况主要有两种形态:自然环境和社会环境。[②] 从心理学的视角而言,环境是指在人的心理意识之外,对人的心理、意识的形成产生影响的全部条件,包括个人身体之外存在的客观现实也包括身体内部的运动和变化。[③] 从教育学视角而言,环境是指直接或间接影响个体的形成和发展的全部外在因素,包括先天环境即胎内环境和后天环境,即自然环境和社会环境等。[④] 从环境科学的视角而言,环境指围绕着人群的空间及其中可以直接或间接影响人类生活和发展的各种自然因素的总体。[⑤] 由上可见,从不同的维度和立场,可以对"环境"做出迥然相异的阐释与解读。笔者综合学界的主要观点后,比较认同将"环境"视为围绕着主体并对主体产生直接或间接影响的各种因素的总和。相对于人而言,就是人生活于其间,并对人产生直接或间接影响的各种因素的总和。[⑥]

需要特别指出的是,单一、孤立地研究"环境"是没有什么实际意义的,由于本研究

① 王桂华. 教学环境对语文教学影响的研究[D]. 石家庄:河北师范大学硕士学位论文,2007:15.

② 李剑华,范定九. 社会学简明辞典[M]. 兰州:甘肃人民出版社,1984:301.

③ 朱智贤. 心理学大辞典[M]. 北京:北京师范大学出版社,1989:274.

④ 顾明远. 教育大辞典[M]. 上海:上海教育出版社,1990:34.

⑤ 中国大百科全书总编辑委员会. 中国大百科全书[M]. 北京:中国大百科全书出版社,1983:154.

⑥ 陈丽. 课堂教学环境透视与改进策略研究[D]. 乌鲁木齐:新疆师范大学硕士学位论文,2006:12.

主要是探讨卓越小学教师核心素养培育中的环境。而卓越小学教师的核心素养又主要是在教育教学过程中获致的,因而,本研究中主要研究教育教学环境(下同)。对于何谓"教育教学环境",学界也是仁智互见,莫衷一是。中西学者对于"教育教学环境"的内涵都极为关注。例如,美国教育技术学家F•G•诺克认为:"教育教学环境是由学校建筑、课堂、图书馆、实验室、操场以及家庭中的学习区域所组成的学习场所。"[1]澳大利亚知名学者巴里•J•弗雷泽认为:"教育教学环境是由课堂空间、师生人际关系、课堂生活质量和课堂气氛等因素构成的课堂生活情境。"[2]心理学家霍利则认为:"教育教学环境是一种能激发学生的创造性思维的温暖而安全的班级气氛。"[3]在我国也有许多学者对教育教学环境进行了积极的探讨。譬如,张楚廷认为:"教育教学环境是由影响人(师、生)的各种教育教学因素的综合。而教育教学因素即指那些与教育教学有关、影响教育教学并经由教育教学影响人的因素。"[4]郭思乐等认为:"教育教学环境是指与教育教学活动相关的一切周围因素构成的体系。"[5]李玉洁认为:"教育教学环境是一个具有若干层次的复杂多元的系统,狭义上主要是指在一个学校内部,教和学发生直接或间接关系的一切主客观因素;广义上讲,还包括国际国内存在的对教育教学活动及师生素质发展产生影响的一切主客观因素。其涵盖的范围极广,不仅包含客观的物质条件,而且包含主观的人文条件,同时,也包括所涉及到的人际关系、物流关系、服务关系等。"[6]由上可知,"教育教学环境"是一个人言人殊、百人百义的概念,笔者在综合各家观点后,比较认同田慧生对于教育教学环境的界定。他认为,"教育教学环境是指学校教育教学活动所必需的诸客观条件和力量的综合,它是按照发展人的身心这种特殊需要而组织起来的育人环境。"[7]

2. 环境的构成

关于教育教学环境的构成,学者们也是众说纷纭,看法各异。譬如,张楚廷认为,教育教学环境主要包括以下六个方面:(1)教学自然环境。主要包括校园及周边的花

① Frederick G•Knirk. (1979). Designing Productive Learning Environments. Education Technology publications,Inc. 36.
② Barry J•Fraser. (1986). Classroom Environment. Groom Helm Ltd. 21.
③ Sheralyn S•Gold Becker. (1976). Values Teaching. National Education Association of the United States. 45.
④ 张楚廷. 论教学环境与课程[J]. 湖南师范大学社会科学学报,1999(1):98-99.
⑤ 郭思乐等. 学校内部教育环境与学校形象设计研究[J]. 教育研究,2000(10):35.
⑥ 李玉洁. 论教育环境对大学生素质发展的影响[D]. 武汉:湖北工业大学硕士学位论文,2011.7.
⑦ 李秉德、李定仁. 教学论[M]. 北京:人民教育出版社,2001:270-271.

草树木,绿色,乃至空气、噪声、光线等因素。(2)教育教学物质环境。主要包括校舍建筑、图书资料、仪器设备,以及其他一切有形的教育教学设施。(3)教育教学人际环境。主要指教师与教师、学生与学生、教师与学生等构成的人与人之间的关系。这种关系是以一种潜隐的方式存在的。(4)教育教学观念环境。主要是指附着于人们从而对人们施加影响的观念构成的环境。(5)班级教育教学环境。这是相对于不同范围的环境。同一所学校,不同的班级存在不同的教育教学环境。(6)教育教学社会环境。教育教学不是孤立、封闭的存在物,相反,它是发生在特定的时空范围之内,自然会受到社会环境的影响,也就是说,教育教学与学校所处的场域有关,它一直在与社会交换着信息、能量,从而不断促进自身的发展。① 田慧生认为,教育教学环境主要由如下九个方面构成:(1)空气、温度、光线、声音、颜色、气味;(2)各种教学设施;(3)社会信息;(4)座位编排方式;(5)班级规模;(6)人际关系;(7)校风班风;(8)课堂教学气氛;(9)其他因素。② 王桂华认为,教育教学环境主要由三部分构成:(1)生理环境。即个体自身的生物特点,如身体的健康状况、大脑发育、年龄和个性等。(2)物理环境。即教育教学环境中有形的、静态的硬环境部分,如自然环境、设施环境、时空环境等。(3)心理环境,即教育教学中潜隐的、动态的软环境。关于这一点,学者们看法也不尽相同。如有学者认为心理环境包括人际环境、信息环境、组织环境、情感环境和舆论环境;③有论者则认为心理环境包括组织——制度环境、人际心理环境;有论者则认为缄默知识也属于心理环境。④ 刘强等学者在综合了学界的主要观点后认为,教育教学环境主要包括以下三大类:(1)物理环境。主要包括物理卫生环境,如空气品质、光环境、声环境;空间环境,如教室的面积、班级规模、空间规划、座位的编排布局、色彩环境等。(2)教室心理环境。指教室中师生互动和生生互动的基本要素及状况的总和,包括班级心理环境和个体心理环境。(3)教室教学信息与设备设施环境。这是教室之中影响教学的信息与技术条件,是教学活动得以顺利开展的物质保障。在信息技术高度发达的当下,电脑、白板、音响设备、电子教学资源等智慧教室的必需品成为教育教学的物质基础。⑤

由上可知,从不同的立场和视角审视,教育教学环境构成要素不尽相同。但是,我

① 张楚廷.论教学环境与课程[J].湖南师范大学社会科学学报,1999(1):99-100.
② 李秉德,李定仁.教学论[M].北京:人民教育出版社,2001:271-275.
③ 田慧生.教学环境论[M].南昌:江西教育出版社,1996:20.
④ 温欣荣,王月宝.语文研究性学习实施的教学环境探析[J].中学语文教学参考,2006(7):63
⑤ 刘强等.教室教学环境的构成要素研究[J].现代教育技术,2016(8):56-59.

们不难发现,教育教学环境是一个复杂的巨系统,它的构成要素相互交叠、彼此影响,并且往往以师生的感官和身体,师生、师生及生生之间形成的"共同体"及围绕儿童生活和经验组织的"连续性课程知识",构成教育教学环境的特殊形态,[①]从而对卓越小学教师核心素养的形成产生重要影响。

(二) 环境的特征

环境是卓越小学教师生活于其间,并不断受到其影响和濡化,教师核心素养逐渐形成的场域。与其他环境相比较,卓越小学教师核心素养形成中的环境具有其自身的独特性。一般而言,它具有如下几个特征:

1. 广泛性

在卓越小学教师的核心素养培育过程中,其所处的环境具有广泛性的特点。这主要表现在以下三个方面:一是环境在时空维度的广泛性。具体而言,从时间的角度来讲,卓越小学教师无时无刻不处于特定的环境之中,以前如此、现在如此、将来仍如此。一旦脱离了具体的环境,卓越小学教师核心素养的形成就失去了根基和条件。从空间的角度来讲,卓越小学教师核心素养的形成是"无处不存的",它并不拘囿于教室或校园中。它既包括学校环境,又包括社会环境甚至家庭环境。二是环境构成因素的广泛性。形成卓越小学教师核心素养的环境不是单一的,而是多种多样的。从空间上看,包括国内环境和国际环境、学校环境和社会环境;从存在性质上看,可分为社会环境和自然环境;从存在状态上看,分为虚拟的现实和虚拟的环境。当然,此外还有生理环境、心理环境、家庭环境等诸多的因素。三是环境影响程度的广泛性。这主要表现在以下两个方面:一方面,表现为影响方向的广泛性。既包括良好、适切的环境能对卓越小学教师核心素养形成产生积极的影响,又包括不良、失当的环境会对卓越小学教师核心素养形成产生消极、阻滞作用;另一方面,表现为影响范围的广泛性。环境并非仅影响到卓越小学教师专业知识和技能的掌握,而是影响到卓越小学教师核心素养的所有方面,也就是说,它对于卓越小学教师的职业道德、知识基础、学习能力、创新能力、交往与合作能力、科研能力、教学能力均有直接或间接的影响。正是通过环境全方位的影响,卓越小学教师核心素养才得以逐步形成。

2. 复杂性

卓越小学教师核心素养形成中所处的环境的复杂性主要表现在三个方面:一是

---

① 魏善春. 论过程哲学视域中教学环境的三种形态及其价值意蕴[J]. 华东师范大学学报(教育科学版),2016(2):68.

构成环境的各部分关系的复杂性。也就是说,在卓越小学教师核心素养培育过程中,构成环境的各种要素之间并非存在着简单、线性的关系。复杂性科学提示我们,整体并非简单地等于部分之和,同时,部分也并非简单地叠加在一起就形成了有机的整体。事实上,构成环境的各种因素之间存在或包含、或互斥、或交叠的复杂关系,正是通过这些要素之间的相互影响、交互作用,环境才得以存在。二是卓越小学教师核心素养形成中的环境处于动态发展变化之中。辩证唯物主义认为,事物静止是相对的,运动是绝对的。因此,在教师教育过程中,卓越小学教师所处的环境是变动不居的。他们所处的自然环境、社会环境、心理环境、生理环境等都会随着时间、条件的变化而不断发展变化。这种变化有时甚至是令人难以捉摸的,从而增加了环境的复杂性。面对这种一直处于流变之中的环境,卓越小学教师就必须摒弃静态的思维方式,以一种复杂思维、动态思维来对待所处的环境,避免"先入为主"式的固有思维和教育教学惯习。也就是说,我们要能根据环境的实时变化,及时调整卓越小学教师核心素养培育的目标、内容、过程、方法等,以真正适应新的环境。三是环境对卓越小学教师影响的复杂性。这具体表现为以下两个方面:一方面,环境对教师影响的差异性。当不同的卓越小学教师面对同一环境时,有的人受到环境的影响大,有的人受到环境的影响小;有的人受到环境的影响是积极的,有的人受到环境的影响则是消极的。另一方面,环境影响方式的多样性。有的环境对卓越小学教师核心素养形成的影响方式是直接的,有的是间接的,有的是持久的,有的是短暂的,有的是真实的,有的是虚假的,有的是广泛的,有的是个别的。

3. 可塑性

尽管环境对于卓越小学教师核心素养的形成与培育具有一定的影响。但是,卓越小学教师不是冷冰冰、无生命的物,而是有灵魂、有思想、有血有肉的人。他们在学习与成长的过程中并非是消极、被动地接受环境的影响,相反,他们具有一定的主观能动性,可以积极、主动地改变、调整环境,以适应其成长的需要。需要特别指出的是,虽然在卓越小学核心素养的形成过程中,其所处的环境是可塑的,但是这种可塑性又具有一定的相对性。具体地说,一是不同的小学教师塑造、改变环境的能力并非是绝对一致的,他们存在改造能力大小的分殊。二是有些环境是小学教师易于塑造、改变的,而有些环境教师则是难以改变的,往往需要借助政府的力量。三是有些环境无法完全改变,仅可局部改造。

4. 开放性

卓越小学教师核心素养形成中的环境是一个复杂的巨系统,根据复杂性科学可知,开放性是复杂系统的一个重要特点。因此,在教师教育过程中,环境具有开放性。也就是说,卓越小学教师学习与生长中所处的环境并非是一个封闭的、与外界完全隔绝的系统,相反,它是一个与外界不断保持物质、信息和能量沟通与交换的开放系统。环境的这种开放性主要表现如下:一是时空的开放性。从时间上讲,随着信息技术的飞速发展和在教育教学中的普遍使用,卓越小学教师的学习与成长早已突破了时间的限制,也就是说,他们并非只是在课堂上或在培训时,可以学习与进步,而是完全不受时间的限制,可以根据需要和意愿,随时进行学习。从空间上讲,卓越小学教师的核心素养形成环境也不局限于在学校这一环境中,他们在学校、家庭、社会等各种不同的环境之中,均可以进行学习。也就是说,他们已经完全摆脱了空间的框束,可以任意选择适宜的地点开展学习活动,使自身获得发展。二是不同环境之间的联系和沟通。一方面,在同一环境内部,教师与教师、教师与学生之间保持一定的交流、对话和沟通。另一方面,不同环境之间的开放与交流。譬如,在某一区域内,不同学校中的教师之间的开放和交流;在不同区域之间,不同学校教师之间的开放与交流。三是环境向"生活世界"的开放。即卓越小学教师核心素养培育的内容应回归其"生活世界"。"教育教学回归生活世界即关注从卓越小学教师已有的生活经验和知识中建构新知,从真实的生活世界中寻找素材,用具体的、生动的、形象的生活实例解释新知,摆脱那种逻辑的、实证的、形而下的"固化知识"的学习,在生活世界中感悟和体验从旧知到新知的过程,并在这种过程中生成卓越小学教师理想的核心素养。"[1]

(三) 环境在卓越小学教师核心素养形成中的价值

"生命必须在环境之中,并且只有经由环境方可形成自身及其行为,生命本身也就因此而构成环境不可或缺的部分。"[2]同理,在卓越小学教师核心素养形成过程中,环境也具有至为重要的价值。具体表现如下。

其一,环境可为卓越小学教师核心素养的形成提供基本的物质保障。俗话说:"巧妇难为无米之炊。"同样地,卓越小学教师核心素养的形成也离不开必要的物质支持,而环境恰恰能为卓越小学教师核心素养形成提供相应的物质基础。

其二,环境可促进卓越小学教师认知、情绪、情感的发展。卓越小学教师在核心素养形成过程中,环境与其认知、情绪、情感的发展关系非常密切。在合宜的环境背景之

---

① 魏善春.论过程哲学视域中教学环境的三种形态及其价值意蕴[J].华东师范大学学报(教育科学版),2016(2):73.

② 陈怡.经验与民主——杜威政治学基础研究[M].上海:复旦大学出版社,2002:34-35.

下,卓越小学教师的情绪可以受到一定程度的感染,良好的情感体验能够得以形成,从而促进其教育智慧的形成。相反,倘若卓越小学教师所处的环境失当的话,匮乏或过量的环境刺激往往会使他们大脑的活动水平下降,情绪焦躁不安,甚至出现幻觉,严重影响教师发展。这一点有学者早就提出过:"轻松愉快的情绪可以激活大脑,使大脑皮层处于觉醒状态,引起和保持人的兴趣,产生超常的记忆力、活跃创造思维。而情绪唤醒水平较低时,由于大脑无法得到足够的能量,智力水平则较低。"[①]当然,环境对于卓越小学教师在认知、情绪、情感等方面的影响,往往是以一种"随风潜入夜,润物细无声"的潜隐方式存在的。正因为环境对人的影响如此巨大,历史上才会出现"孟母三迁"的故事。当然,卓越小学教师在核心素养形成中,所受到环境的感染熏陶主要包括以下三种类型:[②]一是情绪感染。它是指卓越小学教师受到社会舆论和社会潮流的影响,产生情绪波动,并以此对社会行为做出价值判断和选择的过程。譬如,如果社会上形成了一种"尊师重教,尊重知识"的舆论氛围,卓越小学教师自然会具有高度的职业认同感,从而使他们在教书育人工作中,具有良好的情绪、情感体验。反之,倘若社会上"读书无用论""百无一用是书生"等舆论沉渣泛起,那么,势必就使卓越小学教师对教师职业的认同感降低,对自己的职业不自信,从而带来不良的情绪、情感体验。二是形象感染。它是指卓越小学教师受到生动直观的社会事物和典型事例的触发,引发情感的变化过程。譬如,卓越小学教师通过赴南京行知园参访,通过观看关于陶行知生前的物件,倾听工作人员对于陶行知先生办学理念与经历的讲解,陶行知先生的"捧着一颗心来,不带半根草去"的赤诚之心、奉献之心、仁爱之心便会在他们心底留下深刻的印象,使他们深受感染和启发,从而使他们的专业情意也受到濡化。三是群体感染。群体感染是指在一个群体内,个体成员之间相互影响、交互作用的过程。人是社会性的存在。作为小学教师的杰出代表的卓越小学教师更是离不开集体。假如卓越小学教师生活在一个团结奋进、相互激励的集体中,他们就会受到积极的影响,从而愿意努力学习专业知识,提升专业能力。反之,如果卓越小学教师所在的是一个气氛沉闷、关系紧张、不思进取的集体中,卓越小学教师也就会心情郁闷、浑浑噩噩。

其三,环境可影响卓越小学教师学习的动机和行为。卓越小学教师要想真正提升核心素养,就必须进行学习,而学习必须以一定的动机为基础。如果缺少了必要的、正

① 黄世举. 优化中学语文课堂教学环境探究[D]. 福州: 福建师范大学硕士学位论文, 2003: 11.
② 王欣. 新时代高校思想政治教育环境优化研究[D]. 南昌: 南昌大学博士学位论文, 2020: 49.

确的学习动机,卓越小学教师就不可能进行持久的、积极主动的学习,其核心素养的提升也就无从谈起。一般而言,期望、人际关系、课堂气氛、环境布置等是影响卓越小学教师学习的主要因素。对于学生而言,如果教师在教学中对其抱有合理的、积极的期望,学生真会朝着教师预期的、好的方向发展,使自身生命质量得以提升。这就是心理学中的"皮格马利翁效应"。其实,这种"自我应验的预言效应"在卓越小学教师的学习中也同样存在。也就是说,如果卓越小学教师能够感知到所处环境中的领导、专家、同事等对其持有积极的期望,他们就会倍受鼓舞,学习干劲十足。人际关系对卓越小学教师学习动机的影响也是显而易见的。如果卓越小学教师生活于一个团结友爱、互帮互助、你追我赶的集体之中,他们往往会学习动机强烈,愿意为了提高专业知识、专业技能和专业情意去努力学习,奋发拼搏。反之,其学习动机就会减弱,甚至消失。良好的环境布置也有助于激发卓越小学教师的学习动机。假如卓越小学教师置身于一个温馨静谧、历史悠久、文脉深远的环境中,他们自然会受到感染,从而激发出强烈的学习动机。反之,他们可能会厌倦、逃避学习。环境除了对卓越小学教师的学习动机有一定的影响之外,对他们的行为也会产生影响。适切、良好的环境可以规范、约束卓越小学教师的教育教学行为,使他们真正做到"学为人师,行为世范。"反之,不良的环境,可以使卓越小学教师道德滑坡、人格缺损,灵魂扭曲,教育教学行为失范,从而做出危害学生或社会的事情。当前,有些小学教师出现的性侵学生、体罚学生、有偿补课等现象都在一定程度上与他们所处的环境有关。

其四,环境影响卓越小学教师学习的效率与效果。我们之所以在卓越小学教师核心素养培育过程中,极力强调环境,是因为环境直接影响到卓越小学教师学习的效率与效果。美国教育社会家布鲁克弗和麦克狄尔(Brookover & Me Mil)的研究表明:"校风与学校成绩成正比。一般而言,校风好的学校,学生成绩通常也很好。反之,校风浮躁的学校,学生成绩通常也不太理想。"[①]保加利亚著名心理治疗医生洛扎诺夫(G. Lozanov)所做的暗示教学实验,也证明了环境对学习效率与效果的影响。他设计的教学环境如下:教室幽静,光线柔和、桌椅舒适、排成半圆形,教师坐在末端。班级规模最多 12 人,男女各半。学习内容多以会话、游戏和短剧等形式出现,并伴随瑜珈调息,消极注意时欣赏巴赫和海顿的交响乐和慢拍音乐等,课堂气氛活跃,师生像朋友一样。实验结果表明,气氛适当、环境舒适的暗示教学环境比传统教学效率高达 5 倍,

---

① 邬志辉.关于教学环境的几个理论问题的思考[J].东北师范大学学报(社会科学版),1995(3):92.

每课时可记住 50—500 个生词,记忆效率平均达到 93％以上。[①] 尽管上述学者们的相关研究是针对学生的,但是,这些实验结果和观点同样适用于卓越小学教师的学习。之所以环境能影响卓越小学教师学习的效率与结果,主要是通过以下两个途径来实现的:一是激发了卓越小学教师学习的投入。学习投入是一种与学习相关的积极、充实的精神状态,包括活力、奉献和专注等三个方面。[②] 学习投入关注了卓越小学教师在动机、认知和行为上的各种表征,其中"认知投入"意指卓越小学教师自愿投入大量的心力去钻研专业知识,提升教学技能,涵养专业情意,以便胜任教书育人工作。二是增进了卓越小学教师的科学理解。萨门(Wesley C. Salmon)认为,理解可以分为以下四种类型:(1)移情性理解。即善于换位思考,多站在别人的视角和立场考虑人的特定行为;对于那些非人类行为的理解,则宜使用拟人式理解。(2)符号性理解。语言、文字、数学符号、科学概念等符号通常表征着特定的意义,是人们沟通、交流与相互理解的重要工具。所以,符号性理解的要旨在于向教育者和受教育者示明符号的本真意义。(3)目标性理解。这种理解强调依据既定的目标去阐释相关的行为或现象。(4)科学性理解。该理解的典型特点是建基于认知维度,并以具体的科学理论和经验事实为依据,具有客观性。[③] 环境恰恰为卓越小学教师提供了一种适切的学习场域,在这种场域中,卓越小学教师能够以科学理论和已有的经验事实为基础,采用一种融会贯通的方式,从整体上去理解教育教学中的各种现象或问题。当然,并非所有的环境都能提高卓越小学教师学习的效率和效果。一个教学环境只有具备了必要的背景知识、适切的教育期望、合宜的学科文化、良好的榜样示范、足够的练习机会等条件方可真正促进卓越小学教师的学习,继而加速其核心素养的形成。

需要特别指出的是,虽然环境对于卓越小学教师核心素养的形成具有重要的价值,但是,我们在教师教育中,必须时刻警惕两种认识上的误区:一是"环境决定论"。它片面夸大了环境在卓越小学教师核心素养形成中的作用,认为小学教师之所以有的"卓越",有的"普通",就因为他们所处的环境不同,是环境决定了他们之间的差异,小学教师在环境面前是消极无为的。这样,既忽视了卓越小学教师的主观能动性,又否定了教育、遗传等因素对卓越小学教师核心素养形成的影响。二是"环境无用论"。这

① 邬志辉. 关于教学环境的几个理论问题的思考[J]. 东北师范大学学报(社会科学版),1995(3):92.

② Schaufeli. W. B., et al. Burnoutand Engagement in Universitystudents:A Cross-national Study [J]. Journal of Cross-CulturalPsychology,2002,(5).

③ Salmon,W. C. Causality and Explanation [M]. Oupusa,1998:8 - 9.

种观点认为,卓越小学教师核心素养的形成与环境毫无关系。小学教师之所以在核心素养上存在巨大差异,就在于先天遗传和后天教育的不同。这就彻底否定了环境对于卓越小学教师核心素养形成的影响。因而,也是极其错误的。

第四章　卓越小学教师核心素养具身培育的路径选择

在明晰了认知、身体与环境等具身性因素的涵义、特征、构成及其在卓越小学教师核心素养培育中的价值和意义之后，要想真正有效培育卓越小学教师核心素养，关键就在于选择科学、适切的培育路径。

一、卓越小学教师核心素养具身培育的合法性

一种理论听起来再理想、诱人，如果无法解决实际问题，那它就失去了存在的意义。在教师教育领域，具身认知之所以有价值，就在于它内含的精神内核正好契合了当前教师教育发展的潮流和趋势，从而可以用来指导卓越小学教师核心素养的培育工作。

（一）契合教师教育的实践取向

具身认知理论认为，心智、认知和学习是以在环境中的具体的身体结构和身体活动为基础而生长的。起始的心智、认知和学习是基于身体和涉及身体的，学习者是经由外部感知的活动来认识世界的，换言之，活动之所以极为关键，就由于它本身与内在的心智发展相联系。心智始终是具身的心智，而最初的认知则始终与具身结构和外在活动图式有内在的联系。学习者认知结构的产生仰仗于他们的身体、语言、社会历史、文化，与身体的特定体认方式紧密相关。知识并非是存储于心智中，而是在与世界的交往活动之中得以形成与发展的。不管是个体还是群体，其心智发展均是在与外界的交流与交往之中得以延展的。因此，认知者与其实践的世界是相互蕴含并交互生成的。① 概言之，认知与学习是具身的。而"具身"在本质上即是强调"实践"，要求在人

---

① 吴刚.论中国情境教育的发展及其理论意涵[J].教育研究,2018(7)：36-37.

类的认知与学习过程中，学习者必须躬身实践，通过大量的实践、经历、体验、感悟来获取知识，掌握技能，涵养情境。可以说，"实践"是具身认知理论的关键词，它在具身认知的理论图谱中位于最为显要的位置。

倘若我们稍加留心，就不难发现，当下我们的教师教育恰恰秉持的是"实践取向"，它与具身认知理论所强调的"实践取向"具有高度的契合性。这从国内外教师教育的政策走向中便可窥见端倪。

在我国，从新世纪开始，我国教育行政部门就非常强调教师教育的"实践取向"，反对传统的教师培养或培训中过分关注"理论"，而对"实践"重视不足的现象。这从相关部门颁布的一系列政策文本中便可得到证明。2011 年 10 月，教育部颁布了《教育部关于大力推进教师教育课程改革的意见》（教师［2011］6 号）。该文件第六条明确指出："强化教育实践环节。加强师范生职业基本技能训练，加强教育见习，提供更多观摩名师讲课的机会。师范生到中小学和幼儿园教育实践不少于一个学期。支持建立一批教师教育改革创新试验区，建设长期稳定的中小学和幼儿园教育实习基地。高校和中小学要选派工作责任心强、经验丰富的教师担任师范生实习指导教师。大力开展教育实践活动，深入农村中小学，引导和教育师范生树立强烈的社会责任感和使命感。积极开展师范生实习支教和置换培训，服务农村教育。"2011 年 10 月，教育部颁布了《教师教育课程标准（试行）》。该文本的第一部分明确将"实践取向"作为我国教师教育课程的基本理念。该文本指出："教师是反思性实践者，在研究自身经验和改进教育教学行为的过程中实现专业发展。教师教育课程应强化实践意识，关注现实问题，体现教育改革与发展对教师的新要求。教师教育课程应引导未来教师参与和研究基础教育改革，主动建构教育知识，发展实践能力；引导未来教师发现和解决实际问题，创新教育教学模式，形成个人的教学风格和实践智慧。"在该文本的第三部分"实施建议"中，再次指出："强化教育实践环节，完善教育实践课程管理，确保教育实践课程的时间和质量。大力推进课程改革，创新教师培养模式，探索建立高校、地方政府、中小学合作培养师范生的新机制。"2013 年 5 月教育部颁布了《教育部关于深化中小学教师培训模式改革，全面提升培训质量的指导意见》（教师［2013］6 号）。该文件第二条明确指出："各地要将提高教师教育教学技能作为培训的主要内容，以典型教学案例为载体，创设真实课堂教学环境，紧密结合学校教育教学一线实际，开展主题鲜明的技能培训。实践性课程应不少于教师培训课程的 50％。"该文件第三条提出："转变培训方式，提升教师参训实效。各地要针对教师学习特点，强化基于教学现场、走进真实课堂的培训环节。通过现场诊断和案例教学解决实际问题,采取跟岗培训和情境体验改进教学行为,利用行动研究和反思实践提升教育经验,确保培训实效。改革传统讲授方式,强化学员互动参与,增强培训吸引力、感染力。"2014 年 8 月教育部颁布了《教育部关于实施卓越教师培养计划的意见》(教师[2014]5 号)。该文件明确规定:"开展规范化的实践教学。将实践教学贯穿培养全过程,分段设定目标,确保实践成效。建立稳定的教育实践基地和教育实践经费保障机制,切实落实师范生到中小学教育实践不少于 1 个学期制度。建立标准化的教育实践规范,对'实践前—实践中—实践后'全过程提出明确要求。实行高校教师和中小学教师共同指导师范生的'双导师制'。建设教育实践管理信息系统平台,探索教育实践现场指导与远程指导相结合的新模式。培养中等职业学校教师的高校还应联合行业企业建立稳定的专业实践基地,实践教学时间不少于 1 学年。"2018 年 4 月江苏省教育厅等五部门联合印发了《江苏省教师教育创新行动计划(2018—2022 年)》。该文件在第四部分"全面提升师范生培养质量"中的第十条明确指出:"推动实践导向的教师教育课程内容改革和以师范生为本的教学方法变革。强化基本功训练,培养院校要加强师范生教育教学技能实训平台建设,制定教师职业基本技能考核标准,将考核要求列入培养方案,考核结果作为毕业的重要依据。增加实践教学比重,通过案例或现场教学,提升师范生解决教育教学实际问题的能力。开展实践性研究,毕业设计(论文)应围绕基础教育实践开展研究,包括调研报告、案例研究、教学设计、校本教材等多种形式。教育硕士要推进驻校式培养,在中小学幼儿园建立培育站,真正做到在实践中学习,在实践中研究。"该部分第十一条则指出:"加强教育实习管理。按照教育部《关于加强师范生教育实践的意见》,构建全方位教育实践内容体系并贯穿培养全过程,确保教育实践累计不少于 18 周。培养院校统一组织教育实习,制定实习计划、实习手册和评价标准,教育行政部门负责落实实习学校。培养院校和实习学校要有专人负责教育实习管理,选派责任心强、具有中级及以上专业技术职务的教师共同担任指导教师,每位师范生实习期间上课不少于 15 课时。"该文件在第五部分"进一步提升教师职后研训实效"中的第十四条明确指出:"加强教师培训需求诊断,优化培训内容,提高教师培训的获得感。强化实践性培训,通过基于教学现场、跟岗学习等方式,提高教师解决教育教学实际问题的能力和水平。加强名师名校长工作室、研修社区等学习共同体建设,充分发挥名师名校的示范引领作用和参训教师的主体作用。"该文件在第六部分"校地合作协同推进教师教育"中的第十八条指出:"会同培养院校建设一批教师发展示范基地校,将接纳师范生教育实践作为中小学幼儿园工作考核评价和特色评选的重要内容。制定教师发展机构和中小学幼儿园教师参与师范生培养的工作制度和激励办法,将指导师范生教育实习和担任教师教育课程兼职教师(含教育硕士导师),作为评选骨干教师、高级教师和特级教师的重要条件。"2018 年 9 月教育部颁布了《教育部关于实施卓越教师培养计划 2.0 的意见》(教师[2018]13 号)。该文件在第三部分"改革任务和重要举措"中明确指出:"着力提高实践教学质量。设置数量充足、内容丰富的实践课程,建立健全贯穿培养全程的实践教学体系,确保实践教学前后衔接、阶梯递进,实践教学与理论教学有机结合、相互促进。全面落实高校教师与优秀中小学教师共同指导教育实践的'双导师制',为师范生提供全方位、及时有效的实践指导。推进师范专业教学实验室、师范生教育教学技能实训教室和师范生自主研训与考核数字化平台建设,强化师范生教学基本功和教学技能训练与考核。建设教育实践管理信息系统平台,推进教育实践全过程管理,做到实习前有明确要求、实习中有监督指导、实习后有考核评价。遴选建设一批优质教育实践和企业实践基地,在师范生教育实践和专业实践、教师教育师资兼职任教等方面建立合作共赢长效机制。"

在西方,实践取向也已成为教师教育的潮流与趋向。这从美国、英国、日本、法国、澳大利亚等国的教师教育政策中便可得到证明。譬如,美国在 20 世纪 80 年代,由于基础教育阶段存在着学生的学业成绩下降,教育质量不高,社会开始逐渐对教育现状表达不满,对教育改革的召唤越来越强烈,而提升教师质量是改革的当务之急。但是,传统的以大学为单一主体的教师培养路径存在的理论与实践相脱节的弊端极为明显。为了扭转这种不良局面,1986 年美国霍姆斯小组在《明天的教师》的报告中,提出了"教师专业发展学校"这一理念。自该理念提出后,在短短的 12 年时间内,美国就大约有 1 035 所 P-12 学校被确定为"教师专业发展学校"。[①] 教师专业发展学校最大的特点就在于其强调大学与中小学的合作与交流,通过发挥各自的优势,实现教育理论与教育实践的有机结合,促进未来教师形成实践技能与实践智慧,为成为卓越教师奠定基础。再譬如,英国将"校本培训"作为一项重要的教师教育政策。1944 年的《麦克奈尔报告》指出,要提高教师培训的科学性和实效性,就必须高度关注师资培训的实践性。1972 年的《詹姆斯报告》则进一步批判了大学教师培养过分关注"学术性"的偏误,认为学校是开展教育教学活动的现场,学校对师资的培养培训具有义不容辞的责

---

① Abdal-Haqq, I. Professional development schools: what do we know? What do we need to know? How do we find out? Who do we tell? [J]. College School Cooperation, 1998: 14.

任,中小学教师必须面向教育教学实践,通过不断地学习与淬炼,形成在复杂的教育教学情境中解决实际问题之能力。1992年,时任英国教育大臣克拉克指出将采用更多的"学校本位"的教师培训,中小学应在学校与教师培训机构之间的合作关系中有所作为。大学开展教师培训应高度重视联系一线教育教学实践。[①] 又譬如,日本自1971年中央教育审议会正式颁布了《关于今后学校教育综合扩充整备的基本措施》后,十分强调教师职前培养或在职培训要高度关注实践。为此,日本采取了一系列全新的培养、培训教师模式,如海上进修、授业研究和教职研究生院等。"海上进修"是指由日本文部省举办的,其主要是针对新任教师,并逐渐成为初任教师进修的重要环节。每学期从新任教师中挑选一些人员,举办为期10天的"船上进修"及"停泊地进修",经由在航行途中的研究探讨以及停泊后的参访,摆脱不同地点及学校类型之分殊,促进教师之间和校际之间的交流、沟通,使新任教师面向实践,了解实践,有利于新任教师拓宽视界,开拓思维,形成实践智慧。[②] "授业研究"则是20世纪80年代在日本逐渐勃兴的一种教师教育模式。它是一种"校本教师在职培训",是针对教学实践的教师合作研究或称"课例研究"。其致力于化解教师在教育教学中"教什么"以及"如何教"的问题。它要求教师应一起制订教学计划、观摩课堂教学、剖析真实课例、评价课堂教学效果、反思教学活动。该模式既重视了教师的专业发展,又关注了教师课堂实践能力的提升。[③] "教职研究生院"则肇始于2005年11月日本中教审发表的《今后的教师教育和教师资格证书制度》报告书。该报告提出,为应对当下迅速发展的社会,满足社会对高学历、高质量教师的吁求,应成立专门培养研究生水平人才的教职学院——"教职研究生院"。2008年4月,日本共有24所国立和私立大学开设的目的在于培养中小学骨干和领导的教职研究生院正式开学。这种教师培养模式以案例教学、行动研究及小规模教学等形式为主,突出强调理论与实践相结合,以培养具有高度实践能力的一线骨干教师及管理人员。[④] 还譬如,法国于1989年7月颁布了《教育方向指导法》,规定在每个学区设立教师教育大学院(Institute Universitaire de Formation des Maitres,简称IUFM)来负责教师职前和在职的教育与培训。这种教师教育模式将实习、教师实践置于极为重要的位置,关注实践、实习,重视受教育者在具体的教育教学情境中的感知

① Department of Education and Science(DES). Speech of the Secretary of State for Education and Science to the North of England Education Conference. Southport,January,1992.

② 侯琳. 日本教师在职研修的实践取向研究[D]. 开封:河南大学硕士学位论文,2012:42.

③ 杜静,杨杰. 关注实践:国际视域下教师教育的模式变革与价值转向[J]. 比较教育研究,2013(10):30.

④ 侯琳. 日本教师在职研修的实践取向研究[D]. 开封:河南大学硕士学位论文,2012:46.

和体验。它依据中小学教师的实际需要而施行,既对教师进行了专业性极强的专题培训,又以解决教学情境中的真实问题为旨归,重视教师培训的实践性和实效性。① 另譬如,澳大利亚在20世纪80年代颁布了一系列教师教育的报告,如《澳大利亚国家学校教师专业发展蓝图》《一种值得关注的道德——对新教师的有效计划》和《联邦高质量教师计划——2003年行动纲领》。这些报告均将"以校为本"作为教师教育的理念,要求教师教育必须在学校进行实践研究,针对学生管理、课程材料分析、教学录像等作为教师的课程研究内容,将研究结果直接运用于教学实践,从而促进教师专业发展。②

由上可知,当前无论是在我国,还是在西方发达国家,"实践取向"已经成为教师教育领域一个势不可挡的态势。而由于"实践"又是具身认知理论一直所强调的主要原则和重要的精神内核。因此,用具身认知理论来指导教师教育无疑具有极大的可行性和现实性。

(二) 符合教师"立德树人"的吁求

"立德树人"已经成为当下教育领域的热词。在中国传统的语汇中,"立德"与"树人"并未并称,而是独立存在,各有其意。《辞源》将"立德"之"立"解释为"树立"③(《现代汉语词典》等均采此说,或增"建立"之意),进而将"立德"解释为"树立圣人之德"。④ "立德"一词则出自《左传·襄公二十四年》:"大上有立德,其次有立功,其次有立言,虽久不废,此之谓不朽。"《汉语大字典》则援引《广雅·释诂三》,指出"立,成也",将"立"解释为"建树;成就",并以此作为"大上有立德"句中的义项。⑤ 在《辞源》中,对"树人"之"树"采"种;植"之意,并将"树人"释为"培植人才"⑥,对"树"基本无别种解释。"树人"出自《管子·权修》:"一年之计,莫如树谷;十年之计,莫如树木;终身之计,莫如树人。"因为中国传统社会的整体主义倾向,人的个体层面极难受到足够的关注,有时甚至直到受到冷落,以前的解释没有论及"人"之准确内涵,也没有清晰地示明

---

① 杜静,杨杰. 关注实践:国际视域下教师教育的模式变革与价值转向[J]. 比较教育研究,2013(10):30.
② 杨杰. 胡塞尔现象学视域下教师教育的实践取向研究[D]. 开封:河南大学硕士学位论文,2013:25.
③ 广东、广西、湖南、河南辞源修订组,商务印书馆编辑部. 辞源(修订本·建国60周年纪念版)[M]. 北京:商务印书馆,2009:2550.
④ 广东、广西、湖南、河南辞源修订组,商务印书馆编辑部. 辞源(修订本·建国60周年纪念版)[M]. 北京:商务印书馆,2009:2552.
⑤ 汉语大字典编辑委员会. 汉语大字典(九卷本,第2版)[M]. 武汉:湖北长江出版集团;崇文书局,成都:四川出版集团·四川辞书出版社,2010:2895.
⑥ 广东、广西、湖南、河南辞源修订组,商务印书馆编辑部. 辞源(修订本·建国60周年纪念版)[M]. 北京:商务印书馆,2009:1781.

"人"是指职业意义上的人,还是具有独立人格的一般社会主体。①

　　"立德"与"树人"并提直至合二为一,始于当代。但是,这并非说在此之前就无"立德树人"之思想。尽管明确提出"立德树人"这一完整概念是晚近的事,但是,事实上,中国共产党一直将"立德树人"作为教育的根本任务,在教育过程中予以严格地落实。在新中国成立之初,中国共产党将"培养有社会主义觉悟的有文化的劳动者和无产阶段革命事业的接班人"作为"立德树人"的目标追求。1978年十一届三中全会召开,我国实行改革开放,社会主义市场经济建立之后,我国又将"培养有理想、有道德、有文化、有纪律的'四有'新人"作为立德树人的根本目标。当中国特色社会主义进入新时代后,我国则明确提出了"立德树人"的概念,并将其作为教育的基本价值遵循。2006年8月29日,胡锦涛在中央政治局第三十四次集体学习时指出:"要坚持育人为本、德育为先,将立德树人作为教育的根本任务,努力培养德智体美全面发展的社会主义建设者和接班人。"②2012年,党的十八大首次正式提出"把立德树人作为教育的根本任务"。③ 立德树人根本任务的提出、确立和进入党的代表大会政治报告,表明我们党的教育方针的深化与发展。2014年9月8日,习近平总书记视察北京师范大学,发表了"四有"好老师的重要讲话,专门强调,今天的学生是未来实现中华民族伟大复兴中国梦的主力军,广大教师就是打造这支中华民族"梦之队"的筑梦人。打造一支有理想信念、有道德情操、有扎实学识、有仁爱之心的"四有"好老师队伍,是学校办学的重要任务。④ 2016年12月7日,习近平同志在全国高校思想政治工作会议上又从"培养什么样的人、如何培养人以及为谁培养人这个根本问题"的高度上对"立德树人"赋予了新的理论内涵,提出了更高的实践要求。"高校立身之本在于立德树人""要坚持将立德树人作为中心环节。"⑤同时,他又指出:"教师不能只做传授书本知识的教书匠,而要成为塑造学生品格、品行、品味的'大先生'。"⑥

　　我国对"立德树人"的要求除了反映在国家领导人在各种不同场合的讲话中,而且

① 戴锐,曹红玲."立德树人"的理论内涵与实践方略[J].思想教育研究,2017(6):10.

② 中共中央文献研究室.十六大以来重要文献选编(下)[M].北京:中央文献出版社,2008:617.

③ 中共中央文献研究室.十八大以来重要文献选编(上)[M].北京:中央文献出版社,2014:27.

④ 人民网.培养新时代"四有"好老师[EB/OL](2017 - 11 - 23)[2020 - 04 - 27]http://theory.people.com.cn/n1/2017/1123/c40531-29662884.html.

⑤ 中华人民共和国中央人民政府全国高校思想政治工作会议12月7日至8日在北京召开[EB/OL].(2016 - 12 - 08)[2020 - 04 - 27]http://www.gov.cn/xinwen/2016-12/08/content_5145253.htm#1.

⑥ 中青在线.习近平寄语教师金句:要成为塑造学生的大先生[EB/OL].(2018 - 09 - 08)[2020 - 04 - 27]http://news.cyol.com/content/2018-09/08/content_17563181.htm.

在各种关于教师教育的政策文本中也有所体现。2011年10日，我国教育部颁布的《教师教育课程标准》就明确将"育人为本"作为教育的基本理念，指出："教师是幼儿、中小学学生发展的促进者，在研究和帮助学生健康成长的过程中实现专业发展。教师教育课程应反映社会主义核心价值观，吸收研究新成果，体现社会进步对幼儿、中小学学生发展的新要求。教师教育课程应引导未来教师树立正确的儿童观、学生观、教师观与教育观，掌握必备的教育知识与能力，参与教育实践，丰富专业体验；引导未来教师因材施教，关心和帮助每个幼儿、中小学学生逐步树立正确的世界观、人生观、价值观，培养社会责任感、创新精神和实践能力。"2012年2月，教育部颁布的《小学教师专业标准（试行）》中明确将"师德为先"作为其基本理念，指出："小学教师应热爱小学教育事业，具有职业理想，践行社会主义核心价值体系，履行教师职业道德规范。关爱小学生，尊重小学生人格，富有爱心、责任心、耐心和细心；为人师表，教书育人，自尊自律，做小学生健康成长的指导者和引路人。"2018年2月，教育部等五部门印发了《教师教育振兴行动计划（2018—2022年）》。该文本的指导思想部分明确指出："……落实立德树人根本任务，主动适应教育现代化对教师队伍的新要求，遵循教育规律和教师成长发展规律，着眼长远，立足当前，以提升教师教育质量为核心，以加强教师教育体系建设为支撑，以教师教育供给侧结构性改革为动力，推进教师教育创新、协调、绿色、开放、共享发展，从源头上加强教师队伍建设，着力培养造就党和人民满意的师德高尚、业务精湛、结构合理、充满活力的教师队伍。"2018年9月，教育部颁布了《关于实施卓越教师培养计划2.0的意见》。该文件在"总体思路"部分明确指出："围绕全面推进教育现代化的时代新要求，立足全面落实立德树人根本任务的时代新使命，坚定办学方向，坚持服务需求，创新机制模式，深化协同育人，贯通职前职后，建设一流师范院校和一流师范专业，全面引领教师教育改革发展。"该文件在改革任务和重要举措部分则指出："全面开展师德养成教育。将学习贯彻习近平总书记对教师的殷切希望和要求作为师范生师德教育的首要任务和重点内容，将'四有'好老师标准、四个'引路人'、四个'相统一'和'四个服务'等要求细化落实到教师培养全过程。加强师范特色校园、学院文化建设，着力培养'学高为师、身正为范'的卓越教师。"

由上不难看出，"立德树人"自新中国成立以来就一直受到重视，尤其是进入新世纪之后，无论是国家领导人在各种场合中的讲话，还是国家教育行政部门颁布的政策文本，均非常强调将"立德树人"作为我国的一项根本教育任务。事实上，要想真正使"立德树人"能够在教育教学实践中落地、生根、开花、结果，那么，我们就必须正确认识

"立德树人"在新时代的实质意涵。我们决不能将"立德树人"单纯地理解为一个德育命题,特别是不能简单地认为就是对学生进行思想品德教育。对于"立德"的解读,孔颖达曾曰:"立德,谓创制垂法,博施济众,圣德立于上代,惠泽被于无穷。"也就是说,"立德"强调主体自身涵养德性、成就其德业,并以此影响他人,尤其是重视上者——无论统治集团成员或是受其委任的管理者,还是教师等社会主导观念的代言人,还是家庭中的长辈——对管理对象、教育对象或后辈的道德垂范作用。对于卓越小学教师来讲,"立德"要求他们以良好的师德率先垂范,影响小学生,而非是使学生形成良好的德性。[①] 对于"树人"当前也存在一些误解。许多学者认为,"树人"就是在思想品德方面培养人。事实上,"树人"应是培养德、智、体、美、劳等方面全面发展的一代新人。这种人应是身心两健、体脑两全、学创俱能、文理兼通的人。概言之,对于卓越小学教师而言,"立德树人"就是指卓越小学教师自身应加强修为,提高德性,以自身高尚的品德去培养健康、主动、全面、和谐发展的小学生。

当前,随着"立德树人"已成为卓越小学教师的一项重要任务,这其实就对卓越小学教师提出了全新的要求。一方面,它要求卓越小学教师在教育教学的过程,必须做到"目中有人",秉持鲜明的"儿童立场",将"孩子当孩子",而不能将孩子看成是"小大人",从而导致"目中无人"。这也就意味着卓越小学教师必须真正确立"人本"思想,把小学生当"人"而不是当"物"来看待,在教育教学过程中,充分考虑小学生的兴趣、需要、经验和个性。另一方面,它也要求卓越小学教师自身也应全面提升素质,而不能仅仅满足于教学知识与技能的掌握,也不能仅仅满足于职业道德的养成。也就是说,它要求卓越小学教师在专业知识、专业技能、专业情意等诸方面的全面发展。这是因为我们要促进小学生德、智、体、美、劳的全面发展,小学教师必须是一个素质全面的人。很难想象一个素质低劣的教师,能培养出一个身心整全发展的学生。

以上我们分析了当前"立德树人"对教师及教师教育的要求,我们之所以说具身认知理论切合教师教育中"立德树人"的要求,是基于以下两方面的理由:一方面,具身认知理论具有鲜明的"人本主义"色彩,它真正将"人"看作"人"。在此之前,虽然在心理学与认知科学领域,人们也对"人是什么"予以了关注。但是,行为主义心理学认为"人是动物"。它将研究对象严格地拘囿于外显的、可观察、可测量的人与动物的行为上,而拒绝研究内隐的、难以捉摸的意识与心灵。行为主义心理忽略人类与动物在心

---

① 戴锐,曹红玲."立德树人"的理论内涵与实践方略[J].思想教育研究,2017(6):11.

理上的本质差异,将动物行为实验的结果直接套用到人类行为的研究上,试图以动物实验中得出的结论去阐释和解决人类复杂的行为,具有明显的简单化、片面化缺失。而离身认知则是对行为主义的继承与发展。它虽然对人类的认知与学习曾起到过一定的作用,但是,它认为"人是机器"的思想却是极其错误的。具体地说,离身认知将人与计算机进行类比,提出"人脑即是计算机"的隐喻,忽视了人类与计算机的本质差异。其实,作为一种人工智能,计算机只是冰冷的机器,其输入、处理和输出的始终是无意义的、抽象的符号。这一点奥苏贝尔也说过:"人与计算机迥然相异。人的学习是一种意义学习。这种学习需要主体将潜在的、有意义的学习材料与他们认知结构中的原有观念之间建立非人为的和实质性的联系。并且主体必须具备加工学习材料的心理倾向。"①作为"第二代认知科学",具身认知则是对离身认知的扬弃和超越。它真正把人看作"人",认为人并非机器,人拥有迥异于机器与动物的认知或技能,主张认知是大脑、身体与环境交互作用的产物。它认为认知活动通常发生在真实的社会情境之中,其本质上是实践的、模糊的、灵活多变的、不清晰的,仅具有一定程度的正确性。尤其需要指出的是,具身认知具有整体性,它包括动机、意义、价值、情感等多种因素。另一方面,具身认知特别强调人的身心的整全发展。在心理学史上,官能心理学认为学习就是对心智能力的训练。"形式训练"就是这一思想的产物。它企图经由对记忆、思维等"强化"训练来提高心理能力,然后再迁移至其他学习内容。认知主义则将学习看作是信息的输入、提取、加工、操纵和输出的中枢过程。然而,具身认知理论认为,世界上不存在脱离身体的心智。身体与心智是一个整体。尽管我们在教育教学中,常常会将学习者的学习划分为知、情、意、行,但是,事实上,这只是为了研究的方便,进行的纯理论的划分。在真实的教育教学图景中,学习者的学习通常是一种整体性的学习,也就是说知、情、意、行在学习过程中是一种氤氲聚合、水乳交融的整体,它们根本无法分离。同理,卓越小学教师的学习及其素养的提升也应是一个整体,它涵盖卓越小学教师身心的各个方面,而不是局限于其素质的某一方面。因此,不难看出,具身认知理论恰恰适应了教师及教师教育领域完成"立德树人"使命之需要。

(三) 切合教师教育的开放态势

当前,小学教师的培养明显呈现出一种开放的态势,具体表现如下:一是小学教师培养机构的开放性。在传统的师范教育之中,小学教师往往是由师范院校培养。但

---

① 王本法. 奥苏贝尔学习类型划分的理论及其意义[J]. 教育理论与实践,1996(4):58.

是,随着时间的推移,在国际上逐步兴起了小学教师培养机构呈现开放性的趋势。"教师教育开始从二战前独立封闭的师范学校定向地培养小学教师,走向二战后的由综合性大学或其他类型的学校为主,师范院校参与的非定向培养师资,改单一、封闭、定向的模式为多样化、开放、非定向的模式。"①许多发达国家业已实现了培养机构的开放性,如美国、法国、澳大利亚等国家的教师培养机构都是开放的。受到西方发达国家的影响和辐射,当前,我国教师教育机构也明显呈现出开放的态势。教师教育体系走向开放,办学层次逐步提高。我国传统的封闭性、定向型的师范教育体系正被打破。"2003年举办教师教育的非师范院校共有298所,师范类专业在校生53.4万人,约占师范生总数的28.2%。另外师范院校也在不断拓展办学功能。2003年师范院校非师范类学生占学生总数的27.6%。以师范院校为主体、其他高校共同参与的教师教育体系也正在逐步形成。"②换言之,当前,我国仅由师范院校来培养小学教师的现象已得到根本改观,除了师范院校之外,其他高校的毕业生只要有志于教育事业,并且通过了国家组织的教师资格考试均可以有机会做教师。这种制度上的保障可以使教师教育的开放性在现实中能够得到真正的落实。二是小学教师培养模式的开放性。由于我国幅员辽阔、区域差异大、高校差异大。不同区域对于小学教师的需求不尽相同。因此,各个高校都根据区域的不同诉求,因地制宜,采用不同的小学教师培养模式,从而使小学教师培养模式呈现一种开放的态势。譬如,现在国内存在 4+1、4+2、3+1、3+2、1+3、2+2 等不同模式。③ 三是小学教师培养的国与国之间的开放性。当前,世界已成了一个"地球村",国与国之间在政治、经济、文化、科技、教育等领域的交流越来越频繁。同样,在小学教师培养方面,国际化程度也变得越来越高。许多高校都与国外大学建立了广泛的联系,他们通过采取互派国际交换生、短期游学、联合办学、直接招收外籍学生等方式开展国际交流与合作。通过以上方式,职前小学教师或在职小学教师拓宽了国际视野,增强了合作意识,为从"普通"走向"卓越"奠定了坚实的基础。四是小学教师培养手段的开放性。传统的小学教师培养主要是在教室中,由教师"面对面"地给师范生授课。随着大数据、云计算、人工智能、物联网等技术的发展,我们已经进入了"互联网+"时代。信息技术现在已广泛地使用于小学教师培养中,它使小学

① 杨天平,王宪平. 国际教师教育改革发展的特征和趋势述要[J]. 当代教师教育,2009(1):69.
② 中华人民共和国教育部. 我国教育成就喜人:教育体系走向开放教师素质提高[EB/OL]. (2004-09-11)[2020-04-27]http://www.moe.gov.cn/jyb_xwfb/gzdt_gzdt/moe_1485/tnull_3785.html.
③ 朱旭东. 论我国教师教育新体系的六个特征[J]. 课程·教材·教法,2012(12):80.

教师培养突破了时空的限制,使小学教师真正实现了"泛在学习"。五是高校与小学之间保持一种开放的态势。传统的小学教师培养往往只是师范院校的事情,师范院校很少与中小学进行广泛、深入的合作与联系。他们主要的合作与联系就是师范生见习、实习。而这种教育见习、实习的效果也并不理想:其一,一般教育见习、实习的时间并不太长,师范生尚未完全熟悉和适应小学的教育教学实践并已被迫离开。其二,许多师范生在考研、考编的压力之下,并不真心喜欢见习、实习,他们仅是敷衍塞责,完成任务罢了,因此,他们参与见习、实习的主动性、积极性严重不足。其三,即使部分师范生真心希望见习、实习,但也主要是自己在摸索,高校教师通常并未真正深入小学课堂进行有效指导,更遑论与小学教师共同商量如何指导师范生见习、实习了。这样就极易造成教育理论与教育实践的严重疏离。近年来,随着教师教育"实践取向"的勃兴,我国各个高校已经充分认识到要真正提升小学教师培养质量,就必须加强高校与小学之间的合作与交流,构建一个紧密联系的共生体。这是因为高校与小学各有自己的优势与不足。高校教师一般具有较为丰盈的教育理论,但是,对于小学教育教学实践并不熟悉和精通;小学教师一般具有较为丰富的教育实践经验,但是,他们的教育理论素养一般则较为贫瘠。正因为如此,现在高校与小学之间已经越来越重视相互之间的合作与联系。事实上,通过高校与小学之间的合作与联系,可以真正实现双方的互利共赢。

由上可知,当前,小学教师培养的开放性已经成为我国势不可挡的潮流与趋势。那么,为何说具身认知理论与之相契合呢?这是因为传统的离身认知迷恋和虔信"计算机隐喻",认为人类获取知识的过程就是对内部表征的计算。而表征是一些静态的符号结构,因此,这在教师教育过程中就会表现出典型的简单思维、静态思维,高校教师或专家往往趋向于将复杂、丰富的教师培养、培训过程视为类似于计算机的信息输入、编码、存储、提取过程,认为只要按照预定的程序开展培养、培训,就一定会达成预期的效果,从而导致小学教师培养呈现出简单化、封闭化的倾向。[①] 而具身认知理论则认为,"认知是嵌入环境的认识主体的实时的适应活动,是一个系统事件,其发展是一个复杂的动力系统中的变化,它是诸多分散的与局部的交互作用涌现的产物"。[②] 也就是说,"大脑本身和身体—脑—环境的三者组合构成了一个复杂的自组织系统,其各部分之间时刻发生的互动突现性地导致了个人适应行为的稳定模式……认

---

① 王会亭. 从"离身"到"具身":课堂有效教学的"身体"转向[J]. 课程·教材·教法,2015(12):58.
② 李恒威,黄华新. 表征和认知发展[J]. 中国社会科学,2006(2):41.

知过程是动力的、非线性的、展现出混沌特征……"①换言之,具身认知认为人类的认知与学习是一个复杂的自组织系统,而自组织系统一个最显著的特征就是"开放"。"系统演化除了要考虑内部的熵增加,还要考虑与外界不断的物质和信息交流,只有来自外界的负熵流(有序的物质和信息)大于系统内部由于运动而产生的熵增加,使总熵的变化符号为负,系统才能出现有序化进程,这只有在开放系统中才能实现。在孤立系统中,仅仅有系统内部运作而产生的熵增加,没有外部负熵流抵消内部产生的熵增加,致使系统内部的熵最终会达到最大化而走向混乱无序状态。只有系统保持开放,不断与外界交换物质、信息和能量,才能获取负熵,并通过涨落获得新的稳定结构。一个发展的系统必定是一个非线性的、非平衡的开放系统。通过内部各要素的非线性作用协同发展,并同外部环境关联,进行系统内外的交流,不断改变输入输出,不停地进行信息和能量的交换,从而使系统保持旺盛的活力,促进系统的有序性和自组织性。"②概言之,具身认知坚持认为,开放性是认知与学习的一个重要特征。它与当下的小学教师培养具有高度的契合性。因此,用具身认知来指导当前的卓越小学教师核心素养培育是极为适切的理论。

二、卓越小学教师核心素养具身培育的原则

前文论述了具身认知理论用于指导卓越小学教师核心素养培育的合法性。当然,卓越小学教师核心素养的具身培育若要真正取得预期的效果,亟须以一定的原则为指导。具体而言,它应遵循以下四个原则:③

(一)悬置与还原

"悬置与还原"是现象学中的重要概念,之所以将二者并置,是因为二者水乳交融,难以分离,"悬置"是"还原"的前提,"还原"是"悬置"的目的。

"悬置"是对前见与历史知识的搁置,是将一切经验维度的存在因素和一切有关经验之外的存在体的先验的假设,予以悬疑。在卓越小学教师核心素养培育中,"悬置"具有至为重要的意义,它有助于防止"先入为主",从而避免成见与谬误。因此,卓越小学教师核心素养培育的相关行为主体均应遵循这一原则,将自己原有的观念、认识、态

① P GLadzidjewski, A Karczmarczyk, P Nowakowski. Embodied Cognitive Science: Gibbs in Search of Synthe-sis [J]. Philosophical Psychology,2009,22(2):217.
② 孙存昌. 自组织视野下高校课程特征分析[D]. 苏州:苏州大学硕士学位论文,2006:7-8.
③ 王会亭. 教师具身培训的原则要论[J]. 中小学教师培训,2018(8):6-10.

度、经验、习惯等暂时搁置起来，以便更好地认识核心素养培育中的人、事、物。

当然，"悬置"并非是简单地否定，而是为了"还原"，即"回到事情本身"。梅洛-庞蒂(Maurice Merleau-Ponty)指出："'回到事情本身'即是回到在认识发生之前，而被人们屡屡提及的世界，在其中，所有科学皆是高度抽象、概括的，仅内禀符号指涉意义的，恰如人们对风景之注意，人们首先必须于风景中明晰何谓一个草原、一泓清泉、一座高山。"①相应地，在卓越小学教师核心素养培育中，"回到事情本身"就是要求我们能拨开一切烦扰卓越小学教师核心素养培育的"迷雾"，回到卓越小学教师核心素养培育之本身，直抵卓越小学教师核心素养培育的本质。具体而言，"回到事情本身"客观地要求相关行为主体确立如下的卓越小学教师核心素养培育本质观：其一，卓越小学教师核心素养培育是一种召唤(calling)。在卓越小学教师核心素养培育中，高校教师或有关专家不难从小学教师的眼眸、言语及行动中感受到他们的召唤。他们渴望高校教师或专家在职业道德、教育理念、专业知识、专业能力、身心素质等方面能给予他们一定的指导与帮助，从而促进其生命的整全发展。正是这种"召唤"激起了高校教师或专家的责任感与使命感，从而想方设法来尽量满足小学教师的成长需求。小学教师正是在"召唤"与"回应"中得以存在与发展的。其二，卓越小学教师核心素养培育是参与其中的各类行为主体之间的一种生活方式。对于卓越小学教师核心素养培育的有关行为主体而言，这是其人生中一段重要而难忘的生命经历，是其生命有意义的组成部分之一。卓越小学教师核心素养培育的适切与失当、优与劣、正与误将对其职业的感受、态度、专业素养等产生迥然不同的影响，继而直接影响其生命质量。其三，卓越小学教师核心素养培育是一种交往实践。"人不是抽象的、理论的存在，而是具体的、现实的存在，交往实践使得人区别于其他存在者。"②由于卓越小学教师核心素养培育是一项属人的和为人的活动，因此，其本质上也是一种交往实践。正是通过相关行为主体彼此间的交流、对话与建构，从而达致交互滋养、共同发展之目的，最终使卓越小学教师核心素养培育的意义得以开显与实现。

(二)体验

体验是具身认知的核心理念之一。具身认知的代表人物莱考夫(LakoffG.)认为：

---

① 梅洛-庞蒂. 知觉现象学[M]. 姜志辉, 译. 北京：商务印书馆, 2001：3.
② 母小勇. 创新人才培养的条件：交往实践与"自由劳动"[J]. 教育研究, 2017(10)：29.

"'体验'是指人类普遍存在的生物机能和人类于环境中通过各种实践而获致的经验。"①体验是人类在和环境的交互作用中,积极地拓展其生命广度、厚度与长度的过程。在体验中,个体经由感知、想象、移情、省思、直觉、顿悟等心理活动的会通与碰撞,唤醒固有经验,同时获得新经验,进而促成经验转化为个体切己的感悟,最终使该感悟内化为个体知识,从而真正为个体生命的整全发展奠定基础。梅洛-庞蒂指出:"我们对周遭世界的所有认识皆是经由体验而形成的,倘若我们要审慎地省思世界,客观地阐释其内涵与价值,那么,我们必须激活对世界的体验,而身体则是体验的本基与保证……我的身体是这样一种组织,一切客体经由它而构成一个整体。换言之,我们依凭'体认'之方式认识世界。"②

由上可知,体验在认知与学习中具有构成性、奠基性的作用。由于卓越小学教师核心素养培育也属于一种认知与学习活动,因此,体验在卓越小学教师核心素养培育中自然也至为重要。小学教师核心素养的提升无法仰仗外在于主体的先验性概念和知识,而应仰仗主体亲身的感知、体验及据此形成的对外部世界的识读。换言之,在卓越小学教师核心素养培育中,任何外缘性知识均难以被小学教师所接受与掌握,更遑论灵活运用了。这一点已有学者指出过:"我们的经验如果不能经由知识教育来活化,那么,知识之火种就会在我们的心灵中稍纵即逝,从而难以形成燎原之势。"③

虽然体验在卓越小学教师核心素养培育中具有重要的价值与意义,但是,在离身认知的影响下,高校教师或专家往往将人类的认知与学习活动视为主体通过抽象符号对内部的静态表征和机械运算,是由外至内的对自然与世界的镜像式反映,根本不需要身体的参与和经验的嵌入。因此,在卓越小学教师核心素养培育中,专家往往迷恋于公共知识的教学,并习惯于采用机械灌输的方式进行。如此一来,小学教师的学习便异化成了信息的输入、编码、存储、提取的过程,具身体验环节被压缩,甚至完全缺失,从而导致小学教师沦为被动接受信息的机器,其学习的主动性、积极性和创造性丧失殆尽。

为了扭转卓越小学教师核心素养培育漠视和鄙弃小学教师具身体验的不良情状,在卓越小学教师核心素养培育中,我们亟须注意如下两个方面:一方面,关注体验的

---

① Lakoff, G. Women, Fire, and Dangerous Things: What Categories Reveal about the Mind [M]. Chicago: The University of Chicago Press, 1987: 267.

② 梅洛-庞蒂.知觉现象学[M].姜志辉,译.北京:商务印书馆,2001:235.

③ 肖川.道德教育必须关注学生的生活世界[J].教育研究与实验,2005(3):10.

独特性。在卓越小学教师核心素养培育中，每个小学教师的体验均是独特的，均内蕴着鲜明的个人特质。正如范梅南（Van Manen，M.）所言："无论别人怎样努力，均无法彻底见我所见和懂我所懂。"①之所以不同的小学教师会有不同的体验，主要是因为个体的身体结构的不同。具身认知理论研究表明，身体结构决定并影响着人类认知的方式、内容和结果。既然小学教师的体验具有独特性，那么卓越小学教师核心素养培育的相关行为主体就不应认为体验是可有可无的赘物，不能以他者的体验来代替小学教师的切己体验与亲身经历。相反，卓越小学教师核心素养培育应在信息的输入、存储和输出过程中，突出并延长体验环节，经由感受、觉知及"做中学"等途径来促进小学教师对培育内容的体悟与掌握。另一方面，深入教育现场。小学教师不能满足于在大学或宾馆的学术报告厅中静听专家的"坐而论道"。卓越小学教师核心素养培育亟须由学术报告厅转向教育现场——学校与课堂。这绝非仅是卓越小学教师核心素养培育场域的简单变换，相反，它是卓越小学教师核心素养培育理念的一种弃旧图新。教育现场意味着真实的教育情境与正在发生的教育事件。只有置身于教育现场，小学教师才能近距离地感知教育的本然样态，面对真实的教育问题，形成与教育实践共契互融的深刻体验。

（三）反思

具身认知认为，"反思并非是从世界迈向意识之产物，它是对那些富有特色的事理的回望，它们犹如节日中绚丽璀璨的烟火弥漫于夜空；它放飞了维系我们与世界的风筝飘带，并将它们归并于我们关注的范域之内。"②换言之，"反思"意指行为主体置身于自我情境之外，审慎、理性地审视自己的行为，敏锐地调控自身所开展的一切活动，积极地谋划体现自身意义与本质的意识活动。具体而言，反思具有如下内涵：其一，反思即思考。它是行为主体的一种学习策略与行动准则。其二，反思是行为主体对所遭遇实际问题的一种自我觉知。其三，反思与行动相生相伴，难以分离。其四，反思是从行为主体内部奔涌而出的洪荒之力。通过反思，实践者可以对行动的理据与路径有更为清晰的认知，对事物的意义与本质有更精准的领悟，从而摆脱盲动与偏误，最终使实践合目的性与合规律性。

---

① 范梅南. 生活体验研究——人文科学视野中的教育学[M]. 北京：教育科学出版社，2003：3.

② Van Manen, M(1996). Phenomenological pedagogy and the question of meaning [A]. In D. Vandenberg (Ed.)，Phenomenology and Educational Discourse [C]. Durban：Heinemann Higher and Further Education. 39－64.

美国学者波斯纳(Posner. G. J)指出,教师专业成长＝经验＋反思。他认为,失去反思支撑的经验是褊狭的经验,充其量仅可以获致表浅的知识。倘若教师只关注经验的积累却疏于对其进行认真思索,那么他将失去持续发展之根基。[①] 由此可见,反思在卓越小学教师核心素养培育中同样不可或缺。它有助于破解卓越小学教师核心素养培育中遭遇的各种问题,实现卓越小学教师核心素养培育过程的最优化,提升卓越小学教师核心素养培育的效能,最终有助于促进卓越小学教师核心素养的全面提升。

(四) 人本

"人本"即"以人为本"的简称。"以人为本"一词最早见于《管子·霸言第二十三》:"夫霸王之所始也,以人为本。本理则国固,本乱则国危。"此处之"以人为本"指以民为本,乃中国民本思想之源头,它后来以老子的"民为先",孔子的"民信之",孟子的"民为贵,社稷次之,君为轻",以及"民为邦本,本固邦宁"等表述方式流传后世,阐释的主要是政治哲学中国家与民众的关系及君和民的关系。在国外,费尔巴哈、车尔尼雪夫斯基、洛克、罗杰斯、马斯洛等人也都主张"以人为本"。[②] 当然,"以人为本"在不同的时代,有不同的实质意涵。当下,在教育领域中的"以人为本"意指以人本身为目的,一切为了人的生存、发展和完善服务。"人是教育之对象,人构成了教育之世界,如何更好地关照人的生命本性是教育的基本问题。"[③]随着我国民主化进程的不断推进,"以人为本"已经成为教育中的基本价值遵循。同时,"第二代认知科学"——具身认知的勃兴与发展,则进一步强化了教育界对"以人为本"之理念的重视。长期以来,离身认知将"人"视为"机器",提出"人脑即是计算机"之隐喻,抹杀了人类与计算机的本质区别。具身认知实现了对离身认知的扬弃与超越。它真正将"人"看作"人",认为人完全迥异于冰冷的、无生命的机器。这就启示我们,教育必须"以人为本"。卓越小学教师核心素养培育也属于一种教育活动,因此,卓越小学教师核心素养培育自然也应该秉持"以人为本"原则。具体地说,在卓越小学教师核心素养身培育中,必须注意以下几点:其一,切实从"人"之视域来谋划卓越小学核心素养培育活动,关注卓越小学教师之可塑性与可能性。在卓越小学教师核心素养培育时,培育目标的确立、培育内容的遴选、培育方法的择取、培育评价的采用、培育管理的施行等均要从有利于小学教师发展的角度去进行筹划和安排。同时,由于卓越小学教师身上充盈着开放性和生长性。因

---

① 皮连生. 学与教的心理学[M]. 上海:华东师范大学出版社,1997:20.
② 杨东平. 试论以人为本的教育价值观[J]. 清华大学教育研究,2010(2):16-18.
③ 张应强. 建构以人为本的教育学理论[J]. 高等教育研究,2010(3):21.

此,这就客观上要求我们在对卓越小学教师进行培养、培训时,一定要对其充满信心、耐心和宽容心,切忌急功近利,急于求成。其二,关注卓越小学教师的"主体性"。在卓越小学教师核心素养培育过程中,应将发挥他们的主体性,不断促进其自由发展、个性发展和全面发展作为根本的价值追求。① 其三,为提升卓越小学教师的幸福感创造条件。传统的离身认知扬心抑身、重智轻身,这就直接导致在教师教育领域,无视教师对于幸福生活的正当要求,以道德绑架教师,只强调教师一味的奉献和牺牲。而"以人为本"则客观上要求,在卓越小学教师的核心素养培育中,正视他们的"属人"本性,通过核心素养培育,"竭力保持卓越小学教师生命之活力,激发他们创造的热情和积极性,使他们在创造生活过程中,享受美好和幸福,增进自身的幸福感"。②

三、卓越小学教师核心素养具身培育的策略

要想切实提升卓越小学教师的核心素养,必须采取科学、恰切的培育策略。具体地说,在具身认知理论的指引下,应该采取如下策略来培育卓越小学教师的核心素养。

(一) 确立生命整全发展的培育目标

教育目标在教育活动中具有极其重要的价值和意义。由于卓越小学教师核心素养培育也属于一种教育活动,因此,确定科学、恰切的培育目标对于卓越小学教师核心素养的形成同样至为关键。那么,究竟应如何确定卓越小学教师核心素养的培育目标? 其实,具身认知理论可以给我们提供巨大的启示。具身认知反对身心二元论,主张身心一体论。"所谓身心一体是指身体和认知是统一的:心智在身体中,身体在心智中;心智是身体化的心智,身体是心智化的身体。身体的作用既不仅仅是一个'生理基础',也不是心智发生的'底座'。身体是认知、思维的主体。认知依赖于主体的各种经验,而这些经验源自于一个活生生的、有血有肉、具有各种感觉和运动能力的身体。一方面,身体及其活动方式影响着认知、塑造着思维、判断、态度和情绪;另一方面,认知和情绪等心智过程也影响着身体。身体与认知的交互影响体现了身心一体论的原则。"③同时,具身认知理论也坚持"心智统一"的原则。它认为将人类的心智划分为知、情、意只是源自柏拉图在《理想国》中对三个阶层的划分,这只能算作一个传统以及出于研究方便的划分,但在事实上,心智是不可分的,它是一个整体性的存在。具身认

---

① 周国斌,李颖辉."育人为本"教育理念的人学意蕴与实践策略[J].教育科学,2017(3):7.
② 刘铁芳.立足个体生活的人文教育[J].湖南师范大学教育科学学报,2016(1):5-7.
③ 叶浩生.认知与身体:理论心理学的视角[J].心理学报,2013(4):485.

知不仅认为身体与心智是一体的,而且认为与身体紧密联系的心智也是一种整体性活动。换言之,在学习活动中,通常认知、情感、意志是同时卷入的,它们共同构成一个整体性的学习活动。

需要说明的是,具身认知理论坚持的"身心一体论"并非是个别学者的主观臆想,而是已经得到了大量实验的证实,尤其是镜像神经元的发现有力地说明了具身认知理论的可靠性。既然身心是一体的,那么,这就客观上要求我们在卓越小学教师核心素养培育时,要促进卓越小学教师身心的和谐发展,将发展卓越小学教师的身体素质与发展他们的心智置于同等重要的位置,千万不要扬心抑身,也不能虽然重视身体,但却只将其作为卓越小学教师提高心智水平的载体和工具。我们必须清醒地意识到,身体本身就是教育的目的之一,我们理应像重视心智一样去重视身体。

事实上,在教育史上,身体曾有过被高扬的历史:①从教育的起源上看,身体本身就是与教育水乳交融、相生相伴的,教育本身就具有"身体性"。从史前教育直接发轫于人类谋生的方式来看,人类教育就是一种"具身"的教学实践活动。《尸子·君治篇》记载:"燧人氏之世,天下多水,故教民以渔;宓羲之世,天下多兽,故教以猎。"这种依水则授之以渔、近山则授之于猎的教育模式实质上就是经由施教者的亲手教授或身体示范,使生产经验与劳动技能薪火相传的身体教育学。因此,对于何谓"教育",《说文解字》明确指出:"教,上所施,下所效也""育,养子使作善也"。换言之,教的方法即为上行下效。这种人类原初的教育方式具有内禀的具身性特征。②

虽然人类教育原本具有鲜明的"身体性",但随着社会的不断变迁与发展,身体在教育中时隐时现。尤其是在身心二元论的影响下,身体曾长期受到鄙弃与宰制,从而使其在教育中一度被遮蔽。令人欣慰的是,随着身心一体论的出现,身体再次受到了人们的关注与重视。

英国哲学家洛克就十分反对身心二元论对身体的漠视与贬抑。他以"'一切知识来源于经验'为根本信条,认为一切观念既非肇始于神的旨意,也非发轫于理性思维。一切观念均源自身体感官所获得的经验在心智上留下的印痕。"③当下具有广泛影响的具身认知理论的核心理念之一即认为心智由各种身体经验构成。洛克的经验论可视为该理念的滥觞。他强调,健康的身体是健康的灵魂存在的载体和依据。身体活动

---

① 王会亭.教师培训的身体转向:具身认知的视角[J].课程·教材·教法,2019(6):119-120.
② 冯合国.从灌输到对话:教育范式转向的身体现象学解读[J].探索,2014(6):136-137.
③ 叶浩生.身体与学习:具身认知及其对传统教育观的挑战[J].教育研究,2015(4):106.

具有至为重要的意义，它是促进精神发展的前提和基石。他的上述主张拉开了人类教育中尊崇身体的序幕。

法国思想家卢梭也特别重视身体在教育中的重要作用。《爱弥尔》一书集中体现了其教育思想与主张。他从自然主义教育思想出发，认为个体在婴儿期（婴儿初生至2岁左右）、幼儿期（2至12岁）、少年期（12至15岁）和成年期（15岁至成年）等不同的人生阶段，虽然接受教育的内容不尽相同，但是，在人生的每一个阶段中均必须重视体育，充分发展个体的感官，努力将智慧发展与体育锻炼相结合。他指出："我们的感觉和各种器官就是我们智慧的工具……你想培养你的学生的智慧，就应当培养他的智慧所支配的体力……教育的最大秘诀是：使身体的锻炼和思想锻炼互相调济。"①由此可见，卢梭十分强调身体在智慧发展中的重要价值。

德国著名哲学家尼采是另一位极力倡导重视并解放"身体"的人。他认为身体是比灵魂更深刻的思想："应以身体为圭臬。一切有机生命发展的最遥远和最切近的过去依凭它又重新焕发了生机，变得血肉丰满。一条无边无涯、悄然无声的水流，仿佛一条银色的巨蟒，越过它，奋力奔向远方。因为，身体乃是比陈旧的'灵魂'更令人惊异的思想。"②而在《查拉图斯特拉如是说》中，他则直接指出："我彻头彻尾是身体，舍其无它，灵魂仅为身体上之某物的称谓。"③不难发现，尼采的上述观点挣脱了身心二元论的藩篱，为教育中的身体转向奠定了基础。

真正将身体视为学习的主体，强调身体对心智塑造作用的是法国现象学家梅洛-庞蒂，他提出了"身体—主体"（body-subject）这一概念。他认为，人类认知源自"我能"（I can），而非"我认为"（I think that），这是由于"我"是"身体—主体"——一个和世界相生相伴的"身体"，所以，"我"方可立足于世界之中，并与其持续互动。④ 他还认为，唯有身体一直与我们相伴。事实上，我们就是身体，身体是我们存在的前提，而我们是精神存在的条件。换言之，精神一直仰仗着身体。我们并非经由"纯粹理性"，而是依凭身体来感知万物的。

美国知名的实用主义教育家杜威同样也极为重视身体在教育与学习中的作用。他主张意识或心智是身体适应环境的一种功能。身体是一切心智存在的基石。"从做

① ［法］卢梭. 爱弥儿［M］. 李平沤，译. 北京：商务印书馆，1978：274.
② ［德］尼采. 权力意志：重估一切价值的尝试［M］. 张念东，凌素心，译. 北京：中央编译出版社，2000：37-38.
③ ［德］尼采. 苏鲁支语录［M］. 徐梵澄，译. 北京：商务印书馆，1997：27-28.
④ ［法］梅洛—庞蒂. 知觉现象学［M］. 姜志辉，译. 北京：商务印书馆，2001：255-256.

中学"则是其高度尊崇身体的集中反映。作为一个经验主义者,他认为经验是所有学习与思维的源头。实践是个体认知或心智发展的必要条件。他指出:"教育为实现其目的,必须从经验即始终是个人实际的生活经验出发。"①由此不难看出,杜威极其关注和强调身体在教育中的价值与功能,主张让学习者在亲身体验、经历与感悟中去学习并获得知识与技能。

既然在人类的教育进程中,身体有过被重视的历史。那么,当下,我们就应该继续保持这种良好的传统,真正做到身心并重,促进卓越小学教师生命的整全发展,继而通过卓越小学教师的高效教学来促进小学生生命的整全发展。

要促进卓越小学教师生命的整全发展,首先必须对教师的"生命"有一个清晰的认识和把握。"生命"的实质意涵包括两个方面:其一,自然的和生理的生命,此乃生命之物质性体现;其二,非自然的、心理的生命,此乃生命之精神性含义。② 然而,长期以来在身心二元论的宰制下,人们通常扬心抑身,从而导致对卓越小学教师的自然的和生理的生命的关注严重不足。这明显有悖卓越小学教师生命的本真意义。当然,我国教育部于2012年2月所颁布的《小学教师专业标准(试行)》(以下简称"标准")已经在某种程度上对卓越小学教师生命的整全发展进行了一定的规约。该标准的内容涵括了"专业理念与师德""专业知识""专业能力"三个维度,这三个维度又可细化为"职业理解与认识、对小学生的态度与行为、教育教学的态度与行为、个人修养与行为、小学生发展知识、学科知识、教育教学知识、通识性知识、教育教学设计、组织与实施、激励与评价、沟通与合作、反思与发展"十三个领域。之所以说,该标准只是在某种程度上对卓越小学教师生命的整全发展进行了规约,是因为,它只是从精神性维度对小学教师应达到的素养进行了界定,但是,它缺乏对小学教师身体维度的关注。而事实上,小学教师之所以能存续于这个世界上,首先在于其身体。因此,缺少"身体关怀"的专业标准,显然是无法反映卓越小学教师生命整全发展的真实样态的。具体地说,要想真正促进卓越小学教师生命的整全发展,就必须注意以下几点。

其一,应充满"身体关怀"。在卓越小学教师核心素养过程中,身体关怀主要包括:一方面,应开展保全身体的培养或培训。无论是对于师范生还是在职小学教师,都应该开设一些有关如何进行身体保健的课程,通过相关课程的开设,使卓越小学教师具有一定的身体保健的意识和知识,形成身体保健的习惯和能力,确保身体处于一种健

① 赵祥麟,王承绪.杜威教育论著选[M].上海:华东师范大学出版社,1981:375.
② 刘燕楠,李莉.教师幸福:当代教师发展的生命意蕴[J].教育研究与实验,2019(6):53.

康的状态。"教师的身体健康是教师乐享幸福生活的生命基础,重视教师的身体健康即是重视其生命质量和幸福指数。教师只有具有了健康的身体,他们方可能幸福。身体健康、精力充沛,既能使教师充分地发挥其主动性、积极性、创造性,又可以使教师更好地感受生活、热爱生活,对生活充满更多的热情和爱。"①俗话说:"身体是革命的本钱。"倘若一位小学教师身患疾病,他往往会痛苦悲伤、抑郁烦闷,这样不仅直接影响到他的工作热情和积极性,也严重影响其生活质量。此时,他也就毫无幸福感可言。另一方面,应关注卓越小学教师的身体感受。也就是说,在卓越小学教师核心素养培育的过程中,无论是职前的培养还是职后的培训,一定要具备"学习者"立场,应始终站在卓越小学教师的角度,充分考虑他们的所思、所想、所求,保证职前培养或职后培训的内容主题、份量、时间安排、方式方法等都契合卓越小学教师的实际,符合他们的真实需要。切忌不顾卓越小学教师身体的承受能力和身体体验,去安排一些令其感到疲惫、厌倦的培养、培训内容,或采用他们根本不喜欢的培养、培训方式。

其二,应力争达致生命发展的"最高境界"。小学教师的生命发展按照程度由低到高大致可分为三个不同的境界:②一是以教育为职业的匠师境界。处于该阶段的小学教师,仅将教育教学作为其谋生的一种手段。所以,他们教育教学热情不高,往往"做一天和尚,撞一天钟",工作常常是敷衍塞责,应付了事。从对待学生而言,他们往往只将学生看作是冷冰冰的"物",而没有意识到学生是有血有肉的"人"。他们缺乏"童心母爱",不愿将学生看作是自己的亲人或朋友,师生间感情往往非常淡薄,仅仅是一种冰冷的工作者与劳动产品的关系。处于该层次的教师只是教育教学的"技术员"或"操作工",在教育教学中只关注向学生传授知识和技能,而忽略对学生其他方面发展的关注。因此,这种教师只是教书匠,生命境界较低,格调不高。二是以教育为专业的能师境界。处于该境界中的教师通常拥有丰盈的教育教学知识和极其娴熟的教育教学技能,然而,其生命发展通常是在教师专业标准的外部规约之下的发展。他们可以及时回应教育教学变革的理念和要求,并积极争取专业水平的提升,然而,倘若其发展达到制度规约的上限,往往就止步不前,缺少继续前行的动力和闯劲。从对待学生角度而言,他们愿意用心进行教育教学,努力择取灵活多样的方法提升教育教学质量,然而,却极少关注教育与生命之关系,对"学生是谁?学生从哪里来?学生将到哪里去?教

① 刘燕楠,李莉.教师幸福:当代教师发展的生命意蕴[J].教育研究与实验,2019(6):54.
② 岳欣云.教师发展的最高境界:教师生命自觉[J].华东师范大学学报(教育科学版),2018(2):118.

育对学生的生命发展意味着什么？如何才能促进学生生命的整全发展？"等问题缺乏深度的思考。三是以教育为志业的人师。处于该境界的教师能清晰地觉知教育与生命之关系，将教育教学视为其生命存在的方式和自我价值实现的主要场域。他们能充分地认识到"从事什么样的教育就是在过什么样的生活"。因此，他们将教育当作值得自己终身奋斗的志业，能积极、主动地将自己的全部心力投入到教育教学之中。在对待学生方面，他们能做到"爱生如子"，注意与学生建立良好的师生关系，重视教育与生命之关系，强调培养学生的生命自觉，努力通过优质教育来提升学生的生命质量。作为小学教师群体中的引领者和示范者，卓越小学教师生命的发展当然不应满足于"匠师"和"能师"境界，他们理应通过不懈的努力，达到"人师"的生命境界。

其三，应意识到卓越小学教师生命的整全发展是其"专业发展"与"自由发展"的统一体。长期以来，由于受到以凯洛夫教育学为代表的传统的教育理论的影响，我国小学教师培养深陷"传递主义""技能主义"及"技术主义"的泥淖而难以自拔。① 所谓"传递主义"即是指在教育教学中，教师将向学生传授知识作为其主要甚至唯一的任务，而忽略对学生其他方面素质的培育。在教师教育领域盛行的"要给学生一碗水，教师要有一桶水"便是这种思想的生动体现。所谓"技能主义"意指教师作为专业人员的标志就在于他们拥有一整套传授知识的技能、技巧，而这些技能、技巧主要通过外在的机械训练而获致。而"技术主义"则是离身认知思想的集中体现。离身认知将人类的认知与学习看作是类似于计算机的信念的输入、编码、存储、提取过程。受其影响，许多教师教育者也认为，教师也就像搬运工一样，可以将固化的知识原原本本地传递给学生，同时这种传递过程可以按照预期的方案进行严格、有效地控制。当然，上述的"传递主义""技能主义"及"技术主义"是明显与当下的教师教育理念背道而驰的，它们已严重影响了小学教师核心素养的提升及生命的整全发展。当下，我们必须坚持基于"实践兴趣"的专业发展与基于"解放兴趣"的自由发展相结合。这样才能构成教师完整的生命发展样态。基于"实践兴趣"的教师发展，将教师看作是"反思性实践者"，认为教师专业素养是教师立足于实践情境，在和教育教学情境的互动中领悟实践情境，经由反思自身的经验而得以形成的，它主要由教师的实践性知识、实践判断和智慧、实践反思和研究能力所构成。基于"实践兴趣"的教师发展主要是从教师作为专业人员的视角提出的，其本质上属于教师的专业发展。基于"解放兴趣"的教师发展则是从教师作为

① 张华.论教师发展的本质与价值取向[J].教育发展研究,2014(22)：16－17.

普通的"人"的视角而言的。因为教师除了作为专业人员从事教书育人工作之外,他们也有自己的家庭与生活,有普通人的喜怒哀乐、七情六欲。因此,从这个角度而言,与其他社会成员一样,教师需要具有人的理性自由、自我意识和批判意识,需要形成自由之人格、独立之精神,使"人"的天性能得以充分的释放和彰显。因此,基于"解放兴趣"的教师发展本质上是教师的"自由发展"。当然这种"自由发展"并非是不需要任何规则约束的放任发展,而是在遵循一定的道德规范、行为准则的基础上,在具备一定的责任担当意识的前提下,在保证社会的公平、正义与民主的条件下的发展。由上观之,卓越小学教师的发展是其专业发展与"自由发展"的统一,二者构成了卓越小学教师完整的生命发展。

(二)遴选"面向生活世界"的培育内容

如前文所述,在传统的认知科学的桎梏之下,小学教师职前培养及职后培训课程问题丛生,质量堪忧,主要表现为:偏重学科知识与技能的传授;关注教学预设,忽视教学生成;脱离小学教学实际,远离小学教师的"生活世界";缺乏有效统整,同质化严重。上述问题是长期以来离身认知守持"身心二元论""扬心抑身"及"计算机隐喻"等错误观点的产物。与离身认知迥然不同的是,具身认知对人类的认知与学习有全新的认识与把握,以具身认知理论来审视卓越小学教师核心素养培育的内容,必然会有新的变化和要求。

当然,对于卓越小学教师核心素养的培育,总体上应在2011年10月教育部颁布的《教师教育课程标准(试行)》(以下简称《标准》)的大框架规约下进行。《标准》中提出了教师教育课程应体现"育人为本""实践取向"和"终身学习"三个基本理念。在小学职前教师教育课程方面,《标准》则从"教育信念与责任""教育知识与能力""教育实践与体验"三个目标领域规定小学职前教师教育课程应达成"具有正确的学生观和相应的行为""具有正确的教师观和相应的行为""具有正确的教育观和相应的行为""具有理解学生的知识与能力""具有教育学生的知识与能力""具有发展自我的知识与能力""具有观摩教育实践的经历与体验""具有参与教育实践的经历与体验""具有研究教育实践的经历与体验"九个具体的课程目标。在小学职前教师教育课程设置方面,则从"儿童发展与学习""小学教育基础""小学学科教育与活动指导""心理健康与道德教育""职业道德与专业发展""教育实践"六大学习领域提出相应的建议模块及不同办学层次高校的学分要求。《标准》也对在职教师教育课程设置框架提出了相关建议。它针对在职学历教育课程与非学历教育课程提出了不同的要求,并明确提出在职教师教育课程的功能指向为：加深专业理解、解决实际问题和提升自身经验，并对主题/模块进行了举例。客观地说，《标准》对于卓越小学教师核心素养的培育具有一定的参考价值，但是，《标准》是针对合格小学教师的规定和要求，而卓越小学教师与合格小学教师毕竟存在一定的差异，并且《标准》也未能完全体现具身认知的精神内核。因此，针对卓越小学教师的"卓越"要求并结合具身认知理论的主要精神，我们有必要对现有的卓越小学教师核心素养培育内容进行调适与改变。

当前，为了切实提升卓越小学教师的核心素养，我们亟须遴选和确立"面向生活世界"的培育内容。"生活世界"是现象学大师胡塞尔提出的一个概念。它是指我们各人或各个社会团体生活其中的现实而又具体的环境。它有四个方面的特征：其一，生活世界是一个非课题性的世界，即是一个不言自明的现实世界；其二，它是一个奠基性的世界；其三，它是一个主观、相对的世界；其四，生活世界是一个直观的世界，即是一个日常的、伸手可及的、非抽象的世界。① 而卓越小学教师的生活世界应是一个异常真实的世界，是一个色彩斑斓、生动鲜活的世界。它包括了个体存续于社会中一定存在的广泛的社会空间，同时，又具有特定职业条件下所形成的独特的教育生活空间。卓越小学教师的生活世界是一个涵括了"人的世界"和"教育的世界"的双重世界；是一个包含了灵魂和肉体、道德与欲望、情感与意志的世界；是一个自由、自主却又充满了规训和教化的矛盾的世界。② 因此，在卓越小学教师核心素养具身培育中，培育内容回归卓越小学教师的"生活世界"，就是回归其"人的世界"和"教育的世界"。具体而言，为了真正实现卓越小学教师的核心素养培育内容回归其"生活世界"，就必须注意以下几点。

其一，培养内容应充满"生命关怀"。如前文所述，行为主义心理学将人看作动物，离身认知将人看作机器。而具身认知则将人看作"人"，强调对人的生命的尊重、热爱和关切，并特别强调人的身心是相生相伴的统一体，无孰重孰轻、孰优孰劣之分。加之"生活世界"是人类一切有意义的活动的源头，是一切人的生命、生活、组织、社会的存在基础，是个体生命存在的真实根基。③ 因此，在卓越小学教师核心素养培育过程中，我们就亟须开展生命教育。生命教育在培养卓越小学教师方面具有极其重要的意义。

① 倪梁康.现象学及其效应——胡塞尔与当代德国哲学[M].北京：生活·读书·新知三联书店，1994：131.
② 赵琳琳.走向"生活世界"的教师培训研究[D].开封：河南大学硕士学位论文，2011：13.
③ 刘济良.论"生活世界"视阈中的生命教育[J].教育科学，2004(4)：6.

"它可使卓越小学教师核心素养的培育更为生动、整全和鲜活。它可使师生生命的长度、宽度、厚度、韧度、亮度和慧度得到提升,可促进卓越小学教师生命的健康成长;可促进卓越小学教师确立坚定的职业信仰,涵养深厚的文化底蕴,形成高尚的道德情操及强烈的责任担当意识,为其终身幸福奠基;可促进其积极主动地探求教育教学变革的新方法,为实现高效教学而努力。"①尽管生命教育对于培育卓越小学教师核心素养极为重要,但是,当下,在教育实践之中,却存在大量的小学教师漠视、践踏和残害自己或他人生命的现象。譬如,有的小学教师因为整天忙于工作,而导致疾病缠身也不闻不问;有的小学教师因为工作或生活不如意,而选择轻生;有的小学教师在教育教学中讽刺、挖苦、体罚学生甚至性侵学生,导致学生身心受到伤害,甚至有的小学生因为小学教师的摧残而自杀。可以说,在许多小学教师的培育活动中,生命教育尚处于一种缺位状态。因此,在卓越小学教师核心素养培育过程中,生命教育已经势在必行。在对卓越小学教师开展生命教育时,必须以认识生命、欣赏生命、尊重生命、创造生命价值为主线,并以识读生命本质、体验生命意义、启迪生命智慧等为主要教育内容。② 经由生命教育,真正使卓越小学教师能学会和拥有对生命价值的感知和体验,能调动和控制生命,进而珍惜与掌握生命,最终提升生命的质量。尤其需要指出的是,在生命教育中,必须高度重视卓越小学教师生命发展的整全性。这种"整全性"主要体现在如下几个方面:一是身心的和谐、健康发展。卓越小学教师若想拥有完满幸福的生活,就必须有健康的身心状态作基础。假如失去了身心的健康,那么,卓越小学教师的工作、学习和生活均将遭遇困厄,其生命质量也必将大打折扣。通过生命教育,我们应使卓越小学教师对自己的身体状态、性格脾气、心理特征等有清晰的认知,同时,接受自我调控、自我教育、自我激发的基本训练,掌握强身健体、调节情绪的基本方法,从而学会健康地学习、工作和休闲,形成良好的生活方式和行为习惯;学会理解与包容,并可以正确认识自我,欣赏自我,不断增加抗挫折能力,对压力诱惑的抵抗力,对欲望冲动的调控力,自如地应对生命中的无常与困境,使自己保持良好的身心状态。经由生命教育,卓越小学教师应该成为一个身心健康、精力充沛、充满自信、热爱生活的"全人"。③ 二是具备"全科型教师"的应然素质。如前文所述,我国教育部已经明确提出将"全科型教师"作为卓越小学教师的培养目标。这就要求我们必须跳出"学科中心"

① 赵丹妮. 生命教育视域下的"知行卓越教师"培养实践[J]. 中国高等教育,2018(8):59.
② 杨春雷,吕辛. 我国高校生命教育课程体系的构建[J]. 黑龙江高教研究,2010(4):138.
③ 杨雄英. 论以人为本的生命教育[J]. 学术探索,2016(4):155.

的陷阱,培育内容应指向卓越小学教师的身心整全发展和问题解决。这种培育内容应强调"一专多能",保证教师素养的深度和宽度相结合,内容应涵盖卓越小学教师学习、工作和生活的方方面面,使他们真正成为"身心两健、体脑两全、学创俱能、文理兼通"的"全人"。三是职前、职后教育内容的一体化。要使卓越小学教师生命得以整全发展,就必须以整体性思维来观照卓越小学教师核心素养培育,从培育"完整的人"的视角,对职前、职后课程进行一体化设计,将"完整的人"的相关理念和要求贯穿于卓越小学教师培养的每一个环节和阶段,合理组织和安排卓越小学教师核心素养的培育内容,对职前、职后培育内容进行有效的统整,避免雷同、交叉和重复,从而产生耦合效应。这一点已有学者指出过:"一体化的教师教育课程与教学体系应该按照教师生涯发展理论对教师成长阶段进行整体系统的设计而且职前培养要充分考虑教师的职后发展,职后培训要以职前培养为基础,即体现出教师职前和职后的贯通,也应反映不同阶段的重点和衔接。"①

其二,培育内容应关注现实,强调实践。与医生、律师一样,卓越小学教师也是专业人员。众所周知,医生、律师的培养是非常重视实践,强调"临床"的。卓越小学教师的培养自然也不应例外。卓越小学教师核心素养培育内容不能仅满足于对教育学、心理学、学科教学法和学科专业理论知识的学习与掌握,它应立足于教育教学现实问题,关注培养卓越小学教师在教书育人中的问题解决能力,为此应给予实践性课程足够的重视。尤其是,我们要合理安排、规划教育见习、教育实习、教育研习、教育调查、专业技能训练、学年论文撰写、毕业论文(设计)完成等实践性课程的时间,进行科学的指导与督促,确保课程的实效性,避免实践性课程虽有似无,沦为"摆设"和"走过场"。立足于实践的卓越小学教师核心素养培育,意味着卓越小学教师在自身创造性的生存活动中获得成长与进步。这是一个卓越小学教师用其所有的知识、情感、信念及力量深度卷入的创造性活动。通过躬身实践,教育意义得以彰显,卓越小学教师作为"完整的人"的丰富性得以开显。作为促进卓越小学教师生命整全发展的一条重要路径,实践同样示明卓越小学教师的发展并非仰仗一些外缘性的、固化的知识与技能的掌握,相反,它意味着卓越小学教师在教育教学实践中自主创生的实践性知识才是其得以持续发展的重要保证。卓越小学教师的实践性知识是他们在教学生活中创造、使用的知识,它是卓越小学教师对具体情境做出的解释,是一种开放的、一直处于持续创造与发

---

① 刘义兵,付光槐. 教师教育一体化发展的体制机制创新[J]. 教育研究,2014(1):113.

展中的知识。所以,它是卓越小学教师核心素养形成的本源性因素,表明卓越小学教师只有扎根于自己周遭的生活世界中,才可能提升生命质量和境界,从而过一种"诗意栖居"的幸福生活。[①] 需要指出的是,我们强调在卓越小学教师核心素养培育中,必须立足现实,关注实践,并非否定和拒斥理论。事实上,理论可以指导实践,实践可以深化理论。二者之间是一种交互作用、双向滋养的关系。我们只是意在反对那种只注重理论,还未能给予实践以足够重视的不良情状。我们正确的态度与做法当然是理论与实践并重,只有这样才能真正促进卓越小学教师积极、主动、全面、和谐地发展。

其三,培育内容应预设与生成并重。[②] "预设与生成是辩证的对立统一体,教学既需要预设,也需要生成,预设与生成是教学的两翼,缺一不可。预设体现对文本的尊重,生成体现对学习者的尊重;预设体现教学的计划性和封闭性,生成体现教学的动态性和开放性,两者具有互补性。"[③]尽管预设与生成是课程与教学运行中两个不可或缺的因子,但是,如前文所述,由于深受离身认知中"计算机隐喻"的桎梏,在卓越小学教师核心素养培育中,负责卓越小学教师培养、培训的行为主体往往将课程与教学活动看作类似于计算机的信息输入、编码、存储、提取的过程。他们往往认为只要按照预定的程序去安排与实施课程与教学,就一定会取得预期的效果。因此,在卓越小学教师核心素养培育中,他们往往会陷入"重预设,轻生成"的泥淖。瓦雷拉(F. Varela)指出:"认知不是一个预先给予的心智对预先给予的世界的表征,认知毋宁是在'在世存在'施行的多样性作用的历史的基础上的世界和心智的生成。"[④]同样,在教学中,"师生不断缘遇着、创造着,解释着课堂事件,在此过程中内容不断变革、意义不断生成。教学正是这一系列课堂教学事件及由此实现的内容的变革与意义的生成"。[⑤] 事实上,在卓越小学教师核心素养培育中,尤其需要强调培育内容的生成性。这是因为:其一,小学教师的知识基础、认知风格、道德品质、交往方式等方面各不相同,很难以静态的"预设"课程内容来满足复杂丰富、变动不居的小学教师的兴趣与需要。其二,"生成性"培育课程与内容可以较好地解决小学教师的矛盾冲突,激发兴趣。小学教师存在着多种矛盾,学习与生活矛盾、学习与工作矛盾、因制度规定而"被迫"接受培养导致的学习的心理矛盾等,这些矛盾显然影响培育实施过程的效果。而培育课程与内容中的

① 谢延龙,周福盛. 教师发展的生存论转向[J]. 中国教育学刊,2011(8):69.
② 王会亭. 基于具身认知的教师培训研究[M]. 北京:中国社会科学出版社. 2017:285-287.
③ 余文森. 有效教学十讲[M]. 上海:华东师范大学出版社,2009:56.
④ 瓦雷拉等. 具身心智:认知科学和人类经验[M]. 李恒威等译. 杭州:浙江大学出版社,2010:3.
⑤ 张华. 研究性教学论[M]. 上海:华东师范大学出版社. 2010:146-147.

"生成性"可有效地激发小学教师的学习兴趣,因为"生成性"产生的机制在于教师的内在需求和内在需要。这种"生成性"主要基于小学教师作为成人学习的特征的考虑。成人学习心理学中将成人学习的核心特征归结于学习者的主体性和学习的建构性,成人必须是在解决其内部认知矛盾的自我调控的过程中,透过经验、对话和反思而不断生成知识。① 其三,从人的角度看,人是一种生成性、开放性的存在,其发展具有极大的不确定性。要真正把小学教师当作"人",就必须尊重这种生成性、开放性。其四,从课程的角度看,课程并非只是预设的、固化的文本,它更是生成的、涌动的学习者体验。其五,从教学本体的角度看,教学的"人为性"和"为人性",决定了真实的教学是一个系统问题,更是一个生成性的问题。任何教学都是在实体、活动、关系和过程等维度上生成的。② 因此,无论预设内容如何丰富,课堂现场气氛如何热烈,如果缺少生成,那么都将是从"钢丝"到"铁丝"再到"粉丝"的递减效应,随着时间的推移,教育内容的信息掌握呈下降直至遗忘的效应。③

既然"生成"对于卓越小学教师核心素养培育内容如此重要,那么,在培育中应如何促进生成呢? 一般认为,可以采取如下五种策略来促进卓越小学教师核心素养培育的内容生成:一是从点状生成到整体生成。即高校教师或专家的"教"与小学教师的"学"常常点状地散布于教学诸流程中,高校教师或专家必须适时地返归整体,以整合的方式将其连缀为一体。二是从个体生成到全体生成。即高校教师或专家要善于把个别小学教师在教学中生成的有价值的资源转化为可供全体小学教师共享的资源。三是从浅层生成到深层生成。即为了避免培育中因对小学教师生成的资源捕捉、反馈不到位,而使生成陷入浅表化,高校教师或专家应提升素质,运用教学机智,通过追问、品析、读悟等手段,促进深层次的生成。四是从单一生成到多维生成。指培育内容要着眼于学科独特的育人价值和小学教师成长的内在需求,在价值取向、视界、方法和思维等多个维度均体现生成性。五是从错误生成到有益生成。指高校教师或专家要能将"教"与"学"双方出现的"错误"变成有用的"资源",以促进小学教师整全地发展。④

需要特别指出的是,强调卓越小学教师核心素养培育内容的生成性,并不是要否

① 朱旭东.论教师培训的核心要素[J].教师教育研究,2013,(3):4-5.
② 王会亭.从"离身"到"具身":课堂有效教学的身体转向[J].课程·教材·教法,2015(12):61.
③ 朱旭东.论教师培训的核心要素[J].教师教育研究,2013,(3):5.
④ 李政涛.教育常识[M].上海:华东师范大学出版社.2012:187-190.

弃预设性。其实,卓越小学教师核心素养培育是一项有目的、有计划、有组织的培养教师的活动。这其中当然需要预设。我们不是要反对预设,而是要反对因过度预设而导致的教学控制对小学教师发展所造成的阻碍。正如雅斯贝尔斯所言:"不间断地制定计划对我们人类来说,是完全必要的,这里并不是反对计划,而是反对指导制定计划的错误意识倾向,以及反对那种想把不可知的一切拉入计划之中的做法"。①

概言之,在卓越小学教师核心素养培育过程中,必须科学、辩证地处理预设与生成的关系,使二者相辅相成、相互促进,共同为提升卓越小学教师核心素养,促进卓越小学教师身心整全发展服务。

(三)营造"触发身体共鸣"的培育情境

具身认知理论认为:"认知并非是一个先验的逻辑能力,而是一个连续进化的发展的情境性过程。"②也就是说,认知并非是大脑内部的抽象符号加工过程,而是大脑、身体与环境相互作用的结果。③学习者一直处在具体的情境中,通过身体活动之路径在和情境的交互作用中发展认知,情境既是对象,又构成认知。在学习者进行认知与学习活动时,一切认知发生的条件、过程和结果,都存续于具体的情境,是对现实中环境及事件的反应。④情境是卓越小学教师核心素养培育的重要基础和保证。这是因为:一方面,卓越小学教师是社会人。他们的一切认知和学习活动均发生于某些具体的社会环境之中,譬如文化背景、时间场合、人际关系,等等。既然卓越小学教师是社会中的一员,其身体活动肯定也存在于具体的社会情境之中。因此,卓越小学教师核心素养的培育活动就自然不是一种可以去情境化的、纯粹知识的学习。另一方面,大量的心理学和生理学研究也表明,认知与学习是一种嵌入情境的实践活动,即认知与学习是身体、心智与环境构成的统一体,无法独立于特定的情境之外,相反,是发生于具体的情境之中。⑤

既然卓越小学教师核心素养的具身培育必须以一定的情境为依托,那么,何谓情境呢?所谓"情境"是指"一个人在进行某种行动时所处的场景、背景、情景、环境,是人们的行为产生的具体条件"。⑥具体地说,个体在行动时,身体的情境性表现为以下三

① [德]雅斯贝尔斯.什么是教育[M].邹进,译.北京:生活·读书·新知.三联书店.1991:29.
② 李恒威,盛晓明.认知的具身化[J].科学学研究,2006,(2):184.
③ 王会亭.从"离身"到"具身":课堂有效教学的身体转向[J].课程·教材·教法,2015(12):62.
④ 周先利,莫群.具身化教学:生成逻辑、理论内涵与实践取向[J].当代教育科学,2020(9):50.
⑤ 周先利,莫群.具身化教学:生成逻辑、理论内涵与实践取向[J].当代教育科学,2020(9):50.
⑥ 张军凤等.教学的情境意蕴[J].中国教育学刊,2013(9):32.

种形式：一是我们的身体可以进入情境。"个体用身体嵌入世界之中,就像心灵嵌入身体中一样。当身体进入特定的情境之后,情境将给予身体众多的刺激,同时,影响神经和大脑,因而身体内部就会产生许多复杂的反应,情绪、记忆、感觉将被调动和诱导出来,意义于是形成,身体内部的变化进而又经由身体反映出来,这样,个体的身体就进入了情境,情境也反映在了身体之上,身体与外部情境便发生了紧密的关联与互动。"[①]这一点梅洛-庞蒂也曾明确指出过:"身体是在世界上存在的媒介物,拥有一个身体,对于一个生物而言就是进入一个具体的情境,卷入某些计划及不断处于其中。"[②]二是身体构造情境。一般而言,我们经常借助声音、图片、视频等媒体素材来构建情境。事实上,我们也可以通过肢体动作、服饰、表情等身体信息构造具体的情境。三是身体本身即一种情境。身体是各种意义的集合体,它内蕴着大量的历史、文化、社会信息,这些意义与信息汇聚于身体之中本身即反映出身体是一种先在性的情境。[③]例如,当我们见到一位西装革履、戴着眼镜的教师时,我们好似看到了他在讲台上滔滔不绝、口吐莲花般地讲课;当我们看到一位身穿名牌、戴着名表、开着豪车的男士,我们仿佛感受到他在驰骋商海、奋勇开拓的场景。一般而言,卓越小学教师核心素养培育时所处的情境具有以下特点:[④]一是悬疑性或活动性。在卓越小学教师核心素养的培育过程中,常常需要合宜情境的创设来吸引卓越小学教师的注意,激发其参与学习活动的兴趣。因此,往往需要由高校教师或专家向小学职前教师或在职教师提供一些有一定挑战性、需要去积极探究的开放性问题。二是生活性。是指在卓越小学教师核心素养培育过程中,情境必须与知识内容相联系,但是,这种知识不应只是专家、学者从"科学世界"出发遴选、确定的,而应回归小学教师的"生活世界",择取那些卓越小学教师在现实生活中易于经历到的、具体的事件或场景。三是复杂性。教科书上以文字符号来呈现的知识通常是在具体情境中抽取出来,并被极度简化的。但是,在卓越小学教师核心素养培育中的情境则是现实生活,是一些几乎没有遭到简化的事件,这种事件往往是纷繁复杂的。四是情感性。卓越小学教师核心素养的培育过程不是去情境化的实践活动。在去情境化的教育实践活动中,教师与学生关注的往往是冰冷的知识的简单授受,"教"与"学"双方都未能投入自己的情感,常常导致双方情感的隔

---

① 吕兴祥.身体哲学视野下的体验教学研究[D].南京:南京师范大学硕士学位论文,2015:26.
② [法]梅洛·庞蒂.知觉现象学[M].姜志辉,译.北京:商务印书馆,2001:116.
③ 吕兴祥.身体哲学视野下的体验教学研究[D].南京:南京师范大学硕士学位论文,2015:26.
④ 赵蒙成.学习情境的本质与创设策略[J].课程·教材·教法,2005(11):22-24.

膜及学生成为"单向度的人"。而在卓越小学教师核心素养的培育过程中,所创设的情境应是"教"和"学"双方以充盈的情感卷入的实践活动。通过双方的互动交流,有利于增进双方的情感联系,同时,可以很好地濡化卓越小学教师的情意。五是典型性。是指在卓越小学教师核心素养中,与教师教育相关的事件往往很多,不可能全部用来设置情境,只应选择那些最具代表性、最具吸引力、最能造成情感共鸣的事件来营造情境。六是主体性。是指在卓越小学教师核心素养培育中,高校教师或专家不应只站在自身的立场,想当然地认为卓越小学教师会对某些情境感兴趣,因而主观臆断地创设一些脱离卓越小学教师需要的情境。相反,我们应基于卓越小学教师视角,充分考虑他们的所思所想、所需所求,营造出能激发他们学习积极性、主动性的情境。七是可变性。是指在卓越小学教师核心素养培育中,高校教师或专家尽管需要事先预设一些教学情境,但是,他们应能根据教学场域的实际,及时地调适改变,以更好地适应培育卓越小学教师核心素养之需要。

在卓越小学教师核心素养培育过程中,情境发挥着举足轻重的作用。具体而言,主要包括以下几点:其一,情境有助于卓越小学教师进行"意义建构"。情境教学理论主张,"学习是意义建构的过程,意义与情境并非是彼此割裂、无关的,而是在实践和情境的协商中产生的。"①同理,当卓越小学教师处于一个恰切的情境中时,风俗习惯、宗教信仰、历史文化、社会制度、行为规范等均会对其施加影响,赋予其一定的意义,从而使他们充满好奇、兴趣盎然地投入学习活动,主动地获取知识,掌握技能,涵养德性。这时,他们从情境中获得的并非是僵死、固化的知识,而是充盈着意义的、灵动的、活化的知识、能力和智慧。其二,情境是卓越小学教师核心素养培育的"脚手架"。卓越小学教师核心素养的培育过程不应是一种机械灌输、简单授受的过程,而应是小学教师在已有知识、经验的基础上通过大胆质疑、主动探究、积极合作来自主建构知识的过程。建构主义认为:"教学必须为学习者建构对知识的理解提供一种概念框架,这种框架中的概念是为发展学习者对问题的进一步理解所需要的。"②相应地,在卓越小学教师核心素养培育的过程中,高校教师或专家既不应对小学教师指手画脚、包办代替,又不应消极无为、听之任之,而应充当小学教师学习活动的组织者、帮助者、促进者,进而言之,高校教师或专家应努力地为小学教师创设适切的学习情境,这种情境应成为小

---

① 张春兴. 教育心理学[M]. 杭州:浙江教育出版社. 1998:84.

② 何克抗. 建构主义的教学模式、教学方法与教学设计[J]. 北京师范大学学报(社会科学版),1997(5):74-81.

学教师开展学习活动的手杖或脚手架。随着信息技术的飞速发展和普及,我们可以充分使用现代化的信息技术来搭建卓越小学教师学习的"脚手架"。这种"脚手架""不仅包括认知维度,又包括小学教师和他人之间的互动、协作这一社会维度。众多的计算机软件或网络环境为'脚手架'的搭建提供了可能:在认知维度,经由总结科学家的真实实践经验并将其设计成基于网页的表单式问题,能够引导与支持学习者开展探究式学习;经由对肉眼看不到的原子、分子间运动的可视化表征,可能帮助学习者发展深度的科学理解;经由网页镶嵌的即时揭示,能够引导学习者进行自主探索或反思。在社会维度,思维导图、即时通讯工具、社交媒体以及像'知识论坛'这类计算机支持的协作学习平台,能够有效促进不同学习者对知识共建共享"。[①] 上述"脚手架"就其本质而言是给小学教师提供一个"先行组织者"。所谓"先行组织者"是美国心理学家奥苏伯尔提出的一个概念,它是"先于学习材料呈现之前呈现的一个引导性材料。它在概括与包容的水平上高于要学习的新材料,但以学习者易懂的通俗语言呈现。它是新旧知识发生联系的桥梁和纽带"。[②] 上述情境的创设非常有助于卓越小学教师从"现有的发展水平"跃迁至"潜在的发展水平",从而获得最大限度的发展。其三,情境可以吸引卓越小学教师的注意力。任何一项学习活动只有能引起学习者足够的注意,才可真实地发生,否则,将沦为空谈。在卓越小学教师核心素养培育过程中,通过适当地创设情境,可以激发卓越小学教师探究未知领域的兴趣和好奇心,激发他们学习的内驱力,吸引他们学习的注意力,从而唤醒他们加工信息的心理倾向,达到提升学习效率之目的。因此,在卓越小学教师核心素养培育中,高校教师或专家必须高度重视情境的价值,可采用提问、变换教学方式、提供新奇、逼真的教学材料、改变自身的仪表、仪态、穿着、语调等方式向卓越小学教师提供引人入胜的学习情境。其四,情境可以产生隐性的"育人"效应。适当的培育情境应该可以发挥"随风潜入夜,润物细无声"的隐性育人效应,这种效应就相当于隐性课程所起的作用。虽然有时卓越小学教师未必能清晰地觉知情境的这种隐性效应,但是,它却是实实在在地存在的,具体表现为:一是对卓越小学教师情意的涵育。卓越小学教师浸润于特定的情境之中,其情境可以得到濡化,从而逐步形成良好的情感、态度、价值观等。二是提供一种真实的情境,使卓越小学教师在其中形成运用知识去发现问题、分析问题和解决问题的能力,便能将这种问题解决能力迁移至新的情境去解决新的问题。三是可以帮助卓越小学教师克服惰性,发展自主

---

① 王美等. 用技术赋能情境学习[J]. 现代教育技术,2018(11):16.
② 皮连生. 学与教的心理学[M]. 上海:华东师范大学出版社.1997:251.

意识与能力。长期以来,在传统的教育教学中,教师往往更关注预期的教育教学目标的达成,更强调学生在教育教学中的一致性表现,即教师崇尚的是"标准答案""正确答案"。这种"标准答案""正确答案"往往也是"唯一的"答案。受其影响,卓越小学教师就会有意无意地形成学习惰性,在学习过程中,不敢和不愿开动脑筋,大胆质疑,主动探究,他们往往会养成等待高校教师或专家公布"标准答案"的习惯。如此一来,卓越小学教师就会变得懒散而缺乏个性,其创新精神和创造能力等良好素养的培育也将沦为空谈。

既然情境对于卓越小学教师核心素养培育如此重要,那么,在卓越小学教师核心素养培育过程中,我们应如何创设能引起小学教师身体共鸣的情境呢? 笔者认为,应注意以下几点:其一,物理情境与文化情境并重。在物理情境方面,我们应提供给卓越小学教师窗明几净、安静温馨的学习场所,学习场所桌椅的摆放应使用马蹄形、方形、圆形、模块形等多种利于小学教师在一起交流、研讨的排列方式,而尽量避免单一的"秧田式"的座位排列方式。在这些学习场所中,还应该具备丰富的教学设施、设备,便于小学教师在学习时随时使用。在文化情境方面,我们可以有意识地在小学教师经常活动的区域设置孔子、陶行知等教育名人塑像,悬挂洛克、卢梭等思想家的名言警句,呈示反映现代教育理念的展板、板报,种植梅、兰、竹、菊等象征高洁品格的植物等。通过上述物理情境和文化情境的交互和并重,来培育卓越小学教师的核心素养。其二,实体情境与虚拟情境兼顾。在条件允许的情况下,应充分利用实体的教育教学情境来开展卓越小学教师核心素养的培育活动。例如,可以让职前小学教师深入小学课堂,与一线小学教师一起备课、上课、批改作业、管理班级。可以让他们组织小学班队活动和家长会等。可以让在职小学教师开展与名师结队活动,跟着小学名师一起参加教育教学活动,面对和解决各种真实的教育教学问题。在这些实体性的情境中,培育小学教师的核心素养。当然,有时受条件所限,并不具备实体性的情境。这时,我们可以开动脑筋,去创设一些虚拟情境,让小学教师在这些虚拟情境中获得教益。这种虚拟情境从本质上而言属于离线具身的范畴。"离线具身既可以强化学习者具身体验的感受,增加情境的鲜活性,更在于经由营造离线具身情境,可以推动学习者大脑相应部位的生长、发育和完善。所以,教育者应充分调动和利用各种资源创造情境,强化具身体验。倘若受条件所限不能达成实境具身、实感具身时,发挥在头脑中的'想象的离线具身'也能取得理想的效果。教育者一则应该通过多媒体技术和个人富有感情化的语言描述将学习者带入想象的空间,引导学习者想象,形成离线具身效应;再则,也应该经由提问,留有缺陷式的质疑,激发学习者的主动想象,主动形成离线具身效应。"①其三,记录生活事件。如前文所述,"生活性"是学习情境的重要特征。只有那种与小学教师日常生活和已有经验高度关联的事件或场景,才能真正进入情境,并对小学教师核心素养的形成产生重要的影响。反之,那些远离小学教师的"生活世界"、小学教师的身体无法经历到的事件或场景对于小学教师而言,则是极其苍白无力和缺乏吸引力的,也是难以真正成为有效的学习情境的。因此,我们平时应躬亲教育实践,善于观察教育教学现象,思考教育教学问题,养成记录教育教学生活的习惯,有意识地积累教育教学素材。这样就可为卓越小学教师核心素养培育中的情境创设提供丰富而持久的资源。尤其是随着现代媒体技术的广泛使用,只要我们养成善于做生活的有心人,上述教育教学资源就很容易记录和保存。其四,掌握营造学习情境的技巧。学习情境具有内禀的复杂性,它不是学习者生活事件或场景的简单复现。这就需要我们具备一定的创设学习情境的知识和技巧。唯其如此,我们才可能真正根据卓越小学教师核心素养培育的目标、小学教师的实际、培育内容的难易程度等灵活地创设适切的学习情境,真正为提升卓越小学教师的核心素养服务。

(四) 采用"具身互动"的培育方法

如前文所述,在传统的离身认知的宰制下,卓越小学教师核心素养的培育往往采取机械灌输、简单授受的方式。在这种培育方式中,小学教师往往沦为"知识的容器"和"侍女",其学习的主动性、积极性完全丧失,沦为被动的"物"。而具身认知则坚决反对这种"离身式"培育方式。具身认知认为,"身体本身在世界中,就像心脏在肌体中:身体不断地使可见的景象保持活力,内在地赋予它生命和供给它养料,与之一起形成一个系统。"②换言之,"认知与学习不是与身体没有关系的,而是产生于身体的动作经验之中。就实质而言,认知与学习是一种身体经验,并且该经验来自于有着一定物理构造和运动能力的身体;倘若没有了该身体,认知与学习将沦为空谈与虚妄。作为认知过程的知觉并未离开身体,而是根植于知觉引导的行动中,与身体运动形成氤氲聚合的整体。也就是说,它是一种具身的行动。……认知结构是来源于感知—运动模式,是身体动作的'内化',所以,也必须以拥有一定感觉运动能力的身体为依据。可见,认知是身体的认知,身体是认知的主体。主体的知识建构并非是意识的产物,而是

① 殷明,刘电芝.身心融合学习:具身认知及其教育意蕴[J].课程·教材·教法,2015(7):63.
② [法]梅洛-庞蒂.知觉现象学.[M].姜志辉,译.北京:商务印书馆,2001:261.

由具身的行动形塑而成的,产生于反复出现的身体感觉—运动模式"。① 诚如梅洛-庞蒂所说:"身体作为人的生命的载体,既是人之意向性无法脱离的'阿基米德点',又是接触他物的唯一通道。现实的教育活动倘若压制了人的身体,就等于遮蔽了表征学习者之体知世界的'原初的情感震颤状态。"②同样,在卓越小学教师核心素养培育中,身体也发挥着重要的作用:一方面,卓越小学教师核心素养的培育是基于感知的,该感知既根植于身体整体,又关注身体各种感官和肢体的活动。正是通过身体感官活动,我们才能正确、清晰地认识外部世界。有研究表明,人们从外界获得的信息中来自视觉的占83.0%,来自听觉的占11.0%,来自嗅觉的占3.5%,来自触觉的占1.5%,来自味觉的占1.0%。③ 另一方面,卓越小学教师核心素养的培育并非只是"脖颈以上的精神训练",而是身体力行的实践活动。基于具身认知的小学教师核心素养培育应是专家和小学教师之间一种有计划、有组织的身体实践活动。可以说,实践活动创造了人本身并使人类得以薪火相传,绵延不绝。倘若我们鄙弃、贬抑人类的身体及其活动,误以为人类仅存在精神活动,那么,人类则将被妖魔化、抽象化和空心化。只有我们能够对人类的身体及其活动有一个正确的认知与把握,充分意识到身体及其活动在人类认知与学习活动中的本源性、奠基性价值,人才能真正成为人本身,真正回归"生活世界。"简而言之,人类的认知与学习是具身的。

既然人类的认知与学习是具身的,那么,在卓越小学教师核心素养培育过程中,我们就应该采用"具身互动"的培育方式。所谓"具身互动"是指在卓越小学教师核心素养培育过程中,高校教师或专家采取各种方法和手段充分调动小学教师的身体,让小学教师通过脑、手、眼、耳、口、鼻等各种身体官能与他者实现交流、对话与沟通。这种培育方式能够"将在教育教学中的人际关系、时间、空间多元化、多层化,在教育教学中实现多样的个性交响"。④ 具体地说,这种"具身互动"的培育方式就其实质而言是一种体验式、参与式、发现式教学。它强调在卓越小学教师核心素养培育过程中,我们应充分发挥小学教师学习的主动性、积极性和创造性,让他们通过身体及其活动来与他人进行交往与互动,从而提升其核心素养。当然,这种互动交往的对象不是单一的,而是多维的,它涵括专家与小学教师之间、小学教师与同侪之间、小学教师与小学生之

---

① 叶浩生. 身体的教育价值:现象学的视角[J]. 教育研究,2019,(10):45.

② [德]赫尔曼·施密茨. 新现象学. [M]. 庞学铨,等,译. 上海:上海译文出版社,1997:9.

③ (原)国家教委电教司. 教学媒体与教学设计[M]. 北京:高等教育出版社. 1990:73.

④ 钟启泉. 课程改革:挑战与反思[J]. 比较教育研究,2005(12):21.

间、小学教师与文本之间、小学教师自身之间等多个维度的交往、互动。在具身互动中,为了能使交往双方更容易被彼此理解与接纳,最好使用身体语言。具身认知认为:"语言是在人类的生存活动中逐渐产生和发展的,形成语言能力的要义在于人类的生存活动,它并非是一种简单的习得和接受,人类身体的存续和使用是语言存在之源头和表征。"[①]换言之,在人类的认知与学习过程中,不是在使用"意识语言",而是在使用"身体语言"进行相互交往与对话。具体地说,在卓越小学教师核心素养培育过程中,高校教师或专家可以通过摆手、点头、拍肩膀、竖大拇指、耸肩、微笑等肢体动作、姿态、表情等身体语言来与小学教师进行交流与沟通,小学教师也会用"身体语言"来进行相应的回应。相较意识语言而言,身体语言更为直观、明了、意蕴深远。

在卓越小学教师核心素养培育的过程中,采取"具身互动"的方式,也意味着专家与小学教师之间关系的变化。在传统的"离身式"核心素养培育中,专家与小学教师之间是一种"主奴"关系,也就是说专家往往将自己看作是知识的权威和化身,以一种居高临下的姿态来对待小学教师,小学教师则被视为"无知"的代名词和等待填充知识的器皿,对专家常常是无条件地服从和接纳。以具身认知理论为观照,在卓越小学教师核心素养培育过程中,则要求我们改变专家与小学教师之间的不平等关系,代之以建立一种民主、平等、和谐的新型关系——"身体间性"。相较于"主奴"关系,这种"身体间性"使专家与小学教师之间不再处于泾渭分明、二元对立的不平等状态。相反,"身体间性"具有一种含混性,它意指专家与小学教师之间处于一种原始的身体知觉关系之中,二者通过身体的彼此接触、交流,已经达致一种"不分你我""你我两忘"之境地,此时,专家与小学教师之间处于一种"身身相印""心意相通"之状态,也就是说,在"身体间性"中,专家与小学教师均通过自己的身体来觉知、体认周遭的世界、他者和自我,并且二者完全处于一种平等、开放、互逆、边界混沌之状态。梅洛-庞蒂曾经对"身体间性"做出过生动形象的隐喻:"当我用我的左手触摸我的右手时,作为对象的右手也有这种特殊的感知特性。当我的两只手相互按压时,问题不在于我可能同时感受到的两种感觉,就像人们感知两个并列的物体,而是在于两只手能在触摸和被触摸功能之间转换的一种模棱两可的结构。"[②]

在采用"具身互动"的方式培育卓越小学教师核心素养时,其内在的机理是"具身模拟"。"大脑与身体的特殊感觉—运动通道在认知的形成中扮演着至关重要的角

---

① 叶浩生.具身认知:认知心理学的新取向[J].心理科学进展,2010(5):705-710.
② [法]梅洛-庞蒂.知觉现象学[M].姜志辉,译.北京:商务印书馆,2001:129.

色……心智和认知在本质上是一种模拟。模拟是身体、世界和心智互动过程中产生的知觉、运动和内省状态的复演。"①人类能理解他人，体会与他人相同的心情，是由于人类能够通过身体的特殊感觉通道模拟他人的感受，这种感受与他人的体验是相同的。在这一过程中，感觉和运动系统的特殊通道塑造了认知。② 休谟曾表达过模拟的思想。他指出："概括而言，我们可以认为人的心灵是一些相互映照的镜子……当我从任何人的声音和姿态中发现某种激情的效应时，我的心灵立即从这些效应追溯到其原因，并且形成有关激情的活生生的观念，仿佛我们自己沉溺于激情本身。"③尼采也曾指出："为了理解他人，我们必须去模仿他的感受。我们从自身开始，根据他人的表现和展示出来的效应，通过我们自己的身体，模仿着他人的眼神、声音、举止……这样一来，由于在动作和感觉之间那古老联结的缘故，类似的感受就形成了。"④众所周知，小学教师的教学水平不是一蹴而就的，而是一个循序渐进的过程。一般而言，小学教师教学水平的发展往往需要经历以下四个发展阶段：⑤(1)模仿性教学。模仿性教学是处于教学水平的初始阶段。刚步入讲坛的新手小学教师，由于缺乏必要的教学经验和独立开展教学工作的知识与能力，常常需要去学习、模仿一些有经验的同侪的教学方式、方法，其教学往往是在移植、搬套其他教师的教学经验和技巧。(2)独立性教学。随着时间的推移，工作经验的积累以及教学自主意识的觉醒，小学教师的教学开始渐渐从模仿性教学步入独立性教学阶段。在该教学阶段，小学教师已经逐步摆脱对其他教师教学的简单模仿和搬套，可以根据教学场域的具体实际，灵活地将他人的教学经验活化为自己的教学策略，独立地开展教学活动，自主地完成各项教学任务。(3)创造性教学。当小学教师的实践知识和实践智慧发展到一定程度之后，他们就进入了创造性教学阶段。在这个阶段的教学中，小学教师常常能突破常规教学思维模式的框束，大胆创新，锐意进取，常常愿意关注教学变革的最新动态和理论前沿，勇于进行教学创新和变革，其教学往往充满个性化色彩，个人教学风格业已逐步形成。可以说，处于该教学阶段的教师，对自身与他人都是一种突破和超越，其教学已经处于较高的水平。

① 叶浩生.有关具身认知思潮的理论心理学思考[J].心理学报,2011(5)：589－598.

② 韩冬,叶浩生.认知的身体依赖性：从符号加工到具身认知[J].心理学探新,2013(4)：295.

③ Hume, D. *A Treatise of Human Nature* (1st ed.) [M]. L. A. Selby-bigge, ed., New York：Oxford University Press, 1958：1739.

④ Nietzsche, F. "Daybreak", in R. J. Hollingdale, trans., A Nietzsche Reader [M]. Harmondsworth, England：Penguin, 1977：1881.

⑤ 陶本一.学科教育学[M].北京：人民教育出版社.2002：214－214.

(4)艺术性教学。从应然的角度而言,教学既是一门科学,更应是一门求真、向善、尚美的艺术。当小学教师的教学水平跃迁至艺术性教学阶段之后,他们在确保教学的科学性、实效性的同时,已经开始通过其出众的教学智慧,使其教学充盈着美学元素,其教学或典雅端庄,或新颖奇特,或逻辑严密,或情感充沛。总之,在这种课堂教学中,小学生往往如沐春风,流连忘返,能够充分地享受教学的欢愉和幸福,教学之于小学生是一种"诗意的栖居"。由上述教学的四个阶段可知,在小学教师核心素养培育过程中,小学教师通过"具身模拟"方式向教学专家、教学名师等重要他人进行学习、借鉴时,其模仿只是其个人成长的开始和手段,而不应是其目标,其目标应是通过自身的努力,逐步从"模仿性教学"跃迁至"艺术性教学"。唯其如此,小学教师才能真正实现从"普通"走向"卓越",最终切实提升其核心素养。

(五)选择"察身现行"的培育评价

评价在卓越小学教师核心素养培育过程中至关重要,其作用主要体现在以下几个方面:一是导向功能。评价在卓越小学教师核心素养培育过程中发挥着指挥棒的作用,它直接影响着专家的教与小学教师的学。也就是说,专家的教与小学教师的学通常是紧紧围绕着"评价"指标来进行的。因此,评价指标体系本身一定要科学、精准,否则,就容易使专家的教与小学教师的学误入歧途,从而影响小学教师核心素养的培育效果。二是诊断功能。即是指在卓越小学教师核心素养培育的过程中,通过评价,我们可以发现专家的教和小学教师的学已经取得了哪些经验和成绩,还存在哪些问题与不足,从而使专家与小学教师对自身的教和学有一个清晰的认知和把握,从而根据评价结果及时地调整,使专家的教和小学教师的学更科学、更高效。三是激励功能。通常情况下,在卓越小学教师核心素养培育过程中,当专家和小学教师获得肯定性评价后,他们常常倍受鼓舞和激励,教和学的动力和热情会更足。而当专家和小学教师受到否定性评价时,他们往往会感到紧张或焦虑,而适度的紧张或焦虑往往也具有激励作用。但是,过度的紧张或焦虑,对于专家的教和小学教师的学则会产生致弱作用。因此,我们对于评价的设计一定要科学合理,在对专家或小学教师进行评价时,如果关涉到否定性评价,一定不要让专家或小学教师感到高度紧张。四是管理功能。这种功能也称为"证明"或"甄别"功能。在卓越小学教师核心素养培育过程中,教育主管部门、高校等相关单位有可能将评价的结果用于专家的续聘、薪资的调整、职称的晋升及小学教师的深造、奖励及晋级等的重要依据,并在此基础上,对于小学教师核心素养培育的相关工作进行相应的布局、调整和改进。尽管评价在卓越小学教师核心素养培育过程中,具有如此重要的作用,但是,如前文所述,当前在离身认知的桎梏之下,卓越小学教师核心素养培育的评价却存在一定的偏失,譬如,评价的内容以小学教师知识与技能的掌握为圭臬;评价的类型重结果性评价,轻过程性评价;评价的方式重量化评价,轻质性评价。

既然离身认知宰制下的卓越小学教师核心素养培育的评价问题丛生,我们就亟须对其进行革新。笔者认为,以具身认知理论来审视卓越小学教师核心素养培育,我们应选择"察身观行"的评价。具体而言,这种评价应重点关注以下几个方面。

其一,小学教师的身体参与度。在传统的"离身认知"的影响之下,卓越小学教师核心素养培育过程往往成为专家的"独白"和"教案剧",小学教师则成了"听众"和"看客"。在这种情况下,小学教师的身体是"缺场"的,是外在于核心素养培育过程的,其培育效果当然也就可想而知了。然而,由于离身认知认为,人类的认知与学习只是"脖颈以上的精神训练",与身体是无关的,人类可以在身体"缺席"的情况下进行学习,身体是可有可无的。所以,在这种认识论的影响之下,评价往往缺乏对于小学教师身体参与度的应有关注。而具身认知理论则认为,"身体既起到构建知识之功能,又在知识学习过程发挥至为关键的作用,尤其是在理解和明悟意义的学习过程中,身体之参与和卷入则成为决定学习效果之关键。"[①]在具身认知看来,在人类的学习过程中,人类之身体及其活动产生的知觉体验居于轴心位置。人类是经由身体的参与和体验来实现对外部世界的明悟和把握的。我们之所以能觉知这个世界是一个充满意义的存在体,而不是一个冷冰冰的、固化的物自体,就在于我们拥有鲜活的身体,并能以其参与到世界之中。梅洛-庞蒂也曾明确指出过:"人类不是具有身体,而是就是身体本身,身体乃人类拥有世界的一般方式,是身体在理解……理解,即是体验到我们指向的事物和呈现出的事物,意向和实现之间的一致——身体则是人类在这个世界中的定位。"[②]同样,建构主义理论也表明,知识与技能是无法由教师教给学习者的,而是由学习者在已有知识经验的基础上,通过大胆质疑,主动探究,积极合作来自主理解和建构的,也就是说,学习活动是一种具身化的行动,需要学习者的身体参与。由此可见,在具身认知理论的引领下,小学教师只有真正身体参与到核心素养的培育过程中来,成为学习活动的主体,才能取得预期的学习效果。因此,在对卓越小学教师核心素养培育效果进行评价时,我们不能只聚焦于专家讲得如何,而更应关注小学教师的身体参

① 叶浩生.身体的教育价值:现象学的视角[J].教育研究,2019(10):45.
② [法]梅洛-庞蒂.知觉现象学[M].姜志辉,译.北京:商务印书馆,2001:190.

与度,并将其作为评价小学教师核心素养培育效果的一个重要指标。当然,在卓越小学教师核心素养培育过程中,小学教师的身体参与是有一定的技巧和要求的。笔者认为,小学教师的身体参与应采取"合法的边缘性参与"。"合法的边缘性参与"是由美国学者让·莱夫(Jean Lave)和爱丁纳·温格(Etienne Wenger)于1990 在他们合著的著作《情景学习:合法的边缘性参与》中所提及的概念。基于情境的学习者必须是共同体中的"合法"参与者。"合法"意味着学习者对共同体所享有的资源拥有利用和掌控的权力,即学习者进入共同体伊始就可以利用共同体的资源,随着学习的不断深入,学习者对资源的利用程度在加深,这同时也印证了参与的轨迹是从边缘到核心。"边缘的"参与是指这样一个事实,即由于学习者是新手,他们不可能完全参与所有的共同体活动,而只是作为共同体某些活动的参与者。他们应该在参与部分共同活动的同时,通过对专家工作的观察,与同伴及专家的讨论,进行学习。"参与"意味着学徒(或新手)应该在知识产生的真实情境中,通过与专家、同伴的互动,学习他们为建构知识应该做的事情。为此,合法的边缘性参与应该是学习者获得文化的机制,它既包括了学徒与专家之间的联系,也包括了与其他所有作为实践文化组成的部分参与者、人工品、符号、技能和观点的联系。情境学习中有关"合法的边缘性参与"的研究主要关注的是学习者的社会参与形式,学习则是其中必不可少的要素。[①] 在卓越小学教师核心素养培育过程中,以"合法的边缘性参与"为指导就是要求小学教师做到:首先,他们应通过各种途径和手段获得进入学习共同体的资格,具有使用共同体学习资源的权利,并获得身体的认同,能够被共同体中的专家或其他小学教师所接纳。他们不可能未经同意就擅自闯入一个学习共同体中并恣意地使用共同体中的资源进行学习。其次,在进入学习共同体之初,小学教师应该愿意主动去做一些"杂事""琐事"等辅助性的教育教学工作,譬如,帮助有经验的老教师批改作业,带领学生出操,帮助班级出黑板报,收集教学素材。随着时间的推移、经验的积累,小学教师可以逐步由"边缘"走向"中心",在共同体中可以开始从事一些主要的、正式的工作,譬如,可以正式为学生上课。这时,小学教师已经开始逐渐由"普通"走向"卓越"。最后,特别重要的是,小学教师进入共同体之后,千万不能以"旁观者""静听者"的姿态存在。相反,他们应该积极、主动地参与学习共同体的有关活动之中。当然,参与的最好方式是进入教育教学现场,而不是呆在书斋或报告厅中。笔者认为,在卓越小学教师核心素养培育中,如果小学教师能

---

① 高文.情境学习与情境认知[J].教育发展研究,2001(8):33.

真正领会并遵循上述情境学习中的"合法的""边缘性的""参与性的"等三个关键原则，就一定能取得良好的学习效果，进而提升自身的核心素养。

其二，小学教师身体的自由度。传统的离身认知认为，身体与心智是二元对立的，身体在学生的学习中无足轻重，身体活动常常会是学习的绊脚石，许多教师往往认为学习活动只是发生于学生头脑中的思维活动，在学习过程中，只要学生大脑集中注意、专心致志就能取得理想的学习效果，而身体的活动，如上课窃窃私语、摆弄文具、随意讲话等会令学生注意力分散，从而致弱学习效果，因此，在教学中，教师往往强调对学生的身体进行严格的规训和限制，使学生身体失去了应有的自由。譬如，上课时，教师常常会向学生发出如下指令："一二三坐好了，小小手放放好，小眼睛向前看，小嘴巴闭闭紧，小耳朵认真听。""铃声响，进教室，安安静静等老师，抬头挺胸坐得正，看黑板，脚放平。"这时，学生俨然成了任由教师操控的木偶。知名作家龙应台曾对学校中严格规训和限制学生身体自由的现象提出过尖锐的批评。他说："是谁在作贱我们的子女？老师吗？训导主任和管理组长吗？还是高高在上的教育执政者？老师们，忙着把联考所需要的知识塞到学生脑子里，大概无暇去管学生的袖子是否卷起。训导人员一手拿着一个四方框框，一手拿着剪刀，看到一个学生就用框框往他身上一套，超出框框的发丝、裙角、手臂、头脑，就咔嚓一声剪掉，再记个警告。这种所谓'训导'，结果，使所有台湾地区所培养出来的十几岁的小孩长得一模一样——发型一样、穿着一样、举手投足一样、思想观念一样，像工厂的生产线所吐出来的一部部机器。"[1]对于学生身体严格的规训和限制，表面上看课堂教学秩序井然，学生循规蹈矩。殊不知，没有自由的身体，哪来自由的灵魂。事实上，这种失当的做法已严重地摧残了学生的身心健康，使其学习的主动性、积极性、创造性、想象力丧失殆尽，沦为毫无生机的"小大人"。类似地，在卓越小学教师核心素养培育中，也存在大量规训、宰制小学教师身体的现象，使小学教师身体失去了应有的自由。在作息时间上，无论是对职前小学教师还是对在职小学教师通常都有严格的规定。一般而言，对于职前小学教师不管他们兴趣、爱好如何，通常都要在规定的时间去上课、听讲座、见习、实习、就寝等。对于在职小学教师同样如此。一般小学都会对小学教师进行严格的考勤，不得迟到、早退，即使没课，教师也必须呆在办公室备查。同时，无论是职前小学教师还是在职小学教师一般都会被要求在规定的时间内完成一定量的学习任务或研修任务，不管他们的身体承受能力和具体实

---

① 冯合国. 从身体与教育的关系探当代教育的身体转向[J]. 上海教育科研，2013(4)：16.

际。在空间上,职前小学教师在教室听课时,一般都是坐在"秧田式"排列的座位上,身体被固定于座位之上,限制了他们身体的自由活动。对于在职小学教师而言,则不管他们是否愿意,只要是工作日,一般都被要求呆在学校内办公,纵使学校内工作环境喧嚣吵闹不宜工作,而家中书房安静温馨适宜工作,也不行。在仪表、仪态方面,对于小学教师也有严格的规定。我国的《中小学教师行为规范》明确规定:"仪表(包括发式、穿戴、化妆)应大方、整齐、清洁,不穿拖鞋、背心、短裤、吊带衫、超短裙进校园。男教师不留长发或剃光头、蓄胡须,女教师不化浓妆、涂染指甲、染艳丽彩发,不佩戴分散学生注意力的饰品。"学校依凭标准化的制度规范和经由固定僵化的教学时空来规训及限制小学教师之身体,使其身体遵守相应的规范、规定,这就直接导致小学教师身体完全失去了自由,作为"人"的主体性和生命活力也随之沦失,因此,在这种状态下,要想真正能培育出小学教师的核心素养无异于痴人说梦。具身认知理论认为,"从应然的角度而言,我即是我的身体,身体是一种主体性的存在。倘若要使身体之主体性得以落实和彰显,就必须使身体可以自由且充满活力地感知、运动、展现、交往。身体之自由与活力是主体姿态的应然呈现,由于身体内蕴着意向性,而身体是在自由地运动、活动中达成了该意向性,而不是在静止不动中。身体作为主体性的自我活动,就是一种身体自由。同时,正是由于身体自由而使个体的独特性和差异性得以开显和实现。"[①]既然身体自由对于卓越小学教师如此重要,那么,在卓越小学教师核心素养培育过程中,我们就应该将其作为评价卓越小学教师核心素养培育效果的一个重要标准。我们就应该充分关注小学教师的身体,并且尽可能地保证其身体获得自由,从而避免"只启动大脑,不启动身体"之偏失。进而言之,在对小学教师进行管理时,我们应革新目前学校将小学教师之身体当作被矫正、被规训、被限制的对象的刚性的、格式化的管理模式,采用弹性、刚性相结合的管理方式,关注制度设计的科学化、人文化和人性化。在制定小学教师管理制度时,我们亟须充满身体关怀,摒弃"为管理而管理"的固化思维,学校管理者可充分发挥小学教师的主体性和聪明才智,经由校领导和小学教师之间的对话、交流与磋商来制定学校的相关规章、制度,实现自律与他律相结合,使小学教师的身体自由能得到充分的保障,使其学习的主体性、积极性能得以充分的彰显。需要指出的是,我们强调要保证小学教师的身体自由并将其作为评价小学教师核心素养培育效果的一个重要指标,并非说要彻底否弃对小学教师的必要规范和管理。我们要反

---

① 蒲凡. 学校教学中身体的回归研究[D]. 重庆:西南大学硕士学位论文,2019:52.

对的是那种违背小学教师身心发展规律,对小学教师的身体健康和学习造成严重损害的、过度的、非人道的管理和宰制。

其三,小学教师身体的成长度。当下,有些小学教师培养或培训活动表面上花样迭出、热闹非凡、抓人眼球,但是却往往是专家的"作秀"或"表演",对于小学教师的成长缺乏应有的价值。因此,对于卓越小学教师核心素养培育效果的评价,我们不能只浮于表面,被假象所迷惑,而应转向其背后,关注小学教师身体的成长度,并将其作为评价卓越小学教师核心素养培育效果的一个重要指标。如前文所述,"身体"并非仅指肉身,它是一种形与神、灵与肉的结合体,是生命存在的独特样态。因此,这里所说的身体成长度,自然不是仅指肉身的生长、发育和完善程度,而是指小学教师完整生命的成长度,即小学教师生命是否得以成长与进步。小学教师身体的成长应是其生命整体性、全方位的成长,从宏观上讲,主要涵括两方面的成长:一是生理性身体状态的良性发展,呈现一种极其健康的生理性身体样态,动作技能、运动保健习惯逐步形成,即体质朝一种健康、向上的方向迈进。二是精神性身体的良性发展。通过核心素养培育之后,一方面,作为专业人员,小学教师在职业道德、知识基础、学习能力、实践创新能力、交往与合作能力、科研能力、教学能力等教师的专业素养应有所发展与进步。另一方面,作为普通的社会成员,小学教师"属人"和"为人"的素养也应得到提升。总而言之,在卓越小学教师核心素养培育的过程中,我们应紧紧聚焦于小学教师身体的成长度,将小学教师在参加核心素养培育前后产生的变化作为评价培育效果的一个重要依据。只有能切实促进小学教师身体不断成长与发展的核心素养培育才是科学、有效的教育,否则,则是错误和虚妄的。

其四,小学教师身体的幸福度。如前文所述,传统的离身认知秉持身心二元论及扬心抑身。受其影响,在卓越小学教师核心素养培育中,我们往往更关注对小学教师专业知识和技能的培育,但却对小学教师的身体感受缺少应有的关注。培养、培训单位往往急功近利,为了在规定的时间完成培养、培训任务,常常不顾小学教师的兴趣、需要和接受能力,安排大量超越小学教师承受能力的学习或研修任务,致使小学教师身心俱疲,不堪重负。具身认知认为,身心是一体的,身体并非只是将头脑带入课堂的载体与工具,身体本身就是教育目的之一。因此,在卓越小学教师核心素养培育过程中,我们应对小学教师的身体感受和体验给予足够的重视,并将其身体的幸福度作为评价卓越小学教师核心素养培育效果的另一个重要依据。这一点,我们可以从《穿越玉米地》这一寓言故事中得到启示:田野上,清新的风徐徐地吹来。铺展在你们眼前的,是一片果实累累的玉米地,同时,这又是一片隐藏着无数大大小小的陷阱的玉米地。今天,你们将穿越它。你和你们的对手们将要进行一场有趣的竞赛:看谁最早穿越玉米地,到达神秘的终点,同时,他手中的玉米又最多。也就是说,你穿越玉米地,要比别人更快,手里要有更多的玉米,而且要时刻保证自己的安全——这是"玉米地游戏"的三个生存要素:速度、效益和安全。由这一寓言故事可知,判断"穿越玉米地"成功的标准是速度、效益和安全。同理,在卓越小学教师核心素养培育过程中,我们也应同时关注以下三个因素:一是培育的速度。即在其他条件相同的情况下,相同的小学教师核心素养内容所使用的培育时间越短,则有效性越高。二是效益。即通过培育之后,小学教师的核心素养是否能得到提高,从而实现身体由弱到强,精神从不完善到逐步完善。三是身体的感受。即小学教师是否能体验到核心素养培育活动所带来的愉悦感、满足感,是否能享受到培育给他们带来的幸福感。可以说,核心素养培育的重要目标之一就是提升小学教师的生命质量。"评判一个人生命质量的高低,通常有诸多依据。在所有依据之中,必须格外重视两个重要的依据:一是看他有无健康的生命本能,二是看他有无崇高的精神追求。没有健康的生命本能,萎靡不振,反映出生命质量低下。"①而提高生命质量的关键则是使小学教师能在核心素养培育中产生美好的身体体验,身体充盈着幸福。因为只有小学教师拥有幸福、美满的生活,他们才能真正以"教书育人"为志业,愿意为教育事业奉献自己的青春和热血,反之,如果小学教师自身都生活在极度痛苦、折磨之中,也就很难真正做到潜心教育教学了,那学生的幸福也就无从谈起了。概言之,在卓越小学教师核心素养培育中,我们应将培育活动是否能让小学教师感到是一种"诗意的栖居",能否充分享受到培育带来的幸福作为评价培育活动效果的一个重要标准。倘若卓越小学教师核心素养培育使小学教师感到是痛苦和折磨,是一个"灵智的屠宰场",那无论如何都不能说是一个成功的教育活动。

---

① 周国平.周国平论教育[M].上海:华东师范大学出版社,2009:130.

第五章　卓越小学教师核心素养具身培育的支持系统

要解决卓越小学教师核心素养培育中遭遇的"离身性"之困,切实提升卓越小学教师核心素养具身培育的实效性,除了需要采取适切的培育路径之外,构建多元主体协同联动的支持系统也显得极为迫切和关键。具体而言,卓越小学教师核心素养具身培育的支持系统主要涵括政府支持、U-S共生体支持、社会支持和小学教师自我支持等要素。

一、政府支持

作为国家进行统治和社会管理的机关,政府在卓越小学教师核心素养具身培育中具有极其重要的作用。卓越小学教师核心素养具身培育要取得理想的效果,必须得到政府的支持。政府要想对卓越小学教师核心素养具身培育的支持更加精准、有效,就一定要改变以往在教师教育管理中事无巨细、包办一切的"全能政府"形象,切实转变政府管理职能,坚持做一个"善治"的政府、"有限的政府",对于卓越小学教师核心素养具身培育主要是通过宏观管理来对卓越小学教师核心素养具身培育工作做一定的引导和规范。具体地说,政府对卓越小学教师核心素养具身培育的支持主要包括三个方面,即:政策支持、体制支持和财政支持。

(一) 政策支持

要想切实提升卓越小学教师核心素养具身培育的实效性,就必须通过政府制定并实施适切的教师教育政策来予以支持和保障。"教师教育政策是党和国家为解决教师教育中存在的问题,促进教师发展目标的实现,根据国家建设的基本任务、基本方针而制定的教师培养和培训的准则性规定,主要体现了教师成长过程中培养培训及福利待遇等方面的要求。"①自新中国成立以来,尤其是自改革开放以来,我国政府一直对于教师教育非常重视,并且颁布了一系列的政策,对教师教育制度进行引导、规范和管理。我国自改革开放以来至今的 40 余年,政府所颁布和实施的教师教育政策大致分为以下几个时期。②③

1. 教师教育政策恢复与调整阶段(1978—1984 年)。我国自 1966 年至 1976 年发生了史无前例的"十年文革"。在文革期间,我国的教育遭到了前所未有的打击和破坏,同样,教师教育也不例外。其时,教师的地位和待遇低到了"冰点",教师被称为"臭老九",遭受批斗和冷落对于他们已成"家常便饭"。1978 年改革开放以后,面对着遭受重创的教育,邓小平同志提出了"尊重知识、尊重人才"的要求。这一时期,我国也出台了一系列教师教育的政策文件。例如,1978 年出台了《关于加强和发展师范教育的意见》,针对当时我国基础教育的实际,提出应在三级教师教育体系恢复和重建的基础之上,进行统筹规划,建设一支又红又专的教师队伍,并明确提出,要大力发展和办好师范教育,加强教师队伍建设,要求全国各地建立师范教育网络,积极扩大招生,并对现有的小学教师、初中教师、高中教师进行有组织、有计划的培训,力争在 3—5 年的时间内,使他们分别达到中师、师专、师范院校程度的毕业标准。④ 1980 年,我国颁布了《关于进一步加强中小学在职教师培训工作的意见》,强调各级师范学院以及教师进修学校充分发挥在培养培训中小学教师方面的作用。1982 年我国又颁布了《关于加强教育学院建设若干问题的暂行规定》。该文件指出:"为了搞好中学在职教师及教育行政干部的培训工作,提高普通中学教育质量,应加强教育学院建设,尤其是应重视教育学院领导干部的配备和师资队伍建设,要从各方面关心教师。"⑤

2. 教师教育政策探索、改革与发展时期(1985—1992 年)。20 世纪 80 年代之后,中国的教育备受关注与重视,因而对教师教育工作也格外重视。我国教师教育随之进入了探索、改革与发展的新阶段。这从在该阶段颁布的一系列文件中就可以看出。1985 年,我国颁布了《中共中央关于教育体制改革的决定》,该文件要求,必须对现有的教师进行严格的培训和考核,并特别强调应将发展师范教育和培训在职教师作为发

① 车丽娜等. 我国教师教育政策七十年历史演变及未来展望[J]. 教育理论与实践,2020(10):35.
② 韦地. 我国教师教育政策发展历程分析[J]. 赤峰学院学报(汉文哲学社会科学版),2017(8):166-167.
③ 车丽娜等. 我国教师教育政策七十年历史演变及未来展望[J]. 教育理论与实践,2020(10):36-38.
④ 中央教育科学研究所. 中华人民共和国教育大事记(1949—1982)[G]. 北京:教育科学出版社,1984.3.
⑤ 法律图书馆. 国务院批准教育部关于加强教育学院建设若干问题的暂行规定的通知[EB/OL]. (1982-10-21)[2020-04-27]http://www.law-lib.com/lawhtm/1982/2506.htm.

展教育事业之重要举措。1990 年全国中小学教师继续教育研讨会又提出,必须将我国中小学教师培训的重点转移到开展继续教育上来。① 1992 年我国又颁布了《全国高等师范学校师资培训"八五"计划要点》,该文件从"基本指导思想""目标和任务""主要措施"等方面就如何开展师资培训工作提出了相关建议和要求。

3. 教师教育政策法制化、规范化时期(1992—2001 年)。中国共产党第十四次全国代表大会于 1992 年 10 月 12 日至 18 日在北京举行。这次会议明确提出,要高度重视师资队伍的培养和法制建设,做好相关立法工作。因而,教师队伍建设的"法治"意识逐步得以强化,教师教育的重要地位得到了国家法律和制度的确认。我国于 1993年颁布了《教师法》,1995 年颁布了《教育法》,教师队伍建设开始走向法制化、规范化时期。1999 年我国颁布了《面向 21 世纪教育振兴行动》,该文件提出要实施"跨世纪园丁工程":为了实现面向 21 世纪的教师教育改革和发展目标,既应该继续推进师资培养的开放化程度,又应把继续教育纳入教师教育体系之中,教师教育职前职后一体化开始受到关注。②

4. 教师教育政策改革创新时期(2001—2017 年)。进入新千年以后,我国教师教育政策也进入了改革创新的新阶段。在这一时期,我国相继颁布了系列教师教育政策文件。例如,2001 年,我国颁布了《国务院关于基础教育改革与发展的决定》,该文件指出应完善以现有师范院校为主体、其他高等学校共同参与、培养培训相衔接的开放教育体系,也就是说,该政策彻底打破了师资培养由师范院校培养的单一、封闭格局,其他高校,尤其是综合性大学也可从事教师教育的开放、多样的局面。2010 年,我国颁布了《中小学教师国家级培训计划》,该文件规定国家将投入大量的人力、物力和财力来培训中小学教师,特别是农村中小学教师。同年,我国又颁布了《国家中长期教育改革和发展规划纲要(2010—2020)》。该文件列专题讨论了"教师队伍"问题,对中小学教师的培养、培训及终身学习提出了明确的建议与要求。2012 年,我国颁布了《幼儿园教师专业标准(试行)》《小学教师专业标准(试行)》《中学教师专业标准(试行)》。这些标准为教师培养、培训提出了具体的依据和努力的方向。2011 年,我国颁布了《教育部关于大力推进教师教育课程改革的意见》。该文件从十个方面就推进教师教育课程改革和实施《教师教育课程标准(试行)》提出了相关意见和建议。2014 年,我国颁布了《教育部关于实施卓越教师培养计划的意见》,该文件从"目标要

---

① 何东昌. 中华人民共和国重要教育文献(1976—1990)[C]. 海口:海南出版社,1998. 2285 - 2289.
② 何东昌. 中华人民共和国重要教育文献(1998—2002)[C]. 海口:海南出版社,2003. 218.

求""培养模式改革""协同培养新机制"等七个方面提出了实施卓越教师培养的政策建议。总之,上述政策文件的颁布实施,为教师教育的改革与发展提供了政策依据和保障。

5. 教师教育政策深化拓展阶段(2017年至今)。2017年以来,我国教师教育政策进入了深化拓展阶段。这可以从我国近年来颁布的相关政策文本中得到证明。2018年1月,我国颁布了《关于全面深化新时代教师队伍建设改革的意见》。2018年2月,我国颁布了《教师教育振兴行动计划(2018—2022年)》。2018年9月我国颁布了《教育部关于实施卓越教师培养计划2.0的意见》。通过上述政策文件颁布施行,我国教师教育的水平和质量得到了稳定的提升,并逐步向纵深方向发展。

由以上关于教师教育政策历史沿革的分析,我们可以发现,自改革开放以来,我国政府一直非常重视教师教育。这种政策上的重视也确实推动了我国教师教育质量的提升。可以说,改革开放以来的40余年,我国教师队伍的建设无论从教师的数量还是质量而言,都发生了巨大的变化。但是,我国的教师教育相比西方发达国家还存在一定的差距。为了切实提升我国卓越小学教师核心素养具身培育的实效性,笔者认为,今后我国政府应主要从以下两个方面提供政策支持:一方面,制定卓越小学教师专业标准。我国虽然已于2012年颁布了幼儿园、中小学教师的专业标准,但是,迄今还未从政策层面明确提出卓越小学教师的专业标准,这就易导致卓越小学教师培养陷入主观随意和缺少方向感,从而影响卓越小学教师核心素养培育的质量和水平。因而,组织相关团队研制卓越小学教师专业标准并及时发布,已成为一个迫在眉睫的问题。另一方面,进一步强化卓越小学教师培养、培训的实践性。一名小学教师要真正从"普通"走向"卓越",其重要的因素在于他(她)具有超越普通教师的实践知识和实践智慧,而这些实践知识和实践智慧,仅仅在高校的教室或学术报告厅中是难以获得的,它们根植于一线的教育教学实践之中。因而,我国政府应针对卓越小学教师的职前培养和在职培训及时出台相关政策文件,强化教育教学实践环节,并对教育教学实践质量进行监督、考核和管理,对于政策执行不力的单位或个人实行严格的问责制。

(二)制度支持

"制度通常是在公共生活之中用来指导和约束个人和组织的社会行为,调节人与人之间、组织与组织之间、个人与组织之间社会关系的各种规则。教育制度则是教育主体秉持某种教育价值取向制定的各种旨在维持教育教学秩序的规章制度和规范体系,它是教育的基本架构,对于置身其中的个体的身心发展具有极大的影响。"①由于制度对于个体的发展具有至为重要的意义。因此,卓越小学教师核心素养要想真正取得理想的效果,必须以一定的制度为保证。具体而言,政府应提供如下的制度支持:一是教师资格证书制度。即在决定某个成员是否能获得教师资格时,要将其是否具备成为卓越小学教师的潜质、是否具有投入教育教学实践的意愿、是否经历了教育教学实践并积累了一定的实践知识作为重要的依据。这就从源头上控制了小学教师的质量,为切实提升卓越小学教师核心素养具身培育的质量提供了良好的前提性条件。二是教师聘任制。教师聘任制要严格实施新教师试用期规定,将是否具有主动介入教育教学实践的意识与行为,是否能持续地提升实践知识并形成一定的实践智慧作为是否续聘之依据。对于考核不合格者,应有完善的转岗、待岗或解聘制度。三是建立完善的卓越小学教师培养、培训制度。这种培养、培训制度应紧紧聚焦于"卓越性"和"实践性"。所谓"卓越性"就是在培养、培训小学教师时,要体现出培养、培训的"高标准""严要求",不能以"合格性"标准代替"卓越性"要求。所谓"实践性"是指在从职前培养到在职培训的全过程中,都有完备的制度为小学教师的教育教学实践提供各种必要的资源保障。譬如,在职前培训中,应从制度层面,对于小学教师的见习、实习、实践性课程的实施有明确、具体的规定和要求。在职后培训中,应从制度层面强化小学教师的跟岗培训、置换培训等。四是建立严格的卓越小学教师核心素养具身培育的奖惩制度。对于在卓越小学教师核心素养具身培育中表现突出的单位或个人应予以一定的表扬、奖励。反之,对于表现不力者,则予以一定的惩戒、处罚。通过这种"奖优罚劣"的制度,我们可有效地促进卓越小学教师核心素养具身培育的质量提升。

(三) 财政支持

俗话说:"巧妇难为无米之炊。"卓越小学核心素养的具身培育要想真正取得理想的效果,就意味着需要投入更多的人力、物力和财力。而这其中最重要的是财力的投入,这是因为:一方面,只有具有了充足的财力投入,方可以培养和聘用更多的高素质的教师教育者,从而使卓越小学教师的培养具有人力资源方面的保障。另一方面,只有具备了充足的财力投入,才可能配置充足的教育教学设施、教育教学实践基地及给更多的在职小学教师提供更多高级别的培训,这样,卓越小学教师核心素养的具身培育才具有了一定的资源保障。

---

① 杨建朝.教育制度改革的正义取向:自由成"人"[J].教育理论与实践,2015(7):16.

虽然财政支持对于我国卓越小学教师核心素养的具身培育至为重要，但是，由于我国是一个发展中国家，人口多、底子薄，加之，我国有一段时间财政分配体制不合理，导致我国在教育经费投入方面严重不足，直接制约了我国教育及教师教育的发展质量和水平。事实上，我国财政性教育经费不足的窘境早就引起了国家领导层的重视和忧虑。早在 1980 年 1 月 16 日，邓小平在中共中央召开的干部会议上谈到实现"四个现代化"必须具备的四个前提时，指出："经济发展和教育、科学、文化、卫生发展的比例失调，教科文卫的费用太少，不成比例。甚至有些第三世界的国家在这方面也比我们重视得多，印度在教育方面花的钱就比我们多。像埃及这样的国家，人口只有四千万，按人口平均计算，他们在教育方面花的钱也比我们多几倍。总之，我们非要大力增加教科文卫的费用不可。"[1]1993 年 2 月 26 日，国务院颁布实施的《中国教育改革和发展纲要》提出，到 2000 年，国家财政性教育经费支出占 GDP 的比例要达到 4%。1995 年 9 月 1 日实施的《中华人民共和国教育法》进一步确立了我国教育经费投入的"三个增长"原则，即中央和地方政府财政预算内教育拨款的增长要高于同级财政经常性的收入增长，在校学生人均教育费用要逐步增长，保证教师工资和学生人均公用经费逐年有所增长。[2] 针对我国教育经费投入严重不足，从而影响教育发展的不良情状，2006 年 11 月 21 日，时任国务院总理温家宝在主持召开教育工作座谈会时强调，我们只有具备了一流的教育，方可能有一流的国家实力，才能真正成为世界上一流的国家，要将教育置于优先发展的战略地位，千方百计增加教育投入，努力实现财政性教育经费占国内生产总值 4% 的目标。[3] 为了坚决贯彻党中央、国务院高质量发展教育的决定，我国教育部经过深入调研、广泛听取意见建议的基础上，于 2010 年 7 月 29 日正式公布了《国家中长期教育改革和发展规划纲要（2010—2020 年）》（以下简称《纲要》）。《纲要》明确提出："提高国家财政性教育经费支出占国民生产总值的比例，2012 年达到 4%。"经过各方的不懈努力，我国于 2012 年终于如期实现了国家财政性教育经费支出在 GDP 中占 4% 的比例。

　　为了真正把我国建设成一个教育强国，从而使我国能永远屹立于世界民族之林，在"后 4% 时代"，我国政府应继续对教育，尤其对卓越小学教师核心素养培育工作进

① 中共中央文献研究室. 邓小平论教育(第三版)[M].北京：人民教育出版社,2004：100.
② 方建锋. 我国教育经费使用现状及对策思考[J]. 教育理论与实践,2013(31)：29.
③ 温家宝主持召开教育工作座谈会强调把教育摆在优先发展的战略地位[N]. 中国教育报,2006 - 11 - 22 (1).

行必要的经费支持,具体可采取如下措施:其一,继续有计划、有步骤地加大教育经费投入比例。当然,与以往相比,我国政府对于教育的经费投入无疑是一个巨大的进步。但是,如果我们进行横向比较,就会发现,我国财政性教育经费支出占 GDP 的比例,与一些发达国家还有很大的距离,甚至与一些同类型的发展中国家相比也一定的差距。"我国历经千辛万苦实现的财政性教育经费投入占 GPD4% 的目标,实际上是 20 世纪80 年代世界发展中国家的平均水平,这一目标与我国目前的综合国力和国际地位严重不符。据最新出版的《教育概览 2011OECD 教育指标》显示,2008 年,经济合作与发展组织(Organization for Economic Cooperation and Development,OECD)国家用于教育的经费支出占其 GDP 总和的 6.1%,在智利、丹麦、冰岛、以色列、韩国、挪威和美国,这一比例超过 7%。在 36 个数据可得的国家中,只有 9 个国家的财政性教育经费投入占其 GDP 的比例为 5% 或更低。2000—2008 年,在 32 个数据可得的国家中,有 29 个国家的各级教育经费总支出的增长速度快于其 GDP。这一时期,增幅超过 1% 的国家有巴西、爱尔兰、韩国。基于此,联合国教科文组织呼吁各国公共教育经费支出占GDP 的比例应达到 6%。[①] 因此,尽管我们财政性教育经费比例已经达到占 GDP4%的目标,但是,我们仍然不能有任何的懈怠,我们必须凝心聚力,奋起直追,继续加大教育经费投入,为卓越小学教师核心素养的具身培育提供充足的经费支持,从而为卓越小学教师核心素养的具身培育奠定良好的基础。其二,遵循"公平"原则,努力实现教育经费投入的均衡化。早在 20 年前,知名学者胡鞍钢针对我国各地区经济发展不平衡的状态敏锐地指出,我国是"一个中国,四个世界"。时至今日,这种状态仍未得到根本改变。当前,我国城市与农村、东部与西部在教育经费方面都还存在明显的差异。因此,今后,我国政府应在确保教育经费总量持续增长的基础上,避免教育经费投入的"一刀切"现象,针对地区实际,灵活调整各地教育经费投入比例,努力缩小地区差异,实现我国教育经费投入的均衡化,继而实现教育的均衡化。这样可有效克服教育领域的"马太效应",体现教育公平。否则,城乡之间、东西部之间的教育水平有可能差距越来越大。具体到卓越小学教师核心素养培育方面来说,只有实现了地区间教育经费投入的均衡化,才可能实现小学教师培养质量的均衡化。否则,有可能在城市或东部,卓越小学教师数量众多,小学教育质量居于世界前列,而乡村或中西部卓越小学教师寥若晨星,甚至连合格的小学教师也很匮乏。其三,加强对教育经费的监督和管理。一

---

① 周洪宇.关于建立教育投入长效保障机制、进一步加大教育投入的建议[EB/OL].[2012 - 07 - 15]. http://www.h-ongyu-online.com/showinfo.asp? id=9058.

旦脱离必要的监督和管理,在各种内外部不利因素的干扰下,往往会导致教育经费投入比例反弹、下滑,或者教育经费使用失当,从而影响教育经费应然功能的释放。因此,对教育经费投入实行科学的监督和管理是极为必要的。具体而言,可以设立专业而独立的第三方教育经费监督管理委员会对教育经费的投入比例、使用渠道进行监督和管理。并且,应做到"全过程、全方位"的监督和管理。对于违规使用教育经费的单位或个人,进行严厉的问责,避免"乱用""乱占"教育经费,从而使教育经费在卓越小学教师核心素养的具身培育中实现效益的最大化。

二、U-S共生体支持

要想使卓越小学教师核心素养的具身培育能取得理想的效果,单靠某一个方面的力量是很难实现的。在强调教育理论与教育实践深度融合的当下,师范院校和承担卓越小学教师培养的部分综合性大学(University)与小学(School)之间相互合作,形成U-S共生体,共同来负责培养卓越小学教师,同时又促进双方的互利共赢,就显得极为重要。

(一)U-S合作的历史沿革

U-S合作在国外已有120余年的历史,其最早可追溯至1896年美国知名哲学家、教育家杜威创办的芝加哥实验学校。U-S合作的发展历程大致可以分为三个阶段:(1)19世纪末至20世纪初。该阶段合作主要内容是开展教师培训,反映为中小学为大学的师范生提供教育实习场地和机会;大学为中小学开展各类课程培训。(2)20世纪初至80年代前。U-S合作向纵深发展,表征为大学直接介入中小学教育的发展。譬如,1892年,在哈佛大学校长埃利奥特为首的"十人委员会"的召集下,召开了大学与中小学教师的联席会议,讨论如何改进教育与教学方法,与会者认为大学必须尽可能地卷入中小学教育的改进与完善中去。[①] (3)20世纪80年代中期以后。U-S合作在原有基础上继续深化,反映为大学与中小学教育制度开始进行有机衔接,旨在提升教师教育质量和学校办学水平,试图同时进行教育改革。西方国家最具代表性的U-S合作模式主要有美国的专业发展学校(Professional Development Schools,简称PDS)和英国的教师伙伴学校(Teacher Partnership Schools,简称TPS)。美国的PDS模式强调经由大学与中小学之合作来提升中小学的学校效能,促进教师的专业发展,

---

① 伍红林. 美国大学与中小学合作教育研究:历史、问题、模式[J]. 比较教育研究,2008(8):62.

并提升学生学业成就。它不仅重视中小学自身持续改善成为教师专业发展学校,而且关注师范生在专业发展学校中获得最好的发展,更充分强调为在职教师提供专业发展机会。英国的 TPS 模式则强调大学和中小学建立密切的伙伴合作关系,让职前教师或新手教师能花较长时间在学校中积累教学经验。该模式改变了传统的"重理论,轻实践"的不良情状,目标在于重视教师培养过程中大学与中小学的合作,具体涵括大学指导教师与中小学学科指导教师的合作,大学理论学习与中小学行动研究的衔接、职前培养和职后培训的整合。[①] 我国的 U-S 合作只是晚近的事。在欧美国家的影响和辐射之下,20 世纪 90 年代开始,我国一些大学开始与中小学开展合作,主要形式是以合作教育研究为主。当前我国影响比较大的 U-S 合作项目主要有:华东师范大学叶澜教授领衔的"新基础教育"、东北师范大学的"优质学校"、首都师范大学的"教师发展学校"等项目。

(二) U-S 共生体支持的内容

U-S 共生体的支持主要包括两个方面:一方面是大学对小学的支持,另一方面是小学对大学的支持。这二者是一种双向互动、交互滋养的过程,通过这两方面的支持,共同为卓越小学教师核心素养的具身培育服务。下面分别予以介绍:

1. 大学对小学的支持

在 U-S 合作中,大学具有较为完善的实验设备和智力资源,能够为小学教师继续教育、校本课程开发以及教育实践问题的解决等提供理论和方法支持,并提供仪器设备、信息资料等物质资源支持,从而提升小学教师的教育科研水平,推动小学教育教学的改革和学校变革,提升小学学校的办学质量。[②] 尽管大学在卓越小学教师核心素养培育中可以给予多种多样的支持,但是,笔者认为,其中最主要的是提供理论支持。马克思主义哲学认为,理论可以指导实践,实践可以深化理论,二者之间是交互作用、相互滋养之关系。同样,理论对于教育实践也具有极大的作用。具体到卓越小学教师核心素养的具身培育上来,理论的作用主要表现如下:一是理论作为概念、判断的系统体系,可以给我们在开展小学教师培养之前提供一定的启迪,使我们对卓越小学教师培养中面临的新情况有一个清晰的认知,形成解决小学教师培养中出现问题的思路。二是可以为我们提供在卓越小学教师核心素养具身培育之后的反思依据。卓越小学教师核心素养的具身培育活动要想真正科学、高效,我们必须经常性地对这种实

---

① 孙自强. 实践共同体视域下 U-S 合作模式的重构[J]. 教育研究与实验,2016(4):78.
② 张翔. 教师教育 U-S 合作的结构性障碍与路径选择[J]. 现代教育管理,2014(6):98.

践活动进行反思,而反思的依据就是看我们的实践是否与相关的理论相契合,通过对卓越小学教师培养活动的不断反思,我们对其认识将更加理性、客观,从而避免卓越小学教师核心素养的培育活动仅限于浅表性的经验总结。三是可以为卓越小学教师核心素养的具身培育起到价值引导之作用。卓越小学教师核心素养的具身培育不是价值无涉的,而是价值负载的。理论可以为卓越小学教师核心素养的具身培育活动提供正确的价值指引,使我们真正将求真、向善、尚美之价值追求渗透于卓越小学教师核心素养培育的整个过程之中,而避免价值的迷失和错位。既然理论对于卓越小学教师核心素养的具身培育如此重要,那么,我们就应该给予其理论支持。众所周知,师范院校和综合性大学专家云集,而这些专家的主要优势恰恰表现在他们具有深厚的理论素养,他们可以为卓越小学教师核心素养的具身培育提供充分的理论依据和理论指导,具体包括提出以下的理论支持:教师专业发展理论、成人学习理论、身体现象学、体现式学习理论、情境学习理论、生命哲学等。事实上,专家对卓越小学教师核心素养具身培育的支持,就其本质而言,是一种智力支持。通过这种支持,卓越小学教师的培养活动将变得更科学、更高效。

2. 小学对大学的支持

与此同时,小学具有丰富的教学经验储备和教学情境资源,能有效地促进师范生教学智慧的发展和教学技能的提升,并不断验证大学教育科研成果的科学性。[①] 也就是说,小学对大学的支持主要表现在"实践"方面的支持。小学毕竟是小学教育实践发生的现场,小学可以为职前小学教师提供见习、实习的机会,既能使职前小学教师了解小学教育实践的真实样态,又能为职前小学教师提供躬身教育实践的机会,使职前小学教师真正将教育理论与教育实践相结合,加深对教师职业的理解和体验,在真实情境中,提升其核心素养。小学在培训在职小学教师方面的作用与此类似,在此不赘。当然,小学在培养小学教师核心素养中作用的发挥,一方面有赖于小学作为一个建制单位,提供了一个真实的教师专业发展的场域。另一方面,在于小学中往往拥有一些富有教育教学经验的教学名师,如特级教师、教授级高级教师等。这些一线小学名师可以对职前或职后小学教师的培养、培训起到巨大的作用。一般而言,这些一线小学教学名师,不仅教学技能卓越,而且还非常擅长指导职前或职后小学教师。这些小学名师身上往往具有如下特点:(1)对教师职业实践——"教"的专门性知识的把握;

① 张翔. 教师教育 U-S 合作的结构性障碍与路径选择[J]. 现代教育管理,2014(6):98.

(2)对"教"教师职业实践专门性知识的把握;(3)对"学"教师职业实践专门性知识的把握。[①] 换言之,这些一线小学教学名师通常懂得"专业"的"教",并能够"专业"地"教'教'"和"专业"地"教"师范生或在职小学教师"学教"。相应地,这些一线小学教学名师的自我专业发展就应把握"专业"的"教""专业"的"教'教'"和"专业"的"教'学教'"三个方面。[②]

(三) U-S 共生体支持遭遇的问题

尽管 U-S 共生体的支持对于卓越小学教师核心素养的具身培育极其重要,但是,当前,U-S 共生体的支持还面临一些不容忽视的问题,主要表现为:其一,文化思想的阻隔。大学与中小学通常具有两种迥然相异的文化。一般而言,大学具有崇尚学术和理性之文化传统。大学教师往往更重视科学研究,他们往往更愿意将自己的时间、精力用于发表论文、出版专著、主持项目等学术活动,而不愿投入到中小学教育教学实践之中。他们往往从心底轻视中小学的教育教学实践,常拥有一种"理论至上"的优越感。中小学则具有重视实践、追求分数之传统。中小学教师往往整天忙于备课、上课、批改作业、管理班级等教育教学实践,他们往往认为进行理论研究是专家的事,与自己无关,并且他们常常认为大学教师的"宏大理论"是理想的"乌托邦",对中小学教育教学实践毫无价值。正是由于大学与中小学存在两种截然不同的文化思想,导致双方互相轻视对方,从而难以形成真正的情感认同与合作。其二,目标利益的抵牾。"理性经济人"理论示明,人的行动与决策常常以实现自身利益的最大化为前提。同样,在 U-S 合作之中,大学与中小学之间会面临着不同的目标利益的冲突和博弈。如前文所述,一方面,大学通常是"科研导向"的。尽管从应然的角度而言,人才培养是大学的首要职能,但是,当前由于受到种种因素的影响,大学普遍存在"重科研,轻教学"之偏失,科研常常关乎大学教师的职称评审、职务晋升、工资绩效等切身利益。如果大学教师与中小学进行合作,往往会占用一些本可用于科学研究的时间,这样他们的利益就有可能受损。另一方面,由于受到"科举制"遗毒之影响,中小学往往更关注学生的考试成绩。这可决定中小学教师的评优、评职、薪资待遇等切身利益。如果中小学教师投入太多的时间、精力去指导大学的师范生实习、见习,势必会花费一些他们本可用来提升中小学生学业成绩的时间,这样中小学教师的利益就可能受到损害。由

---

① 李学农.论教师教育者的专业发展[J].教育发展研究,2012(12):54.
② 李学农.论教师教育者的专业发展[J].教育发展研究,2012(12):55.

于大学与中小学之间客观上存在两种不同的利益追求,各方就会出于对利益的"算计",仅将对方视为实现自身利益之工具,从而导致难有真正意义上的合作。[①] 其三,双方关系不平等。由于大学教师和中小学教师之间天然地存在着社会地位、知识结构、社会资源与专业生活理念等方面的差异,使得双方很难结成平等、互惠的合作关系。受到传统观念之桎梏,大学教师常常以一种居高临下的姿态对待中小学教师,在双方合作时,大学教师往往掌握着话语权,小学教师则往往唯大学教师"马首是瞻"。因为双方处于一种平等的关系之中,彼此就不可能敞开心扉,开展有深度、有质量的合作。[②] 其四,保障措施不到位。U-S合作遭遇困境的另一个重要原因,就在于缺少科学、适切的保障措施。主要表现为:一是组织机构不健全。U-S合作大多是民间行为,缺乏政府的统筹管理和规划,大多是出于私人感情而建立,因此,往往极易陷入主观、随意状态,往往会随着双方领导人变更而终止。二是激励机制不完善。因为U-S合作大多是民间行为,因而往往对于合作效果,双方也往往没有客观的评价指标,即使有一定的评价指标,也很少有完善的激励机制,真正做到"奖优罚劣",这样也会挫伤双方合作的积极性,使人们产生"干与不干一个样,干好干坏一个样"的想法。三是合作经费短缺。U-S合作需要投入必要的人力、物力和财力。然而,当前,对于U-S合作,政府一般并不会进行相应的经费投入。这样,如果想开展U-S合作,大学与中小学就必须想办法自筹经费。然而,现在不管是大学还是中小学一般经费都不是极为宽裕,并且现在国家对于各单位的财务还要进行严格的审计、控制,所以,导致能真正投入到U-S合作的经费更是严重不足。可以说,经费短缺现在已经成为制约U-S合作的一个重要瓶颈。

(四)U-S共生体支持的难题破解

既然U-S合作存在诸多的困厄,那么,要想真正使其能对卓越小学教师核心素养的具身培育进行有效的支持,就必须采取一定的策略。具体而言,可采取如下措施:其一,实现思想文化之融合。大学与中小学要真正开展深度、有效的合作,就必须改变那种"学术文化"和"实践文化"相互对立的状况。大学与中小学应给予对方文化足够的认可、尊重和重视,真正达到"各美其美,美人之美,美美与共,天下大同"之境界。也就是说,要实现双方文化的融合和共契。大学与中小学双方思想文化之融合,客观上要求双方对教育理论与教育实践关系有一个准确的认知。事实上,教育理论与教育实

---

① 冯海英. 大学与中小学合作培养教师的问题及对策[J]. 学术论坛,2015(4):137.
② 陈振华,程家福. 论U-S合作长效机制的构建[J]. 教育发展研究,2013(4):55-56.

践之间是一种相生相伴之关系,各有优长,根本不存在高低贵贱之分。U-S 合作双方应在思想文化融合的基础上,达成共同愿景,从而形成一种水乳交融的共生体,共同为卓越小学教师核心素养的具身培育作出应有的贡献。其二,确立民主、平等、和谐的伙伴关系。倘若大学与中小学想真正开展深入、持久的合作,就必须改变双方地位不平等的状态。在双方合作过程中,大学教师不应颐指气使、独断专行,中小学教师也不应唯唯诺诺、仰人鼻息。相反,双方应建立一种民主、平等、和谐的合作关系。在双方合作过程中,对于卓越小学教师核心素养具身培育中遭遇的问题应进行平等的对话、交流与磋商,真正做到集思广益,形成耦合效应。其三,建立完善的保障机制。要使 U-S 合作取得预期的效果,必须具有健全、完善的保障机制。具体包括:一是建立稳定的合作组织机构。应改变以往那种出于"朋友""同学""师生"等私人关系而形成的松散型、不规范的合作,而代之以教育行政主管部门牵头成立的、规范建制的 U-S 合作机构。这种合作机构的领导者应被赋予一定的人事权、经济权和管理权。二是提供充足的经费支持。教育行政部门、地方政府应为 U-S 合作提供充足的专项资金,以保证卓越小学教师核心素养的具身培育工作的顺利开展。当然,对于经费的使用,应有专人监管,做到公开、合理、透明。三是建立科学的激励机制。应改变大学评价以科研为标尺,中小学评价以学生成绩为圭臬的失当做法,代之以新的评价体系。这种新的评价体系应将对于卓越小学教师核心素养培育的支持度和有效性作为评价大学和中小学工作成效的重要标准。通过这种评价体系激励在卓越小学教师核心素养培育中作出突出贡献者,鞭策表现不力者。

三、社会支持

卓越小学教师核心素养的具身培育要取得理想的效果还必须获得社会的支持。众所周知,"社会"有广义与狭义之分,本研究中的"社会"特指狭义的"社会",不包括政府在内。具体地说,在卓越小学教师核心素养的具身培育过程中,社会支持应该主要包括以下几个方面。

(一)创设良好社会生态

卓越小学教师核心素养的具身培育不可能在真空中进行,它必须根植于特定的社会生态中,并深受社会生态之影响。这样创设一个良好社会生态就显得极为必要和关键。在卓越小学教师核心素养的具身培育过程中,创设良好社会生态的途径多种多样,但笔者认为,社会舆论是创设良好社会生态的极为重要的手段。在当下的信息时代,任何一项教育教学变革要想取得成功,都必须获得社会舆论的支持。卓越小学教师核心素养的具身培育也不例外。这是因为:"随着传媒技术的飞速发展,公民社会已渐渐形成,公民参与教育教学变革的热情不断高涨,社会舆论对教育教学发展的影响正越来越大。社会舆论能为教育教学改革提供'正能量',为教育教学改革提供智力支持,引领教育教学的发展方向。"①要想真正利用社会舆论为卓越小学教师核心素养的具身培育创设良好的社会生态,我们首先就必须了解舆论的含义和特征。"舆论"一词在我国最早出现于《三国志·魏志·王朗传》中:"设其傲狠,殊无入志,惧彼舆论之未畅者,并怀伊邑。"而作为学术用语的"舆论"概念,则源自于近代西方国家。有学者认为,法国启蒙思想家卢梭于 1672 年在《社会契约论》中首次将"公众"与"意见"这两个概念联系起来,形成现代意义上的"公众意见"的概念。1922 年美国专栏作家李普曼(W. Lppmann)的《舆论学》一书的出版,标志着舆论学的形成。② 其后,关于"舆论"的研究成果繁多,对于"舆论"的概念仁智互见、莫衷一是。一般而言,"舆论"是指"公众关于现实社会以及社会中的各种现象、问题所表达的信念、态度、意见和情绪的总和"。③ 我们用于舆论宣传的媒介可以分为不同的种类。譬如,按照使用媒介的技术手段来划分,可以分为:以报刊、广播、电视为主的传统大众传媒和以数字报刊、BBS、MSN、博客(Blog)、维客(Wiki)、播客(Podcaster)、微博(Micro-blog)、手机短信等为主的新媒体。再譬如,按照媒体所处的社会等级来区分,可以划分为:主流媒体和非主流媒体。④ 在卓越小学教师核心素养的具身培育中,我们应充分运用好上述各种媒介进行社会舆论宣传,为创设一个良好社会生态而努力。在进行社会舆论宣传时,应重点宣传卓越小学培养计划的实施背景、预期目标、核心理念、实施条件与要求、存在困厄等,引导全体社会民众明晰卓越小学教师核心素养培育的价值与意义,形成一个尊师重教、热心卓越小学教师培养,愿为提升卓越小学教师核心素养尽心尽力的良好社会氛围。需要特别强调的是,社会舆论是一把"双刃剑",用得适当,它可以对卓越小学教师核心素养的具身培育产生"正向功能",即促进作用,反之,则可能产生"负面影响",即致弱作用。为了充分发挥社会舆论在卓越小学教师核心素养培育中的正向功能,应特别注意以下三点:⑤其一,摆脱"统一"思想的陋习。对于卓越小学教师核心素

① 骆正林. 社会舆论对教育改革和发展的支持现状[J]. 广州大学学报(社会科学版),2014(6):46.
② 陈力丹. 推敲"舆论"概念[J]. 采写编,2003(3):54.
③ 陈力丹. 推敲"舆论"概念[J]. 采写编,2003(3):54.
④ 吴康宁. 反思我国教育改革的舆论支持[J]. 湖南师范大学教育科学学报,2012(2):6-7.
⑤ 吴康宁. 反思我国教育改革的舆论支持[J]. 湖南师范大学教育科学学报,2012(2):8-9.

养的具身培育,不同的人,从不同的视角出发,肯定会有不同的看法,这是很正常的社会现象。我们不能过于强调所有社会民众思想的高度一致,相反,我们应广开言路,认真倾听不同的声音,了解民众的真实看法,从而使我们在卓越小学教师核心素养的具身培育中,能够做出科学的决策和行动。其二,摒弃"制造"舆论的惯习。即我们在进行舆论宣传时,不应罔顾事实,人为地"操控"舆论之产生,只进行"报喜不报忧"式的正面美化、文饰卓越小学教师核心素养的培育工作,而应充分尊重事实,既报道卓越小学教师核心素养培育取得的成绩,又直面其中存在的问题与不足,形成客观、理性的舆论氛围。其三,改变"主流"媒体的姿态。由于在信息尚不畅通的传统社会,社会舆论主要通过主流媒体宣传而形成,因此,那时的主流媒体居于核心位置,这种现象导致主流媒体业长期以来形成了一种居高临下的姿态,在进行舆论宣传时,摆出一种权威的架势和说教的面孔,它对于非主流媒体根本不屑一顾,从而导致其与普通民众格格不入,难以反映真实的民情民意。当下,随着信息技术的高度发展,许多新媒体已经出现,它们对于舆论宣传的影响深远。因此,主流媒体必须解放思想,以一种平等的姿态与非主流媒体一道为创设一个良好的卓越小学教师培养生态而努力。

(二) 提供优质生源

众所周知,个体成长是受到遗传、环境和教育综合作用的结果。同理,小学教师是否能从"普通"走向"卓越"也受到先天基因、环境和培养培训等因素的综合影响。其中,尤其是先天基因——生源质量可以说是影响卓越小学教师培养的首要因素。一个最为简单明了的事实是:并非所有人都适合做小学教师和愿意做小学教师的,更遑论成为卓越小学教师了。20 世纪八九十年代的"中师生"之所以在教育界广为人们称道,正是人们普遍认为那一代的"中师生"素质极高,是基础教育界的中流砥柱,其中最主要的一个原因就是那个年代最优秀的学生读了"中师",即师范教育的生源质量好。同样地,当下,卓越小学教师核心素养的具身培育要想取得理想的效果,首要的条件是拥有优质生源,真正能将那些乐教适教的学生吸引到小学教师队伍中来。可以说,优质生源是开展卓越小学教师核心素养具身培育的前提和保证,离开了它,一切都将沦为空谈。生活常识告诉我们:兔子的基因决定了其只能长成小巧的兔子,不可能长成高大无比的长颈鹿。国外有学者经过调查发现:"职前教师的信念改变常常基于其进入教师培训项目之前拥有的信念、目标、兴趣和价值观。"[①]我国也有学者认为:"教师

---

① 朱旭东.教师专业发展理论研究[M].北京:北京师范大学出版社,2013:22.

既是后天培养的,又是天生的,除非业已具有基本的教育禀赋和专业素养,否则,职前教师在很短的几年时间内是很难形成合格教师所必需的态度和价值观的。"①毫无疑问,卓越小学教师核心素养的具身培育,不能过度依赖后天的培养、培训,而对其"先天基因"却漠不关心。倘若缺乏科学有效的策略来提升师范生生源质量,培养卓越小学教师只能是一厢情愿的臆想。因而,社会应为师范院校和承担师范生培养的部分综合性大学提供优质生源,将那些真正愿意毕生以教书育人为志业,愿意为教育事业奉献自己的青春和热血,同时,学业成绩优秀、身体健康、品德高尚的学生推荐到教师队伍中来。

(三) 给予物质支持

如前文所述,虽然我国教育经费投入已经占 GDP 的 4%,但是,相比世界上许多国家还有很大的差距,我国幅员辽阔、地区差异大的现实国情更是加剧了我国一些地方教育经费的巨大短缺。为了实现教育均衡发展,真正使卓越小学教师核心素养的具身培育取得预期效果,在"后 4% 时代",我们必须继续加大教育经费投入,切实改善小学办学条件。但是,我国人口多、底子薄的现实情况很难在短时间内改变,在可预见的未来,如果单靠政府的力量,通过政府大量的教育经费投入来改善所有小学的办学条件,显然是不切实际的。因而,目前,我们必须充分调动社会的力量,让社会各界都来关注小学教育,加大对卓越小学教师培养的经费投入和物质支持。社会主要可以通过以下途径对卓越小学教师核心素养的具身培育提供物质支持:一是鼓励企事业单位、社会团体或组织、公民个人向教师教育机构捐赠,设立旨在改善教育条件、促进卓越小学教师核心素养培育的专项基金。二是应在实践教学层面为教师教育机构提供切实帮助。这种帮助包括实习、见习学校或基地的筛选和确定,在职小学教师跟岗培训或置换培训的学校的联系和提供,教育教学实践指导人员的配备、指导过程的精心设计和安排等。②

(四) 进行有效监督

管理学原理示明,组织外部严密、细致的监督可以促进组织科学高效地完成使命、履行职责。党的十八大报告也曾明确指出:"必须建立健全权力运行制约和监督体系。……加强党内监督、民主监督、法律监督、舆论监督,让人民监督权力,让权力在阳

---

① 潘健.卓越教师职前培养的焦点问题及对策研讨[J].教育发展研究,2017(24):21.
② 蒋亦华.当代中国教师教育:责任主体与主体责任[J].教育研究与实验,2011(4):49.

光下运行。"①由此可见,监督对于组织的决策与行动至为重要。同样,在卓越小学教师核心素养的具身培育过程中,通过有效的社会监督可以促进卓越小学教师核心素养培育的科学化和规范化,防止卓越小学教师培养工作的低效、无效或负效,也可以有效防范培养过程中腐败现象的发生。尽管社会监督对于卓越小学教师核心素养的具身培育意义重大。但是,当前,对小学教育质量和卓越小学教师培养质量的社会监督情况还不容乐观,主要存在以下问题:其一,未建立社会监督法规。改革开放40余年来,我国的法治化水平虽然获得了飞速发展。但是,具体到小学教师培养、培训领域,并未建立相应的社会监督的法律法规。这就导致社会各界监督卓越小学教师核心素养的具身培育缺少法律的依据和支持。其二,尚未形成有效的社会监督机构和机制。缺乏有效的社会监督机构和机制,社会监督与教育主管部门监督、政府监督未形成紧密配合的有机网络。其三,卓越小学教师培养的信息透明度不够,民意表达渠道闭塞。对于卓越小学教师培养的相关信息,一般只在小学教育系统内部公布,社会其他组织或民众并不知情,加之,即使社会民众偶尔通过特殊渠道获得了卓越小学教师培养的相关信息,并想就此表达自己的建议和看法,但却往往因为反馈信息渠道的不畅而作罢。其四,民众利己主义思想泛滥。"凡是属于最多数人的公共事物往往是最少受人照顾的事物,人们关怀着自己的所有,而忽视公共的事物;对于公共的一切,他至多只留心到其中对他个人多少有些相关的事物。"②也就是说,有许多民众是"精致的利己主义者"。他们行动与决策时,总是以实现自身利益的最大化为标准,因此,当他们觉得卓越小学教师核心素养培育暂时与他们无关时,他们就不愿意花费时间、精力去监督。针对在卓越小学教师核心素养的具身培育过程中,社会监督明显缺位的现象,我们必须采取一定的措施来使其更有效。具体而言,要注意以下几点:其一,加快社会监督立法。真正使社会民众能依法监督卓越小学教师的培养工作。其二,建立健全完善的社会监督机构、机制。在社会监督机构方面,可以成立与小学教师培养有关的协会、校外咨询委员会、第三方评价机构等。在社会监督机制方面,可以建立卓越小学教师核心素养培育的参与机制、民意表达机制、政府支持与协调机制、奖惩机制等。其三,确保民众对卓越小学教师核心素养培育的知情权,拓宽社会监督的渠道。其四,培养民众的主体意识和社会责任感。③

① 中国共产党第十八次全国代表大会文件汇编[M].北京:人民出版社,2012:26-27.
② 席恒.公与私:公共事业运行机制研究[M].北京:商务印书馆,2003:94.
③ 任林洋.高等教育质量管理中的社会监督机制探析[J].扬州大学学报(高教研究版),2011(5):59-60.

四、小学教师自我支持

需要说明的是,这里的"小学教师"并非一般意义上的小学教师,而特指接受核心素养具身培育的职前卓越小学教师或在职卓越小学教师。卓越小学教师核心素养的具身培育要想真正取得理想的效果,除了需要得到政府、U-S共生体、社会等方面的支持之外,还亟须得到小学教师自我的支持。下面进行简要阐释。

(一)小学教师自我支持的必要性

卓越小学教师核心素养的具身培育要想真正取得预期的效果,需要得到内外部因素的共同支持,其中,政府、U-S共生体和社会的支持只是外部支持,而小学教师的自我支持则属于一种内部支持。这种内部支持就其本质而言,是小学教师的自我发展。它对卓越小学教师核心素养的培育极为关键和必要。具体地说,卓越小学教师核心素养的具身培育之所以需要小学教师的自我支持,主要是由以下两方面因素决定的。

一方面,是由内外因关系决定的。辩证唯物主义认为,事物的发展是内外因共同起作用的结果,内因是事物发展的根据,它是第一位的,它决定着事物发展的基本趋向,外因是事物发展的外部条件,它是第二位的,对事物的发展起着加速或延缓的作用,外因必须通过内因而起作用。内因和外因相互依赖、相互联系,在一定条件下还可以相互转化。以辩证唯物主义原理来观照卓越小学教师核心素养的具身培育,我们就不难得出如下结论:卓越小学教师核心素养具身培育的效果是由小学教师自我支持这一内部因素与政府支持、U-S共生体支持、舆论支持等外部因素共同作用的结果。其中,小学教师的自我支持是首要的因素,它决定着卓越小学教师核心素养具身培育的最终效果的优劣。而政府、U-S共生体和舆论等外部因素的支持是第二位的,它只对卓越小学教师核心素养的培育效果起到加速或延缓之作用。并且这种外部支持必须通过小学教师的自我支持才能真正产生效果。上述内外部支持是相互依赖、交互影响的辩证统一关系,它们缺一不可,共同促进卓越小学教师核心素养的提升。

另一方面,是由小学教师的成人学习者的特点决定的。美国"成人教育之父"马尔科姆·诺尔斯(Malcolm Knowles)曾提出"成人教育学"概念,他指出成人教育学是意在帮助成人学习的科学和艺术,其理论建基于以下五个基本假设之上:一是随着个体之成熟,其自我概念从一个依赖性人格转向一个自我导向的人;二是成人积累了越来越多的经验,它们为学习提供了充足的资源;三是成人的学习准备度与其自身社会角色的发展任务有密切的联系;四是随着个体的不断成长和成熟,其时间观将产生转变,从知识的未来应用转向立即应用。所以,成人学习更多地就是一种问题中心的学习而非学习中心的学习。五是成人更多的是受到内在因素而非外在因素的驱动而学习。① 既然小学教师是成人学习者,其学习自然是成人学习。作为成人学习,小学教师的学习具有如下特点:第一,小学教师的学习具有自我导向性。马尔科姆·诺尔斯(Malcolm Knowles)认为,"自我导向学习是一种无别人帮助而积极主动进行的,以评价学习需要、形成学习目标、寻求有助于学习的所有条件、采取科学的学习方法与评判学习目标达成度之过程。"②相应地,小学教师的学习是一种自我导向学习,在学习中,小学教师可以根据具体教学对象、教学场域的实际情况来确定适切的学习目标,主动获取可资利用的学习资源,采取恰切的学习方法和施行科学的学习评价,通过自我的不懈努力,从而取得理想之学习效果。第二,小学教师业已具有了一定的经验。无论是职前还是职后小学教师,他们在自己的学习、工作或生活之中都或多或少积累了一定的经验。根据建构主义的观点,学习者是在原有知识经验的基础上,通过大胆质疑、主动探究、积极合作来自主理解和建构知识。小学教师这种已有经验的积累就为其开展自我导向的学习创造了条件和可能。第三,小学教师的学习是以内在需求为动机,以实践为导向。小学教师愿意主动、持久地进行学习,在于其从学习活动中能够获得满足感,并且小学教师的学习一般不以掌握"宏大的理论"为目标,而以教育教学实践的改进为旨趣,因此,小学教师的学习应是实践取向的。③ 小学教师的自我导向学习就其本质而言,是小学教师自我支持的重要途径之一。它对于卓越小学教师核心素养的具身培育具有极其重要的意义。这一点已有学者明确指出过:"教师核心素养的真正提升是一种极其自我的、内在的、个体的事,所有外在推动力的结果如何最终都要在教师那儿得到验证。"④由于"教师专业发展是一种极其自我的事,它需要来自教师的主动出击:自我设计、自主发展、自我反思、自我更新……即认可教师是自身专业发展的主人。教师专业发展只有得到教师的自我支持,教师才能自觉地接受关于教师专业发展的要求和规范,才能将其转化为自身的一种自觉行为。"⑤

当前,我国许多职前教师培养或在职培训,虽然投入了大量的人力、物力和财力,虽然对教师培养或培训的目标进行了认真的设定、内容进行了仔细的遴选、方法进行

---

① [美]雪伦·B·梅里安. 成人学习的综合研究与实践指导(第2版)[M]. 黄健,张永,等,译. 北京:中国人民大学出版社,2011:249.

② 董守文. 成人学习学[M]. 东营:石油大学出版社,1994:64.

③ 殷玉新,华逸云. 自我导向教师专业发展框架的建构尝试与启示[J]. 当代教师教育,2015(1):22.

④ 胡惠闵. 校本管理[M]. 成都:四川出版集团四川教育出版社,2005:65.

⑤ 胡惠闵. 校本管理[M]. 成都:四川出版集团四川教育出版社,2005:291.

了一定的变革,评价进行了一定的调整,但效果却并不理想,其原因当然是多方面的,但其中最主要的原因在于,这些职前教师培养或在职教师培训往往是一种外在的、依傍式的培养、培训,未能充分调动和激发教师自身的主动性、积极性,也就是说,未能真正促使教师自我支持,自我发展。"从教师发展的实际情况观之,其发展的内容、途径、动力和思维方式仍然以知识技能、专家引领、外在规约和对象性意识为主导,而教师的情感认同与文化生态、反思与合作、内在自觉与自我意识则多停留于理论层面的倡导和呼吁,还未在实践中真正落实。换言之,教师发展存在严重的内动力不足、发展行为取决于功利主义的价值逻辑以及发展水平多限于在技术化层面等问题了;也就是说,教师发展的主体身份、价值逻辑以及根本路径出了问题。"[①]而之所以未能实现教师的自我支持、自我发展,从教师个人因素而言,主要有以下原因:[②]其一,教师主体意识淡薄。长期以来,由于我国教师教育更多的是一种"接受式""机械灌输式",养成了许多教师的"等、靠、要"思想,他们往往认为自己是既定教育教学方案的执行者和消费者,只要按照专家或领导的要求,去忠实地完成相关教育教学工作即可,因此,他们的主体性逐渐沦失,成为消极、被动的"物"。其二,经验主义遮蔽了学习激情。由于科举制度的遗毒,"分数至上"的思想在我国还甚嚣尘上。小学教师由于在学生时代的受教育经历以及自己在学习过程中,通过呆读死记、题海战术就可获得好成绩的切身体悟和经验积累,使他们对教育教学工作不以为然,认为采用自己学生时代受教的方式来教现在的学生就可以了,教育教学根本没有什么诀窍可言,因此,这种经验主义自然而然地泯灭了他们不断学习的热情。其三,师德修养出现了滑坡。当下,教师身在一个物欲横流的社会。金钱、名誉、地位、美色等对他们充满了诱惑。一些意志力薄弱的教师抵不住诱惑,在不知不觉中,其职业道德出现了滑坡,他们仅将教书育人看作自己谋生的一种手段,他们不愿意真正以教育教学为终身的志业,不愿为教育教学奉献出自己的青春和热血。他们工作敷衍塞责,"做一天和尚,撞一天钟"。因此,他们也就不愿意去自我支持、自主发展,甚至对于外力的推动和促进,他们不仅不配合,而且会产生严重的拒斥和冲突。

概言之,小学教师自我支持在其核心素养的提升中发挥着举足轻重的作用。小学教师自我支持从本质上来讲,是其自我发展、自觉发展,对于其价值和意义,叶澜教授

---

① 李方安.论教师自我发展[J].教育研究,2015(4):94.
② 于丽琴,邹本杰.教师教育与教师自我教育[J].当代教育科学,2010(15):36.

曾有过明确的阐释："在追求发展的教师那里,总可以找到可能发展之空间;在自觉努力的教师那里,总能拓展出更大的可能空间;在切实行动的教师那里,总会出现相对于昨日之我的真实发展。在不同时期、不同条件下作出贡献和实现自身发展的优秀教师的事迹证明了这一点。正是在他们身上,教师发展自觉的力量,得到集中、充分、有血有肉、有声有色的精彩表达,成为中国教师生命凝练、积聚而成的精神力量的最核心构成。"①

（二）小学教师自我支持的原则

在卓越小学教师核心素养的具身培育过程中,小学教师的自我支持必须遵循一定的原则,方可取得预期的效果。具体而言,主要包括以下三个原则。

其一,主体性。众所周知,人只有靠自己才能活着。同样,卓越小学教师核心素养的提升,归根结底也主要依靠小学教师自身。但是,长期以来,教师的专业发展往往呈现出一种"强制的专业发展"或"被动的专业发展"。即教师是在教育行政主管部门或学校的各种刚性规定下,在各种名目繁多的工程、计划、考核、检查的催逼下,被迫按照这些"指令"去完成的专业发展,被迫应付日益组织化、制度化的一系列专业发展活动,而这种专业发展并非是教师自身兴趣、愿望和需要的真实体现。因此,对于教师而言,这种发展势必缺乏个人意义,势必难以持久,也难以对教育教学工作起到实质性的作用。② 对于教师的"强制的专业发展"或"被动的专业"之危害,有学者曾明确地提出:"这样极易导致教师的消极被动和工具化,造成他们对教师职业的错误认知,其工作将沦为一种机械运动,他们的主动性、积极性将完全沦失,随着岁月的流逝,他们将慢慢沦为任人操纵的木偶,日益迷失了自我,他们的兴趣、需要、个性、主体性均受到了有意无意的忽视,无法享受生命应有的自由和欢愉。"③因此,在卓越小学教师核心素养培育过程,小学教师的自我支持必须充分发挥他们的主体性。"教师的生命是一种能动的对象性存在,所以,亦即是一种主体性的存在。教师,首先是'人'的存在。人之存在是一种生命的存在。生命的最大价值是'人'的丰富性——健康均衡的身体、博大高远的精神、充实圣洁的灵魂、虔诚温馨的情愫、完满人生的信念。其次,教师才是作为'师'的存在。师的存在是一种楷模的存在。作为'人'与'师'结合的教师天然地需要他们以生命主体的自我完善去引导学生生命的发展。因此,不管是'人'还是'师',其

① 叶澜. 改善教师发展生存环境,提升教师发展自觉[N]. 中国教育报,2007 - 9 - 15(3).
② 吴康宁. 教师应成为自身专业发展的主人[J]. 南京师大学报(社会科学版),2015(5):81 - 82.
③ 刘凯. 教师主体性的觉醒:教师专业化发展的内在因素[J]. 当代教育科学,2009(21):28.

共同之处在于主体性。"①

其二,独特性。长期以来,我国的小学教师培养、培训大多是由教育行政主管部门、高校或小学组织实施的,这种"安排的教师培养、培训"往往考虑的是小学教师的共性特征和需求,却未充分虑及到小学教师的个体独特性和差异性。世界上不存在完全相同的两个小学教师。在卓越小学教师核心素养的具身培育过程中,小学教师在进行自我支持时,必须确立"具体个人"意识。"具体个人"是由法国教育家保罗·朗格朗于20世纪70年代初在其成名作《终身教育引论》中提出的概念。他说:"现代的人是抽象化的牺牲品,各种因素都可以分割人,破坏人的统一性。"②"一个孩子并不仅仅是名册上的数字,一个好学生或坏学生,在算术上或语法上没有才能的学生,他首先是一个具有个性的人。他有自己的心灵、他的社会学意义、他在一系列事物中的地位、他的冲动和抑制,有些道路向他开放,而有些规则则对他封锁。"③"教育的真正对象是全面的人,是处在各种环境中的人,是担负着各种责任的人,简言之,是具体个人。"④后来,这一观念在联合国教科文组织1972年出版的《学会生存——教育世界的今天与明天》报告中得到了继承。该报告指出:"作为一个特殊教育过程的对象的某一特殊个人显然是一个具体的人。……每一个学习者的确是一个非常具体的人。他有他自己的历史,这个历史是不能和任何别人的历史混淆的。他有他自己的个性,这种个性随着年龄的增长而越来越被一个由许多因素组成的复合体所决定。这个复合体是由生物的、生理的、地理的、社会的、经济的、文化的和职业的因素所组成的,而这些方面对于每一个人来说,都是各不相同的。"⑤具身认知理论也认为:"身体不是抽象的幽灵,而是一个个具体的、鲜活的存在。身体的结构决定认知的内容,不同的身体会导致不同的认知方式和结果。"⑥"不同的身体,导致不同的身体体验。不同的身体体验又造就了认知上的差异,形成不同的思维方式。"⑦具体到卓越小学教师核心素养的具身培育中,小学教师的年龄、性别、认知成熟度、个人经历、知识基础、生活环境、个人主观能动性等各不相同。因此,在卓越小学教师核心素养的具身培育中,小学教师亟须发生"人"的转

① 伍叶琴等. 教师发展的客体性异化与主体性回归[J]. 教育研究,2013(1):122.
② 保罗·朗格朗. 终身教育引论[M]. 北京:中国对外翻译出版公司,1985:71.
③ 保罗·朗格朗. 终身教育引论[M]. 北京:中国对外翻译出版公司,1985:88.
④ 保罗·朗格朗. 终身教育引论[M]. 北京:中国对外翻译出版公司,1985:87.
⑤ UNESCO. 学会生存——教育世界的今天和明天[M]. 北京:教育科学出版社,2006.195.
⑥ 王会亭. 从"离身"到"具身":课堂有效教学的身体转向[J]. 课程·教材·教法,2015(12):60.
⑦ 叶浩生. "具身"涵义的理论辨析[J]. 心理学报,2014(7):1038.

向,由"抽象的人"到"具体个人"。即小学教师必须充分意识到自身是个独特的个体,其核心素养的提升没有统一、普适的路径,也许用此方式方法可以促进此小学教师核心素养之提升,但却无法促进彼小学教师核心素养之发展。小学教师要想真正从"普通"走向"卓越",就不能墨守成规、因循守旧,盲目服从、满足于教育行政主管部门、高校或小学安排的教师培养、培训。相反,他们应能根据自身的实际情况,勇于开拓、创新,敢于大胆摸索、尝试,找寻一条适合自身发展的独特之路。小学教师只有获得了独特的发展,方可充盈自信、不卑不亢、趣味盎然、幸福欢愉地从事教书育人工作。事实上,中外教育史上无数的优秀教师的成长案例也早已证明了这一点。

其三,合作性。在卓越小学教师核心素养的具身培育过程中,小学教师的自我支持还必须遵循合作性原则。我们必须清晰地意识到,强调小学教师的自我支持,并非说要小学教师偏安一隅,自闭排外。相反,小学教师的自我支持要想真正落到实处,小学教师就必须善于与政府、U-S共生体、学生、学生家长、社会人士等各方进行合作与配合。这样做有两方面的好处:一方面,可以集思广益,使卓越小学教师核心素养的具身培育更加科学化。小学教师个人的思维水平与智慧能力毕竟是有限的,单凭小学教师个人的一己之力,很难真正使自己的核心素养得到有效的提升。小学教师如果能善于与他人交往、合作,与别人就核心素养发展中遭遇的关键问题、难点问题与热点问题展开交流、对话和磋商,就可以实现观点的交锋,思维的碰撞,迸发出智慧之火花,从而达到集思广益之效果,最终发现一条适切的核心素养提升之路。另一方面,可以汇聚资源,产生耦合效应。如前文所述,复杂性科学认为,开放性是复杂系统的一个典型特征,复杂系统只有保持与外界的开放,与外界不断进行物质、信息和能力的交换,才能得以健康发展。反之,倘若一个系统与外界始终保持一种封闭、隔绝的状态,这个系统将很快归于消亡。因而,作为一个复杂系统,卓越小学教师核心素养的具身培育活动客观上要求小学教师必须以一种开放的胸襟与姿态,积极主动地与其他个人或单位密切配合,善于争取各种外援,能将各种有价值的人力、物力、财力和信息等资源汇聚到卓越小学教师核心素养的培育活动中来,为切实提升卓越小学教师的核心素养服务。当然,小学教师要想与他者的合作取得理想的效果,就必须努力构建实践共同体。"一个实践共同体包括了一系列个体共享的、相互明确的实践和信念以及对长时间追求共同利益的理解,它并非是简单地将许多人组合起来为同一项任务而工作,拓展任务的长度和扩大小组的规模都不是形成共同体的最主要的因素。关键是要与社会联系——要通过共同体的参与在社会中给学习者一个合法的角色或真实的任务。"①

(三) 小学教师自我支持的策略

在卓越小学教师核心素养的具身培育过程中,小学教师的自我支持要想取得理想的效果,必须采取如下策略。

其一,养成良好的职业认同感。"认同"是指一个个体或者团体认为自己是谁,对自己进行定位,并建立与他人之间关系的一系列目标及过程。② "职业认同感"是指一个人对所从事的职业在内心里认为它有价值、有意义,并能够从中找到乐趣。③ 教师职业认同是教师对其职业及个体内化的职业角色的积极的认知、体验和行为倾向的综合体。④ 教师职业认同是个体自我从自己的经历中逐渐发展、确认自己角色的过程,是教师努力做好"教书育人"工作,达成预期目标的心理基础。职业认同感是自我接纳的重要内容。⑤ 一般而言,教师职业认同感直接影响教师对自身职业的投入程度,教师职业认同感越高,教师工作越积极努力,对自己工作越满意,越能体会到工作带来的幸福。反之,教师职业认同感越低,教师对工作越消极、应付,越易产生职业倦怠,甚至导致离职。因而,在卓越小学教师核心素养的具身培育过程中,如果我们希望小学教师能真正进行自我支持,就必须使其养成良好的职业认同感,这样,他们才能真正从心底喜欢教师这个职业,从而愿意积极、主动地发展自我、提升自我。如此一来,小学教师方能进行有效的自我支持。试想如果一个小学教师的职业认同感极低,他们对教师职业极度拒斥和厌烦,他们怎么可能愿意将自己的心力投入到教育教学中呢? 在那种情况下,他们充其量只会将教师这一职业视为谋生的手段罢了,他们的自我支持自然也就无从谈起。

其二,具有强烈的生命自觉。在卓越小学教师核心素养的具身培育中,小学教师的自我支持要想真正得以落实,小学教师必须具有强烈的生命自觉意识。所谓"生命自觉"是指人的主体性意识的知觉,是人的自我意识、自我理解、自我确信、自我塑造、自我实现、自我超越的生命运动及其反映出来的诸种特征。它是对自身的力量、生活、世界及其最高意义的自觉意识和不懈求索。以生命自觉观之,人生即是一个界定自

———————————

① Wenger, E. (1998). Communities of Practice: Learning, Meaning and Identity. Cambridge University Press.

② 李笑樱,闫寒冰. 教师职业认同感的模型建构及量表编制[J]. 教师教育研究,2018(2):73.

③ 于丽琴,邹本杰. 教师教育与教师自我教育[J]. 当代教育科学,2010(15):37.

④ 李笑樱,闫寒冰. 教师职业认同感的模型建构及量表编制[J]. 教师教育研究,2018(2):73.

⑤ 曾晓东. 职业认同教师专业化发展的心理基础[N]. 中国教育报,2005 - 4 - 10(3).

我、安顿自我的过程。① 小学教师的生命自觉是小学教师基于自身的未完成性而自觉地完善自身、成就自身的过程,它具体包括以下三个方面:②一是自觉地形成自我意识。小学教师要想切实提升核心素养,必须首先"认识自己"。这里的"认识自己"主要涵括以下三个层次的内容:(1)就教师本性之层面而言,"认识自己"指对"教师职业是什么,成为一个教师意味着什么"之认识和理解。个体要想真正成为一位教师,必须明晰教师应然的样态和自己的实然状态,这样才能发现自身的不足,从而竭力去完善自我。小学教师必须能认识到教师职业是"一种生命与生命的相互对接与交融,也是生命与生命之间的相互摄养。同时,它也是以自身的生命之光点亮另一个生命的光辉历程,是生命与生命一起走向敞亮"。③ (2)从群体差异之层面而言,"认识自己"是指小学教师应对自己想成为的"卓越小学教师"之认识与理解。小学教师可以分为不同的类别,如普通小学教师、小学骨干教师、小学学科带头人、小学特级教师、卓越小学教师、教育家型小学教师等。"认识自己"就要求,小学教师对于"卓越小学教师"的实质意涵有一个清晰的把握,并能积极主动地筹划和设计成为卓越小学教师的路径,并为之而努力。(3)从个体惟一性层面而言,"认识自己"是指小学教师要能对自己与他人的差异有一个清晰的认识和领悟,能自觉、主动地去做"自己",而不能成为别人的"影子"和"附庸",从而使自己的独特性得以彰显。一个人唯有成为自己,而不是别人,才能真正体会做人的价值,因为人存于世的真正价值就在于活出个性,活出自我。二是自觉地找寻生命意义。生命意义之于个体来说,并非是先在的、自明的,它是个体后天努力找寻和建构的结果。一个人只有努力发现生命意义,其人生才会富有价值、丰富多彩和充实圆满,否则,其只不过是徒有臭皮囊的"行尸走肉"罢了。正如有学者所说:"不明悟生命意义的个体在面对挫折与困难时,往往更易于放弃努力,更易发生抑郁、焦虑和物质滥用,更易于求助心理咨询与治疗,更易于悲观、绝望,甚至会产生自我结束生命之念头。"④因此,小学教师要想真正实现有效的自我支持,他们必须主动自觉地寻找并明晰自己的生命意义,使自己存在于这个世界而变得更有价值。三是自觉地助长生命智慧。小学教师要想真正从"普通"走向"卓越",就必须具备一定的提升自

① 李伟.培育个体生命自觉[D].上海:华东师范大学博士学位论文,2008:61.
② 戴莹,杨道宇.成己与成物:"生命自觉"的教育学内涵[J].现代大学教育,2013(1):10-12.
③ 鲁洁.南京师范大学:一本用生命打开的教育学[J].南京师范大学学报(社会科学版),2002(4):11.
④ Steger, M. F. Meaning in life[K]//Lopez, S. J. Encyclopedia of positive psychology. Oxford, UK: Blackwell Pub-Lishing, 2009:608.

身素养的生命智慧。这种生命智慧既包括理论智慧,又包括实践智慧。即对于教育教学、教师职业能有一定的理论认识,同时,又对教育教学实践具有一定的躬亲参与和经验积累。总而言之,小学教师只有具备强烈的生命自觉意识,才能真正将自己的潜力充分挖掘出来,充分发挥自身的主观能动性,也才能有效地进行自我支持、自我更新和自我完善,否则,任何外力的支持对于其提升核心素养都收效甚微。

其三,培养主动反思的习惯。反思是对实践中的问题的一种自我觉知与思考,是实践者的一种基本生活方式,同时也是一个能动的、有目的的和审慎的认知加工过程。① 梅洛-庞蒂曾指出:"反思不是从世界走向意识的综合体并将其作为世界的基础;它是回过头来注视那些出类拔萃的形式与外观,它们像从烈火中飞溅出来的火花一样在高空飞扬;它放松了将我们与世界联系在一起的有意向的绳索并将它们引入我们注意的视线之中。"②可以说,反思与实践是相生相伴、不可分割的关系。一方面,实践是反思的承载体,没有实践就无所谓反思;另一方面,反思为实践示明方向,没有反思,实践就会陷入虚妄与谬误。在卓越小学教师核心素养的具身培育过程中,小学教师要想真正实现自我支持,就必须养成教育教学反思之习惯。林崇德、叶澜、波斯纳(Posner)等国内外知名学者对于反思在教师成长中的作用都曾有过清晰的论述。尽管学者们的具体观点不尽一致,但是,概括而言,"反思可以促进教师更新教育教学理念,改善教育教学行为,形成教学风格,生成教育智慧,实现有效教学"。③ 可见,反思对于教师成长的独特价值与意义。小学教师应养成自觉反思的习惯,主动反思在提升核心素养的过程中取得的成功经验、存在的问题、造成困厄的关键致因、希冀获得的帮助等。通过上述反思,一方面,小学教师可以充分发挥主观能动性,不断地激发调动内在的潜能,为提升自身的核心素养而努力。另一方面,小学教师可以及时、主动地与他者进行交流、沟通,争取外部力量的支持,从而不断地更新自我、完善自我。

其四,改善学习方式。在卓越小学教师核心素养的具身培育之中,小学教师的自我支持要想真正取得理想的效果,小学教师就必须高度重视学习。学习对于小学教师的核心素养提升极其重要。传统的小学教师培养或培训,往往将小学教师视为有缺陷的、需要加工改造的对象,高校、小学或其他教师教育机构往往按照自己的标准,将一

---

① 王艳玲. 培养"反思性实践者"的教师教育课程[D]. 上海:华东师范大学博士学位论文,2008:49.

② Van Manen,M(1996). Phenomenological pedagogy and the question of meaning [A]. In D. Vandenberg (Ed.), Phenomenology and Educational Discourse [C]. Durban:Heinemann Higher and Further Education. 39 - 64.

③ 于丽琴,邹本杰. 教师教育与教师自我教育[J]. 当代教育科学,2010(15):37.

些固化的知识和技能传授给职前或在职小学教师,希望借此来促进小学教师的专业发展。由于这是一种典型的外缘性的培养、培训,它往往无法契合小学教师的兴趣、需要和经历。同时,又挤占了小学教师大量的时间,因而,难以为小学教师所接受,小学教师也就难以获得真正的发展。事实上,小学教师不是消极、被动的接受者,而是积极、主动的探求者。我们只有给予他们充足的时间和空间,让他们积极、主动地学习,他们才能获得真实的发展和进步,从而切实提升自身的核心素养。当然,小学教师的学习要想取得预期的效果,就必须实现学习方式的变革。除了采取前文提及的自我导向的学习外,小学教师还应自觉、主动地采取泛在学习、深度学习和现场学习等学习方式。如前文所述,"泛在学习"是指一种无所不在、无孔不入的学习,只要学习者愿意就可以通过适当的工具和环境适时地获取信息和资源,是终身学习的具体实施。[①] 小学教师进行泛在学习,有利于超越时空的限制,随时随地进行学习,这就为其核心素养的提升提供了无限的可能。所谓"深度学习"则是指学习者聚焦于具有一定难度的学习项目,以一切心力投入、收获成功、得以成长的内含价值的学习过程,其间,学习者获得学科本质的知识,明晰学习的进程,对学科的实质意涵与学习策略有清晰的认知,具有持久强烈的学习动机和积极向上的情感、态度、价值观,从而成长为素质全面的学习者。[②] 深度学习可以提升小学教师的思维品质,避免其学习陷入浅表化和形式化的泥淖,从而保证其自我支持的深度。所谓"现场学习"是指学习者深入现场,在真实的情境中的学习。前文已经述及,情境学习理论早已示明,人类的学习是高度情境化的,而不是去情境化的。现场学习应该是小学教师应具备的一项最重要学习能力。这是因为在现场学习中,小学教师可以面对真实的教育教学问题,了解真实的教育教学生活。当然,无论小学教师采取上述哪一种学习方式,都一定要坚持学习的整体性和理论联系实际的原则。唯其如此,小学教师的自我支持方可得到真正的落实。

---

① 潘基鑫等.泛在学习理论研究综述[J].远程教育杂志,2010(2):95.
② 郭华.深度学习及其意义[J].课程・教材・教法,2016(11):25-32.

参考文献

一、中文著作

1. 魏克山.托尔斯泰论教育[M].陆庚,译.重庆：正风出版社,1955.

2. [法]卢梭.论人类不平等的起源和基础[M].李常山,译.北京：商务印书馆,1962.

3. [英]罗素著.西方哲学史(上卷)[M].何兆武,李约瑟,译.北京：商务印书馆,1963.

4. [法]卢梭.爱弥儿[M].李平沤,译.北京：商务印书馆,1978.

5. 马克思,恩格斯.马克思恩格斯全集(第42卷)[M].中共中央马克思恩格斯列宁斯大林著作编译局,译.北京：人民出版社,1979.

6. [德]黑格尔.美学(第三卷上册)[M].朱光潜,译.北京：商务印书馆,1979.

7. 赵祥麟,王承绪.杜威教育论著选[M].上海：华东师范大学出版社,1981.

8. 中国大百科全书总编辑委员会.中国大百科全书(环境科学)[M].北京：中国大百科全书出版社,1983.

9. [德]费尔巴哈.费尔巴哈哲学著作选集[M].荣震华,译.北京：北京商务印书馆,1984.

10. 李剑华,范定九.社会学简明辞典.[M].兰州：甘肃人民出版社,1984.

11. 保罗·朗格朗.终身教育引论[M].北京：中国对外翻译出版公司,1985.

12. [法]笛卡尔.第一哲学沉思集：反驳和答辩[M].庞景仁译,译.北京：商务印书馆,1986.

13. 胡森.教育研究的国际背景[M]//瞿葆奎.教育学文集·教育研究方法.北京：人民教育出版社,1988.

14. [法]涂尔干.教育及其性质与作用[M]//张人杰.国外教育社会学基本文选.上海：华东师范大学出版社,1989.

15. 朱智贤.心理学大辞典[M].北京：北京师范大学出版社,1989.

16. (原)国家教委电教司.教学媒体与教学设计[M].北京：高等教育出版社.1990.

17. 辞海编辑委员会.辞海(缩印本)[Z].上海：上海辞书出版社,1990.

18. 顾明远.教育大辞典[M].上海：上海教育出版社,1990.

19. [法]米亚拉雷,让·维亚尔.现代教育史[M].张人杰,等,译.上海：上海译文出版社,1991.

20. [德]雅斯贝尔斯.什么是教育[M].邹进,译.北京：生活·读书·新知.三联书店.1991.

21. 汉语大词典编辑委员会.汉语大词典[Z].上海：汉语大词典出版社,1992.

22. 董守文.成人学习学[M].东营：石油大学出版社,1994.

23. 倪梁康.现象学及其效应——胡塞尔与当代德国哲学[M].北京：生活·读书·新知三联书店,1994.

24. 谭顶良.学习风格[M].南京：江苏教育出版社,1995.

25. 马克思,恩格斯.马克思恩格斯选集(第1卷)[M].中共中央翻译局,译.北京：人民出版社,1995.

26. 联合国教科文总部中文科.教育——财富蕴藏其中[M].北京：教育科学出版社,1996.

27. 联合国教科文组织国际教育发展委员会.学会生存：教育世界的今天和明天[M].华东师范大学比较教育研究所,译.北京：教育科学出版社,1996.

28. 田慧生.教学环境论[M].南昌：江西教育出版社,1996.

29. [德]赫尔曼·施密茨.新现象学[M].庞学铨等,译.上海：上海译文出版社,1997.

30. 皮连生.学与教的心理学[M].上海：华东师范大学出版社,1997.

31. [德]尼采.苏鲁支语录[M].徐梵澄,译.北京：商务印书馆,1997.

32. 张春兴.教育心理学[M].杭州：浙江教育出版社.1998.

33. [英]安东尼·吉登斯.现代性与自我认同：晚期现代中的自我与社会[M].赵旭东,王文,译.上海：三联书店,1998.

34. 许慎.说文解字[M].北京：中华书局,1998.

35. 施良方,崔允漷.教学理论：课堂教学的原理、策略与研究[M].上海：华东师范大学出版社,1999.

36. 熊川武.反思性教学[M].上海：华东师范大学出版社,1999.

37. 辞海编辑委员会.辞海[M].上海：上海辞书出版社,1999.

38. 袁振国.教育研究方法[M].北京：高等教育出版社,2000.

39. [古希腊]柏拉图.斐多[M].杨绛,译.沈阳：辽宁人民出版社,2000.

40. 张华.课程与教学论[M].上海：上海教育出版社,2000.

41. [英]哈耶克.致命的自负[M].冯克利,等,译.北京：中国社会科学出版社,2000.

42. [德]尼采.权力意志[M].张念东,凌素心,译.北京：中央编译出版社,2000.

43. [法]笛卡尔.谈谈方法[M].王太庆,译.北京：商务印书馆,2001.

44. [美]阿尔伯特·班杜拉.思想和行动的社会基础：社会认知论[M].胡谊,林颖,庞维国,王小明,译.上海：华东师范大学出版社,2001.

45. [美]帕克·帕尔默.教学勇气——漫步教师心灵[M].吴国珍,等,译.上海：华东师范大学出版社,2001.

46. [法]梅洛·庞蒂.知觉现象学[M].姜志辉,译.北京：商务印书馆,2001.

47. 李秉德,李定仁.教学论[M].北京：人民教育出版社,2001.

48. (美)Arhar,J.M.等.教师行动研究——教师发现之旅[M].黄宇,等,译.北京：中国轻工出版社,2002.

49. 全国十二所重点师范大学.教育学基础[M].北京：北京教育科学出版社,2002.

50. 张文喜.自我的建构与解构[M].上海：上海人民出版社,2002.

51. 陈怡.经验与民主——杜威政治学基础研究[M].上海：复旦大学出版社,2002.

52. 陶本一.学科教育学[M].北京：人民教育出版社.2002.

53. 范良火.教师教学知识发展研究[M].北京：教育科学出版社,2003.

54. [日]佐藤学.课程与教师[M].上海：华东师范大学出版社,2003.

55. 徐碧美. 追求卓越[M]. 北京：人民教育出版社,2003.

56. [古希腊]亚里士多德. 形而上学[M]. 苗力田,译. 北京：中国人民大学出版社,2003.

57. [法]皮埃尔·布迪厄. 实践感[M]. 蒋梓骅,译. 南京：译林出版社,2003.

58. 范梅南. 生活体验研究——人文科学视野中的教育学[M]. 北京：教育科学出版社,2003.

59. 席桓. 公与私：公共事业运行机制研究[M]. 北京：商务印书馆,2003.

60. 单中惠. 外国教育经典解读[M]. 上海：上海教育出版社,2004.

61. 顾书明. 现代课程理论与课程开发实践[M]. 北京：人民出版社,2004.

62. 赵中建. 学校文化[M]. 上海：华东师范大学出版社,2004.

63. [英]迈克尔·波兰尼. 科学、信仰与社会[M]. 王靖华,译. 南京：南京大学出版社,2004.

64. 中共中央文献研究室. 邓小平论教育(第三版)[M]. 北京：人民教育出版社,2004.

65. 汪民安,陈永国. 后身体文化、权力和生命政治学[M]. 长春：吉林人民出版社,2004.

66. 林榕航. 知识管理原理[M]. 厦门：厦门大学出版社,2005.

67. 周与沉. 身体与修行——以中国经典为中心的跨文化观照[M]. 北京：中国社会科学出版社,2005.

68. 杨大春. 感性的诗学：梅洛·庞蒂与法国哲学主流[M]. 北京：人民出版社,2005.

69. 胡惠闵. 校本管理[M]. 成都：四川出版集团四川教育出版社,2005.

70. [美]国家研究理事会. 教育的科学研究[M]. 北京：教育科学出版社,2006.

71. 全国十二所重点师范大学联合编写组. 教学论[M]. 北京：教育科学出版社,2007.

72. 闫旭蕾. 教育中的"肉"与"灵"[M]. 南京：南京师范大学出版社,2007.

73. 吴钢. 现代教育评价教程[M]. 北京：北京大学出版社,2008.

74. 中共中央文献研究室. 十六大以来重要文献选编(下)[M]. 北京：中央文献出版社,2008.

75. 李强,覃壮才. 教育研究方法教程[M]. 北京：北京理工大学出版社,2009.

76. 孟伟. 交互心灵的建构——现象学与认知科学研究[M]. 北京：中国社会科学出版社,2009.

77. 广东、广西、湖南、河南辞源修订组,商务印书馆编辑部. 辞源(修订本·建国60周年纪念版)[M]. 北京：商务印书馆,2009.

78. 余文森. 有效教学十讲[M]. 上海：华东师范大学出版社,2009.

79. 周国平. 周国平论教育[M]. 上海：华东师范大学出版社,2009.

80. 肯·贝恩. 如何成为卓越的大学教师[M]. 明廷雄,彭汉良,译. 北京：北京大学出版社,2010.

81. 汉语大字典编辑委员会. 汉语大字典(九卷本,第2版)[M]. 武汉：湖北长江出版集团;崇文书局,成都：四川出版集团·四川辞书出版社,2010.

82. [智]瓦雷拉等. 具身心智：认知科学和人类经验[M]. 李恒威,等,译. 杭州：浙江大学出版社,2010.

83. 张华. 研究性教学论[M]. 上海：华东师范大学出版社.2010.

84. [美]雪伦·B·梅里安. 成人学习的综合研究与实践指导(第2版)[M]. 黄健,张永,等,译. 北京：中国人民大学出版社,2011.

85. 李政涛. 教育常识[M]. 上海：华东师范大学出版社.2012.

86. 中国共产党第十八次全国代表大会文件汇编[M]. 北京：人民出版社,2012.

87. 郭祥超. 教师专业发展：身体哲学的视角[M]. 北京：教育科学出版社,2012.

88. 朱旭东. 教师专业发展理论研究[M]. 北京：北京师范大学出版社,2013.

89. 中共中央文献研究室. 十八大以来重要文献选编(上)[M]. 北京: 中央文献出版社, 2014.

90. 和学新, 徐文彬. 教育研究方法[M]. 北京师范大学出版集团, 2015.

91. 刘淑杰, 刘彩祥. 教育研究方法[M]. 北京: 北京大学出版社, 2016.

92. 王会亭. 基于具身认知的教师培训研究[M]. 北京: 中国社会科学出版社, 2017.

93. 白秀杰, 杜剑华. 教育学[M]. 北京: 首都师范大学出版社, 2017.

二、中文期刊论文

1. 阿符钦尼科夫. 教师的教育信念及其形成[J]. 山西教育科研通讯, 1982(5).

2. 朱赤. 皮亚杰和列昂节夫"活动内化"思想的比较[J]. 教育研究与实验, 1989(2).

3. 邬志辉. 关于教学环境的几个理论问题的思考[J]. 东北师范大学学报(社会科学版), 1995(3).

4. 王本法. 奥苏贝尔学习类型划分的理论及其意义[J]. 教育理论与实践, 1996(4).

5. 牛亚莉. 浅论体育哲学的范畴[J]. 甘肃社会科学, 1997(2).

6. 何克抗. 建构主义的教学模式、教学方法与教学设计[J]. 北京师范大学学报(社会科学版), 1997(5).

7. 张楚廷. 论教学环境与课程[J]. 湖南师范大学社会科学学报, 1999(1).

8. 孟繁华. 教育决策科学性的本质及其层次分析[J]. 北京师范大学学报(社会科学版), 1999(4).

9. 郭思乐等. 学校内部教育环境与学校形象设计研究[J]. 教育研究, 2000(10).

10. 扈中平. 教育目的中个人本位论与社会本位论的对立与历史统一[J]. 华南师范大学学报(社会科学版), 2000(2).

11. 俞国良, 辛自强. 教师信念及其对教师培养的意义[J]. 教育研究, 2000(5).

12. 叶澜. 世纪初中国教育理论发展的断想[J]. 华东师范大学学报(教育科学版), 2001(1).

13. 高文. 情境学习与情境认知[J]. 教育发展研究, 2001(8).

14. 中国科学院心理研究所战略发展研究小组. 认知科学的现状与发展趋势[J]. 中国科学院院刊, 2001, (3).

15. 鲁洁. 南京师范大学: 一本用生命打开的教育学[J]. 南京师范大学学报(社会科学版), 2002(4).

16. 张剑平. 关于人工智能教育的思考[J]. 电化教育研究, 2003(1).

17. 钟秉林. 教师教育的发展与师范院校的转型[J]. 教育研究, 2003(6).

18. 郭裕源. 课堂教学创新策略初探[J]. 教育发展研究, 2003(10).

19. 陈力丹. 推敲"舆论"概念[J]. 采写编, 2003(3).

20. 曹赛先. 大学校园文化建设主体论略[J]. 大学教育科学, 2003(3).

21. 朱寿兴. 人的自然性和美的自然性问题[J]. 马克思主义美学研究, 2003(6).

22. 李勇, 冯文全. 论教师认知方式与教学模式的选择[J]. 陇东学院学报(社会科学版), 2004(1).

23. 刘济良. 论"生活世界"视阈中的生命教育[J]. 教育科学, 2004(4).

24. 易凌云, 庞丽娟. 教师个体教育观念: 反思与改善教师教育的新机制[J]. 教育理论与实践, 2004(5).

25. 赵昌木. 论教师信念[J]. 当代教育科学, 2004(9).

26. 李海英.教师教育课程设置的价值取向[J].全球教育展望,2005(1).

27. 刘剑玲.追求卓越:教师专业发展的生命观照[J].课程·教材·教法,2005(1).

28. 赵蒙成.学习情境的本质与创设策略[J].课程·教材·教法,2005(11).

29. 钟启泉.课程改革:挑战与反思[J].比较教育研究,2005(12).

30. 肖川.道德教育必须关注学生的生活世界[J].教育研究与实验,2005(3).

31. 程平.论费尔巴哈对人的整体性考察及其局限性[J].巢湖学院学报,2005(4).

32. 张之沧.论身体教育的迫切性[J].体育与科学,2005(4).

33. 邹斌,陈向明.教师知识概念的溯源[J].课程·教材·教法,2005(6).

34. 周成海.教师知识分享:困境与出路[J].中国教育学刊,2006(11).

35. 李政涛.身体的"教育学意味"——兼论教育学研究的身体转向[J].教育理论与实践,2006(11).

36. 李恒威,盛晓明.认知的具身化[J].科学学研究,2006(2).

37. 李恒威,黄华新.表征和认知发展[J].中国社会科学,2006(2).

38. 高芳.解读"教师成为研究者"的内涵与对策[J].教育与职业,2006(3).

39. 任晓明,李旭燕.当代美国心灵哲学研究述评[J].哲学动态,2006(5).

40. 温欣荣,王月宝.语文研究性学习实施的教学环境探析[J].中学语文教学参考,2006(7).

41. 阳利平.对"教师即研究者"命题的探析[J].教育发展研究,2007(10B).

42. 魏长领.信念与信仰的异同[J].河南师范大学学报(哲学社会科学版),2007(5).

43. 谢翌,马云鹏.教师信念的形成与变革[J].比较教育研究,2007(6).

44. 张华.试论教学中的知识问题[J].全球教育展望,2008(11).

45. 李其维."认知革命"与"第二代认知科学"刍议[J].心理学报,2008(12).

46. 宋荣,高新民.论福多的思维语言假说[J].淮阴师范学院学报(哲学社会科学版),2008(5).

47. 叶浩生.教育心理学:后现代主义的挑战[J].教育研究,2008(6).

48. 崔允漷,郑东辉.论指向专业发展的教师合作[J].教育研究,2008(6).

49. 伍红林.美国大学与中小学合作教育研究:历史、问题、模式[J].比较教育研究,2008(8).

50. 张喜萍等.以基础教育课程改革为背景的教师知识结构优化途径探讨[J].教育研究,2008(8).

51. 杨天平,王宪平.国际教师教育改革发展的特征和趋势述要[J].当代教师教育,2009(1).

52. 张应强.大学教师的社会角色及责任与使命[J].清华大学教育研究,2009(1).

53. 刘凯.教师主体性的觉醒:教师专业化发展的内在因素[J].当代教育科学,2009(21).

54. 裴淼.教师认知及其在第二语言教育领域中的研究[J].教育研究与实验,2009(3).

55. 邵云雁,秦虎.教师合作:厘清与反思[J].教师教育研究,2009(5).

56. 李侠,范毅强.从思想语言到心的计算理论[J].哲学动态,2009(5).

57. 曹型远等.重庆市沙坪坝区中小学教师健康体检结果分析[J].中国学校卫生,2009(6).

58. 王爱玲.课程改革的重要问题:关注人的整体性发展[J].教育研究,2009(7).

59. 肖正德.生态取向教师学习方式变革:时代境遇与实践路向[J].全球教育展望,2010(11).

60. 于丽琴,邹本杰.教师教育与教师自我教育[J].当代教育科学,2010(15).

61. 潘基鑫等.泛在学习理论研究综述[J].远程教育杂志,2010(2).

62. 何杰.论教师教学决策的内涵、取向及其教育学意蕴[J].当代教育科学,2010(21).

63. 张良,刘茜.新课程改革中简单性思维的困顿及其超越[J].教育发展研究,2010(24).

64. 张应强. 建构以人为本的教育学理论[J]. 高等教育研究, 2010(3).

65. 黄小莲. 教学决策水平: 教师专业成长的标志[J]. 课程·教材·教法, 2010(3).

66. 杨春雷, 吕辛. 我国高校生命教育课程体系的构建[J]. 黑龙江高教研究, 2010(4).

67. 叶浩生. 具身认知: 认知心理学的新取向[J]. 心理科学进展, 2010(5).

68. 伍敏敏. 普特南机器功能主义的困境[J]. 求索, 2010(8).

69. 李家黎, 刘义兵. 教师信念的现实反思与建构发展[J]. 中国教育学刊, 2010(8).

70. 杨豫晖, 宋乃庆. 教师教学决策的主要问题及其思考[J]. 教育研究, 2010(9).

71. 张凤娟, 刘永兵. 教师认知研究的综述与展望[J]. 外国教育研究, 2011(1).

72. 王会亭. 教师实践性知识管理[J]. 现代教育管理, 2011(12).

73. 费多益. 从"无身之心"到"寓心于身"——身体哲学的发展脉络与当代进路[J]. 哲学研究, 2011(2).

74. 姚姿如, 杨兆山. "以人为本"教育理念的意蕴[J]. 教育研究, 2011(3).

75. 叶浩生. 身心二元论的困境与具身认知研究的兴起[J]. 心理科学, 2011(4).

76. 蒋亦华. 当代中国教师教育: 责任主体与主体责任[J]. 教育研究与实验, 2011(4).

77. 叶浩生. 有关具身认知思潮的理论心理学思考[J]. 心理学报, 2011(5).

78. 任林洋. 高等教育质量管理中的社会监督机制探析[J]. 扬州大学学报(高教研究版), 2011(5).

79. 顾明远. 教育的国际化与本土化[J]. 华中师范大学学报(人文社会科学版), 2011(6).

80. 毛齐明. 略论"社会文化—活动"理论视野下的学习过程观[J]. 外国教育研究, 2011(6).

81. 王海英, 曹滢. 包头市昆区中小学教师健康状况分析[J]. 包头医学院学报, 2011(6).

82. 谢延龙, 周福盛. 教师发展的生存论转向[J]. 中国教育学刊, 2011(8).

83. 吴薇. 国外大学教师信念研究回顾与前瞻[J]. 高教发展与评估, 2012(1).

84. 刘湘溶. 高师院校卓越教师培养模式创新的探索与实践[J]. 湛江师范学院学报, 2012(1).

85. 叶菊艳. 各国教师教育取向及其核心素养主张[J]. 人民教育, 2012(12).

86. 李学农. 论教师教育者的专业发展[J]. 教育发展研究, 2012(12).

87. 朱旭东. 论我国教师教育新体系的六个特征[J]. 课程·教材·教法, 2012(12).

88. 吴康宁. 反思我国教育改革的舆论支持[J]. 湖南师范大学教育科学学报, 2012(2).

89. 谢文庆. 中国百年教育变革的本土化审视[J]. 教育研究与实验, 2012(5).

90. 吴艳茹. 基于教学决策理论的教师专业发展[J]. 教育科学研究, 2012(5).

91. 陈世平, 胡艳军. 高校教师共享的影响因素和应对策略[J]. 广州大学学报(社会科学版), 2012(7).

92. 曾鸣, 许明. 英国职前教师教育新政策探析—聚焦《教学的重要性》和《培训下一代卓遮教师》[J]. 外国教育研究, 2012(8).

93. 孙泽文, 叶敏. 学科中心课程的内涵、理论假设及组织方式[J]. 教学与管理, 2012(9).

94. 陆明玉. 教学论发展的方法论研究[D]. 北碚: 西南大学, 2012.

95. 伍叶琴等. 教师发展的客体性异化与主体性回归[J]. 教育研究, 2013(1).

96. 戴莹, 杨道宇. 成己与成物: "生命自觉"的教育学内涵[J]. 现代大学教育, 2013(1).

97. 杜静, 杨杰. 关注实践: 国际视域下教师教育的模式变革与价值转向[J]. 比较教育研究, 2013(10).

98. 王淼等. 普特南计算功能主义的思想来源分析[J]. 科学技术哲学研究, 2013(3).

99. 叶浩生, 杨文登. 具身心智: 从哲学到认知神经科学[J]. 自然辩证法研究, 2013(3).

100. 朱旭东.论教师培训的核心要素[J].教师教育研究,2013(3).

101. 冯合国.由"反身"到"正身":现代教育的身体转向[J].湖南师范大学教育科学学报,2013
（3）.

102. 方建锋.我国教育经费使用现状及对策思考[J].教育理论与实践,2013(31).

103. 王志广.谈卓越教师评价指标体系的构建[J].教育理论与实践,2013(32).

104. 冯合国.从身体与教育的关系探当代教育的身体转向[J].上海教育科研,2013(4).

105. 王瑛,李福华.关于"卓越教师计划"实施的思考[J].中国大学教学,2013(4).

106. 韩冬,叶浩生.认知的身体依赖性:从符号加工到具身认知[J].心理学探新,2013(4).

107. 叶浩生.认知与身体:理论心理学的视角[J].心理学报,2013(4).

108. 陈振华,程家福.论 U-S 合作长效机制的构建[J].教育发展研究,2013(4).

109. 肖正德.基于教师发展的教师信念:意蕴阐释与实践建构[J].教育研究,2013(6).

110. 陈向明.从教师"专业发展"到教师"专业学习"[J].教育发展研究,2013(8).

111. 张军凤等.教学的情境意蕴[J].中国教育学刊,2013(9).

112. 刘义兵,付光槐.教师教育一体化发展的体制机制创新[J].教育研究,2014(1).

113. 张华军.论教师作为研究者的内涵:教师研究性思维的运用[J].教育学报,2014(1).

114. 毕景刚."卓越教师"计划之背景、内涵及策略[J].教育理论与实践,2014(11).

115. 程光旭.培养卓越教师的思考和实践[J].中国高等教育,2014(17).

116. 陈群,戴立益.卓越教师的培养模式与实践路径[J].中国高等教育,2014(20).

117. 张华.论教师发展的本质与价值取向[J].教育发展研究,2014(22).

118. 柳夕浪.从"素质"到"核心素养"[J].教育科学研究,2014(3).

119. 黄露,刘建银.中小学卓越教师专业特征及成长途径研究——基于 37 位中小学卓越教师
传记的内容分析[J].中国教育学刊,2014(3).

120. 冯合国.从灌输到对话:教育范式转向的身体现象学解读[J].探索,2014(6).

121. 徐群,邓铸.中小学教师认知开放性与师范教育改革[J].江苏师范大学学报(哲学社会科
学版),2014(6).

122. 骆正林.社会舆论对教育改革和发展的支持现状[J].广州大学学报(社会科学版),2014
（6）.

123. 张翔.教师教育 U-S 合作的结构性障碍与路径选择[J].现代教育管理,2014(6).

124. 金业文."卓越教师"培养:目标、课程与模式[J].国家教育行政学院学报,2014(6).

125. 叶浩生."具身"涵义的理论辨析[J].心理学报,2014(7).

126. 张翠梅,张彬.终身教育视角下的公民教育内涵[J].现代远距离教育,2015(1).

127. 殷玉新,华逸云.自我导向教师专业发展框架的建构尝试与启示[J].当代教师教育,2015
（1）.

128. 刘径言.小学卓越教师职前教育的课程与教学改革[J].教育科学研究,2015(12).

129. 王会亭.从"离身"到"具身":课堂有效教学的"身体"转向[J].课程•教材•教法,2015
（12）.

130. 曾碧,马骊.基于 UGS 视域下贫困地区卓越教师培养策略[J].教育理论与实践,2015
（26）.

131. 叶浩生.身体与学习:具身认知及其对传统教育观的挑战[J].教育研究,2015(4).

132. 冯海英.大学与中小学合作培养教师的问题及对策[J].学术论坛,2015(4).

133. 李方安. 论教师自我发展[J]. 教育研究,2015(4).

134. 张培. 混合方法与语言教师认知研究[J]. 中国外语,2015(5).

135. 吴康宁. 教师应成为自身专业发展的主人[J]. 南京师大学报(社会科学版),2015(5).

136. 张忠华,贡勋. 教育学"中国化"、"本土化"和"中国特色"的价值取向辨析[J]. 高校教育管理,2015(6).

137. 杨建朝. 教育制度改革的正义取向:自由成"人"[J]. 教育理论与实践,2015(7).

138. 殷明,刘电芝. 身心融合学习:具身认知及其教育意蕴[J]. 课程·教材·教法,2015(7).

139. 周先进. 卓越教师内涵、素质及培养[J]. 高等农业教育,2015(8).

140. 马莹. 在职教师信念发展的条件与导引策略[J]. 教育理论与实践,2015(8).

141. 王罕哲. 马克思的实践概念与亚里士多德的实践概念的比较研究[J]. 求索,2015(9).

142. 刘尧. "卓越教师培养计划"旨在教师教育革故鼎新[J]. 高校教育管理,2016(1).

143. 张华. 核心素养与我国基础教育课程改革"再出发"[J]. 华东师范大学学报(教育科学版),2016(1).

144. 郭华. 深度学习及其意义[J]. 课程·教材·教法,2016(11).

145. 孙泽平等. 卓越教师职前培养机制:逻辑与现实的双重变奏[J]. 中国教育学刊,2016(12).

146. 魏善春. 论过程哲学视域中教学环境的三种形态及其价值意蕴[J]. 华东师范大学学报(教育科学版),2016(2).

147. 曹坤鹏,张雪. 欧盟核心素养的发展及对中国基础教育课程改革的启示[J]. 世界教育信息,2016(21).

148. 任海滨. 师德规范——源自内心的标准[J]. 教育科学研究,2016(3).

149. 司成勇. 教师专业发展视域中的卓越小学教师培养[J]. 湖南第一师范学院学报,2016(3).

150. 王莉. 公民教育:价值与主题[J]. 教育理论与实践,2016(32).

151. 杨雄英. 论以人为本的生命教育[J]. 学术探索,2016(4).

152. 张华. 论核心素养的内涵[J]. 全球教育展望,2016(4).

153. 孙自强. 实践共同体视域下U-S合作模式的重构[J]. 教育研究与实验,2016(4).

154. 乔丽军. 核心素养提出的重要价值、基本前提与培养的当前使命[J]. 河北师范大学学报(教育科学版),2016(5).

155. 朱宁波等. "互联网+"时代高校教师的角色探析[J]. 教育科学,2016(6).

156. 石艳. 教师知识共享过程中的信任与社会互动[J]. 教育研究,2016(8).

157. 刘强等. 教室教学环境的构成要素研究[J]. 现代教育技术,2016(8).

158. 母小勇. 创新人才培养的条件:交往实践与"自由劳动"[J]. 教育研究,2017(10).

159. 黎军,宋亚峰. 社会本位论与个人本位论教育目的之再审视[J]. 教育理论与实践,2017(10).

160. 朱远平. 教师专业发展核心素养:内涵特征与内容框架[J]. 教育科学论坛,2017(11).

161. 赵蒙成,王会亭. 具身认知:理论缘起、逻辑假设与未来路向[J]. 现代远程教育研究,2017(2).

162. 刘慧. 以"儿童教育"为本位的卓越小学教师培养[J]. 课程·教材·教法,2017(2).

163. 潘健. 卓越教师职前培养的焦点问题及对策研讨[J]. 教育发展研究,2017(24).

164. 周川. 怎样的科研才能有益于教学[J]. 江苏高教,2017(3).

165. 钟婉娟,侯浩翔. 教育大数据支持的教师教学决策改进与实现路径[J]. 湖南师范大学教育科学学报,2017(5).

166. 赵垣可,范蔚.深化课程改革背景下教师核心素养发展问题研究[J].河北师范大学学报(教育科学版),2017(5).

167. 戴锐,曹红玲."立德树人"的理论内涵与实践方略[J].思想教育研究,2017(6).

168. 凌鹏飞.教学决策的伦理诉求及其实现条件[J].中国教育学刊,2017(6).

169. 刘旭.教师教育的四种价值取向研究[J].湖南师范大学教育科学学报,2017(6).

170. 申卫革."教师即研究者":一个需要审思的命题[J].教育科学研究,2017(6).

171. 韦地.我国教师教育政策发展历程分析[J].赤峰学院学报(汉文哲学社会科学版),2017(8).

172. 王美等.用技术赋能情境学习[J].现代教育技术,2018(11).

173. 叶澜.探教育之所"是",创学校全面育人新生活——新时期"新基础教育"研究再出发[J].人民教育,2018(13—14).

174. 岳欣云.教师发展的最高境界:教师生命自觉[J].华东师范大学学报(教育科学版),2018(2).

175. 赵勇.走向核心素养培养:教师角色的时代之变[J].教育现代化,2018(2).

176. 安桂清.基于核心素养的课程整合:特征、形态与维度[J].课程·教材·教法,2018(2).

177. 赵蒙成.研究生核心素养的框架与培养路径[J].江苏高教,2018(2).

178. 李笑樱,闫寒冰.教师职业认同感的模型建构及量表编制[J].教师教育研究,2018(2).

179. 薛晓阳.卓越教师的意图改写及反思——教师教育体系、教师资格制度的价值、功能与关联[J].教育研究与实验,2018(3).

180. 张光陆.学生核心素养视角下的教师知识:特征与发展[J].课程·教材·教法,2018(3).

181. 宋彩琴,杜元宏.对"实践取向"卓越小学教师培养模式的思考[J].湖南第一师范学院学报,2018(4).

182. 周明星,荆婷.乡村小学卓越教师特质及其影响因素——基于湖南省43所乡村小学的调查[J].教育研究与实验,2018(4).

183. 吴刚.论中国情境教育的发展及其理论意涵[J].教育研究,2018(7).

184. 唐之斌.多元文化教育视野下卓越小学教师职前识别[J].现代教育科学,2018(7).

185. 赵丹妮.生命教育视域下的"知行卓越教师"培养实践[J].中国高等教育,2018(8).

186. 王会亭.教师具身培训的原则要论[J].中小学教师培训,2018(8).

187. 叶浩生.身体的教育价值:现象学的视角[J].教育研究,2019(10).

188. 李星云.论核心素养的内涵、培育及评价[J].江苏第二师范学院,2019(2).

189. 孙军,张军.语言教师认知研究:本体论、认识论和方法论视角的启示[J].外语学刊,2019(2).

190. 刘燕楠,李莉.教师幸福:当代教师发展的生命意蕴[J].教育研究与实验,2019(6).

191. 王会亭.教师培训的身体转向:具身认知的视角[J].课程·教材·教法,2019(6).

192. 刘丽强,谢泽源.教师核心素养的模型及培育路径研究[J].教育学术月刊,2019(6).

193. 秦圣阳,段鑫星.个人本位抑或社会本位——地方高校人才培养价值的话语衔接[J].江苏高教,2019(9).

194. 李琼,裴丽.建设高素质专业化创新型教师队伍——基于《中国教育现代化2035》的政策解读[J].中国电化教育,2020(1).

195. 李洪修.人工智能背景下学校教育现代化的可能与实现[J].社会科学战线,2020(1).

196. 车丽娜等.我国教师教育政策七十年历史演变及未来展望[J].教育理论与实践,2020(10).

197. 张学敏,崔民日.反思与重构：中国特色教育现代化的未来路向[J].教育发展研究,2020(17).

198. 李松林,贺慧.整合性：核心素养的知识特性与生成路径[J].教育科学研究,2020(6).

199. 苗学杰,秦妍.欧盟教师核心素养框架及其培育路径[J].外国教育研究,2020(7).

200. 傅维利.论核心素养的认识误区与关键素养体系的中国化构建[J].高等教育研究,2020(8).

201. 崔杨,王会亭.教师核心素养及其培育[J].教学与管理,2020(9).

202. 周先利,莫群.具身化教学：生成逻辑、理论内涵与实践取向[J].当代教育科学,2020(9).

203. 李政涛.智能时代是"双师"协同育人的新时代[J].当代教师教育,2021(1).

204. 皇甫倩,靳玉乐.教师学习力测评模型的构建及应用[J].教师教育研究,2021(3).

三、中文硕博士论文

1. 高申春.自我意识的觉醒——从西方心理学史逻辑透视社会学习理论[D].长春：吉林大学博士学位论文,2000.

2. 黄世举.优化中学语文课堂教学环境探究[D].福州：福建师范大学硕士学位论文,2003.

3. 陈丽.课堂教学环境透视与改进策略研究[D].乌鲁木齐：新疆师范大学硕士学位论文,2006.

4. 闫旭蕾.教育中的"肉"与"灵"——身体社会学视角[D].南京：南京师范大学博士学位论文,2006.

5. 孙存昌.自组织视野下高校课程特征分析[D].苏州：苏州大学硕士学位论文,2006.

6. 王桂华.教学环境对语文教学影响的研究[D].石家庄：河北师范大学硕士学位论文,2007.

7. 王艳玲.培养"反思性实践者"的教师教育课程[D].上海：华东师范大学博士学位论文,2008.

8. 李伟.培育个体生命自觉[D].上海：华东师范大学博士学位论文,2008.

9. 郝福涛.联结主义视域中的心理语言学[D].济南：山东大学硕士学位论文,2009.

10. 刘旭.贫困地区中小学教师培训问题研究[D].重庆：西南大学硕士学位论文,2009.

11. 李玉洁.论教育环境对大学生素质发展的影响[D].武汉：湖北工业大学硕士学位论文,2011.

12. 赵琳琳.走向"生活世界"的教师培训研究[D].开封：河南大学硕士学位论文,2011.

13. 韦拴喜.身体转向与美学的改造——舒斯特曼身体美学理论研究[D].西安：陕西师范大学博士学位论文,2012.

14. 侯琳.日本教师在职研修的实践取向研究[D].开封：河南大学硕士学位论文,2012.

15. 张永铃.卓越教师及其成长研究[D].上海：华东师范大学硕士学位论文,2012.

16. 孙型北.大学生公民教育问题研究[D].合肥：安徽农业大学硕士学位论文,2012.

17. 杨杰.胡塞尔现象学视域下教师教育的实践取向研究[D].开封：河南大学硕士学位论文,2013.

18. 刘如月.卓越教师全程化实践培养模式研究[D].淮北：淮北师范大学硕士学位论文,2014.

19. 吕兴祥.身体哲学视野下的体验教学研究[D].南京：南京师范大学硕士学位论文,2015.

20. 杨登伟."卓越教师"职前培养阶段课程设置研究——以H师范大学为例[D].重庆：西南大学硕士学位论文,2015.

21. 张洁平.中小学卓越教师专业成长特质研究[D].锦州：渤海大学硕士学位论文,2015.

22. 权培培.本硕一体化的卓越教师培养模式研究[D].重庆：西南大学硕士学位论文,2015.

23. 任延延.职前卓越教师培养实践的个案研究——以F大学为例[D].福州：福建师范大学硕士学位论文,2016.

24. 张静.英国卓越教师培养的政策保障及模式研究[D].沈阳:沈阳师范大学硕士学位论文,2017.

25. 张琪.卓越小学教师成长案例研究——以杭师大杰出校友为例[D].杭州:杭州师范大学硕士学位论文,2017.

26. 姚文群.高校卓越小学教师培养模式问题研究——以 H 大学教育专业本科为例[D].西宁:青海师范大学硕士学位论文,2018.

27. 翟贤亮.从具身认知的基本属性到边界条件:祛魅与新立[D].长春:吉林大学博士学位论文,2018.

28. 申晨.地方高师院校卓越教师培养的 PDCA 循环模式研究[D].哈尔滨:哈尔滨师范大学硕士学位论文,2018.

29. 刘洋.卓越教师"三位一体"协同培养新机制研究[D].临汾:山西师范大学硕士学位论文,2018.

30. 蒲凡.学校教学中身体的回归研究[D].重庆:西南大学硕士学位论文,2019.

31. 庞昊.卓越小学教师核心素养体系构建及职前培养对策研究[D].大连:大连大学硕士学位论文,2019.

32. 李雪玲.卓越教师培养背景下高师小学教育专业教师教育课程改革研究[D].南充:西华师范大学硕士学位论文,2019.

33. 郑璐璐.小学卓越教师培养的现状与出路——以 N 校小学教育本科专业为例[D].南京:南京师范大学硕士学位论文,2019.

34. 林莉.大学卓越教师专业素养及其生成途径研究——基于 58 位高等学校教学名师样本材料的内容分析[D].重庆:重庆师范大学硕士学位论文,2019.

35. 张俊俊.本硕一体化卓越中学教师职前培养的个案研究[D].开封:河南大学硕士学位论文,2019.

36. 陈弘.基于差异发展的中国卓越小学教师培养研究[D].杭州:杭州师范大学硕士学位论文,2019.

37. 睢晓彤.马克思身体理论试析[D].桂林:广西师范大学硕士学位论文,2019.

38. 尧莉萍.终身教育视域下中小学教师核心素养测评与提升路径研究[D].南昌:江西师范大学硕士学位论文,2020.

39. 顾晓诗.以卓越教师培养为导向的教育实习"双导师制"研究[D].南京:南京师范大学硕士学位论文,2020.

40. 王欣.新时代高校思想政治教育环境优化研究[D].南昌:南昌大学博士学位论文,2020.

四、外文文献

1. Merleau-Ponty, M. Phenomenologie de la Perception [M]. Paris: Gallimard, 1945.

2. Hume, D. A Treatise of Human Nature (1st ed.), L. A. Selby-bigge, ed. [M]. New York: Oxford University Press, 1958.

3. Knowles, M. S. Self-Directed learning. New York: Association Press: 1975.

4. Sheralyn S · Gold Becker. Values Teaching [J]. National Education Association of the United States, 1976(45).

5. Frederick G · Knirk. Designing Productive Learning Environments [J]. Education Technology

publications, Inc. , 1979(36).

6. Elbaz, F. The teacher's "practical knowledge": Report of a case study [J]. Curriculum Inquiry, 1981(1).

7. Shavelson R J. Review of Research on Teachers' Pedagogical Judgments, Plans, and Decisions [J]. Elementary School Journal, 1983,83(4): 392 - 413.

8. L. S. Shulman, "Those Who Understand: Knowledge Growth in Teaching" [J], Educational Researcher, 1986,15(2).

9. Barry J • Fraser. Classroom Environment [J]. Groom Helm Ltd, 1986: 21.

10. Lakoff, G. Women, Fire, and Dangerous Things: What Categories Reveal about the Mind. Chicago: The University of Chicago Press, 1987.

11. Combs, A. W. New Assumptions for Educational Reform [J]. Educational Leadership, 1988 (5): 65.

12. Tamir, P. Subject matter and related pedagogical knowledge in teacher education [J]. Teaching&Teacher Education, 1988,4(2).

13. Kagan D. M. Implications of Research on Teacher Belie [J]. Educational Psychologist, 1992(1): 53.

14. Pajares. P. R. Teachers' Beliefs and Educational Research Cleaning up a Massy Construct [J]. Review of Educational Research, 1992(3).

15. Berciter, C. , & Scardamalia, M. Surpassing ourselves: An inquiry into the nature and implications of expertise [M]. LaSalle, IL: Open Court, 1993.

16. Van Manen, M (1996). Phenomenological pedagogy and the question of meaning [A]. In D. Vandenberg (Ed.), Phenomenology and Educational Discourse [C]. Durban: Heinemann Higher and Further Education.

17. Philip Babcock, Merrianm-Webster editorial staff. Webster's Third New International Dictionary of the English Language [M]. Spring filed Mass: C and C. Merriam Co, 1976.

18. Nietzsche, F. "Daybreak", in R. J. Hollingdale, trans. , A Nietzsche Reader, [M]. Harmondsworth, England: Penguin, 1977.

19. Abdal-Haqq, I. Professional development schools: what do we know? What do we need to know? How do we find out? Who do we tell? [J]. College School Cooperation, 1998.

20. Wenger, E. Communities of Practice: Learning, Meaning and Identity [M]. Cambridge: Cambridge University Press, 1998.

21. Salmon, W. C. Causality and Explanation [M]. Oupusa. 1998.

22. Putnam H. Representation and Reality [M]. Cambridge MA: MIT Press, 1988.

23. Schaufeli. W. B. , et al. Burnoutand Engagement in Universitystudents: A Cross-national Study [J]. Journal of Cross-CulturalPsychology, 2002(5).

24. ErnestJ. Zarra. Taking It to the Next Level : Components of Excellent Secondary Educators [J]. Annual Meeting ofthe American AssociationofColleges for Teacher Education, 2003(1).

25. Rychen, D. & Salganik, L. (eds.). Key Competencesfor a Successful Life and Well-Functioning Society [M] Hogrefe & Huber, Gottingen, 2003.

26. Darling-Hammond L, Bransford J. Preparing Teachers for a Changing World: What Teachers

Should Learn and be Able to Do [M]. San Francisco: Jossey-Bass, 2005.

27. Hea-Jin Lee. Understanding and assessing preservice teachers re-reflective thinking thinking [J]. Teaching and teacher education, 2005(21).

28. Borg S. Teacher Cognition and Language Education: Research and Practice [M]. London: Continuum, 2006.

29. Fullan, M. (4th edition). The New Meaning of Educational Change [M]. New York: Teachers College Press P, 2007.

30. B, Harris, Supporting the Emotional Work of School Leaders [M]. London: Paul Chapman Publishing, 2007.

31. Easton. From Professional Development to Professional Learning [J]. Phi Delta Kappan, 2008 (10).

32. A. Webster-Wright. Reframing Professional Development through Understanding Authentic Professional Learning [J]. Review of Educational Research, 2009,79(2).

33. P GLadzidjewski, A Karczmarczyk, P Nowakowski. Embodied Cognitive Science: Gibbs in Search of Synthe-sis [J]. Philosophical Psychology, 2009,22(2).

34. Jean Gordon, Gabor Halasz, Magdalena Krawczyk. Etc. Case Network Reports — Key Competences in Europe: Opening Doors For-Lifelong Learners Across the School Curriculum and Teacher Education [R]. Warsaw: Agnieszka Natalia Bury, 2009.

35. Francesca Caena. Teacher Competence Frameworks in Europe: Policy-as-discourse and Policy-as-practice [J]. European Journal of Education, 2014(3).

36. Richard Shusterman. Performing Live: Aesthetic Alternatives for the Ends of Art [M]. Ithaca: Cornell University Press, 2000.

后记

近年来，我一直对于教师教育及具身认知等领域具有浓厚的兴趣。本书既是近年来本人对上述领域研究的盘点，又是本人所主持的教育部人文社会科学研究规划基金项目"卓越小学教师核心素养的具身培育研究"的阶段性成果。本书的酝酿和完成前后长达三年之久，其间，苦乐参半，难以尽述。

客观地说，以具身认知来观照卓越小学教师核心素养的培育问题，绝非易事。这主要是因为：一方面，虽然具身认知研究正成为当下势不可挡的潮流与趋势，但是，其研究尚显凌乱和散漫，对于一些重要概念的界定尚模棱两可，未形成统一的理论体系。面对"百人百义、言人人殊"的具身认知，往往令人无所适从。正如有学者指出："20 世纪 50 年代之后，居于主导地位的信息加工理论业已为后认知主义所取代。形形色色的认知理论聚拢在具身认知理论的旗帜下。但令人遗憾的是，不同的看法与越来越多的分支学科造成人们无法对具身认知的成果进行科学评判。"另一方面，具身认知理论的内容关涉心理学、哲学、语言学等众多领域，想精准、全面地理解该理论，本身就极其困难。同时，已有的关于具身认知的研究，又以心理学、哲学等学科居多，在教师教育研究领域的成果还较为鲜见。上述因素的交叠，无疑增加了本研究的难度。我一直深信，学术研究并非永远是一场风光旖旎、令人心旷神怡的桃花源之旅，而更似是一场洞穴探险，其间充盈着黑暗、泥淖、坎坷和惶恐，以及"蓦然回首，那人却在灯火阑珊处"的狂喜。当然，开启一场冒险的学术旅程无疑是需要一定勇气的，而我的勇气完全来源于众多师友、领导、亲人的关心与帮助。因此，有太多的人需要感谢与铭记。

在此，我首先要感谢我的恩师赵蒙成教授，从硕士到博士，有幸得以跟随先生前后问学 7 年。无论是在先生身边求学还是身处异地工作，先生在学习、工作和生活上一直给予我无微不至的照拂与关爱。对先生的感激、敬仰之情非一个"谢"字可以传达。

我也要感谢南京晓庄学院幼儿师范学院的诸位领导,他们在教学、科研和生活等方面也给予了我极大的关心和支持。感谢好友潘道广博士一直以来对我的关心和鼓励。他的许多观点和建议对于我的研究很有启发和助益。感谢华东师范大学出版社的彭呈军老师和朱小钗老师为本书的出版付出的辛勤劳动。本书的出版还得到了"南京晓庄学院申硕高质量科研成果资助项目"的经费支持,在此一并表达谢意。最后,我尤其要感谢我的家人一直以来为我所提供的充分的后勤保障,从而让我能心无旁骛地研究和写作。

需要说明的是,本书强调具身认知理论在卓越小学教师核心素养培育中的价值与应用,并非是要完全否弃传统认知科学。客观地说,传统认知科学在人类的认知与学习发展进程中也曾发挥过一定的积极作用。本书意在为审视、省思教师教育提供一个全新的视角,同时,也意在提醒人们应改变鄙弃身体、环境和心智等具身性因素在教师教育中的作用的偏误。当然,由于笔者的理论水平和学识修养的限制,本书的不足之处在所难免,恳请诸位方家批评指正。笔者深知,专著的出版仅是新的研究的起点。今后,笔者将继续沉潜、聚焦于卓越小学教师培养的相关研究,力争将该领域的研究推向深入。

王会亭

2021 年 3 月于南京